Hans Peter Nething

Der Simplon

Hans Peter Nething

Der Simplon

Saumweg
Fahrstraße
Eisenbahn
Chavez' Simplonflug
Autostraße
Nationalstraße N9

208 Bilder mit Texten im Anhang

Ott Verlag Thun

◁ *1. Der Monte Leone – der Hauptgipfel des Simplonmassivs*

ISBN 3-7225-6310-0

Printed in Switzerland
Satz und Druck: Ott Verlag Thun

Vorwort

Nach dem erfolgreichen Gotthard-Buch legen hier Verlag und Verfasser als gut eingespieltes Team ein schönes Simplon-Buch vor.
Gotthard, dann Simplon ... Man lächelt beim Gedanken, daß noch vor gut siebzig Jahren eine solche Rangordnung die verkehrspolitischen Gemüter hätte in Wallung bringen können. Damals verschossen die Innerschweizer Kantone, zusammengeschlossen in der Gotthard-Vereinigung und im Bewußtsein ihres dreißigjährigen Tunnel-Vorsprungs, viel Pulver gegen die neue westschweizerisch-bernische Gemeinschaft «Pro Simplon» unter Sekretär Junod, dem späteren Minister in Moskau und nachmaligen ersten Direktor der Schweizerischen Verkehrszentrale. Hüben und drüben, in Räten und Presse, fielen harte unfreundeidgenössische Worte. Den Romands ging es um die Förderung des Simplons, den Bernern um die Forderung nach einem Anschluß am Lötschberg. In der Innerschweiz wie in Lausanne und Bern wurde ausgiebig von der europäischen Rolle der Alpenpässe gesprochen, das Ganze aber mit sehr viel lokalpatriotischem Pathos vorgetragen.
Es gehört zur Geschichte des Simplons und wohl aller großen Paßübergänge, daß sich in das große europäische Verkehrskonzept viel Lokales und Regionales mischt. Tritt etwa ein Oberwalliser bei der Verteidigung «seines» Simplons dem Großen St. Bernhard im Welschwallis zu nahe (oder ein Julier-Anhänger dem San Bernardino), so kann ihn das gar eine politische Karriere kosten. Diese Mischung von großzügigem europäischem Verkehrsdenken und von Verbundensein mit der kleinen vielfältigen Welt verleiht dem Geschehen am Simplon seinen besonderen Reiz. Für das Oberwallis, kleine deutschsprechende Minorität innerhalb einer größeren gesamtschweizerischen welschen Minderheit, ist der Simplon ein Stück seiner selbst. Sein Historiker, Peter Arnold aus Simplon-Dorf, sagt irgendwo, die Bewohner des Passes hätten im Laufe der Zeit immer wieder «ein Stück Weltgeschichte auf dem Dorfplatz» erlebt. Mit dem Ausbau der schönen Straße zur noch breiteren Strada mag man an Geschwindigkeit gewinnen, wird aber den Blick für viele köstliche Einzelheiten verlieren, von denen schließlich das Erlebnis – lebt. Statt einem Reiseland lernt man nur noch ein Durchreiseland kennen.
So seien im Vorwort zu diesem Buch, in dem Hans Peter Nething in ausgezeichneter Dokumentation und Bildfolge alle Simplondaten in die großen Zusammenhänge stellt, dem europäischen Paß-Geschehen ein paar Beispiele schweizerischer oder oberwalliserischer Betrachtung beigefügt, also der Geschichte ein paar Geschichten angehängt, und dies nach der Gliederung des Buches zuerst für die Straße, dann den Schienenstrang unter dem Paß und schließlich den Luftweg des ersten Alpenüberfliegers.
Mit Genugtuung und Stolz stellen die Oberwalliser fest, daß Verkehrsfachleute der *Simplonstraße* die Bedeutung einer Welt-Handelsroute zuerkennen. Während Brenner, Bündner Pässe und Gotthard den Verkehr auf der direkten Nord–Süd-Achse von und nach Italien leiten, fließen am Simplon die großen Verkehrsstraßen aus dem Westen Europas, von England über Frankreich bis Flandern, zusammen und werden in den oberitalienischen Raum geleitet. Hier verläuft die kürzeste Verbindung zwischen dem nördlichen Westen und östlichen Süden. Napoleon hat das am besten veranschaulicht: das Lineal, das er auf die Karte zwischen Lausanne und Mailand legte, verlief genau über den Simplon, die tiefste Paßsenke im Alpenraum. Natürlich geben die Briger nur ungern zu, daß dem nicht immer so war und daß in der vorrömischen Zeit wahrscheinlich die Übergänge ins Saastal eher stärker begangen waren, auch der Große St. Bernhard: beim letzteren wird dann gleich beigefügt, daß der viel zitierte Übergang Hannibals mit seinen Elefanten geschichtlich zum mindesten fragwürdig sei.
Erst unter Septimus Severus wurde der heute noch sicht- und gangbare Römerpfad – allerdings nur noch in der Form des Alp- oder Wanderweges erhalten – erstellt, stärkte der Simplon seine nationale und internationale Stellung. Andererseits hört man von Einheimischen gern die Klage, daß der recht gut erhaltene «Römerweg» seit dem Bau der großen Straße immer weniger begangen werde. Dadurch bekomme der Simplonfahrer viele hübsche Details nicht mehr zu Gesicht, etwa die alte geheimnisvolle Taverne unter Rothwald, in der eine Wirtin namens «Johannely fii Wasser üsgäh het fer Wii». Diese müsse nun seit Jahrhunderten zur Strafe als arme Seele auf dem Kaltwasser-Gletscher umherirren. Alte Leute schwören, sie in Föhnnächten noch selber gesehen zu haben.
Wohl die größte Blütezeit erlebte die Simplonstraße unter dem mächtigen Kaspar Jodok von Stockalper, einem zweiten Fugger der Alpen, «le roi du Simplon», wie er in Frankreich genannt wurde, einem Handelsherrn europäischen Formats, der Brig zum reichen Brig machte und der zeitweise fünf- bis achttausend Arbeiter beschäftigte. Für ihn begann der Simplon im fernen England und endete in den Ebenen Italiens. Inhaber des Salzmonopols, Eigentümer von Berg- und Eisenwerken, Transporteur über viele Landesgrenzen hinweg, Landeshauptmann und Politiker internationalen Formats konnte er zwischen Lyon und Mailand jeden Tag in eigenen Häusern übernachten. Am nächsten lag ihm aber doch die Paßstraße selber, zu deren Füßen er sein Schloß mit den Türmen und morgenländischen Zwiebeln erstellte, eine Art Markensignet, das er auf der Paßhöhe und in Gondo an der italienischen Grenze mit Bauten wiederholte. Auch hier wieder reizvolles Lokalkolorit. Neben dem Transport von Meer zu Meer handelte er auch noch mit – Schnecken, in seinem Schloß soll es über ein Dutzend Küchen gegeben haben, und sein Sturz war schließlich nicht durch Frankreich oder Spanien im Kampf um die Schlüsselstellung des Simplons herbeigeführt, sondern durch das Oberwalliser Volk, dem der Mächtige zu mächtig geworden war.
Eine zweite Blütezeit der Paßstraße – für das Wallis eine Leidens- und Besatzungszeit unter französischer Herrschaft – begann mit Napoleon Bonaparte, der in knapp fünf Jahren – eine bisher nie wiederholte Leistung im Straßenbau – den durchwegs acht Meter breiten und sechzig Kilometer langen Alpenübergang baute, «pour faire passer le canon», allerdings unter dem Einsatz von zeitweise 30000 Arbeitern und Soldaten. Was bis auf den heutigen Tag beeindruckt und erstaunt, ist die beispielhafte Straßenführung und vor allem die ästhetische Gestaltung der Schutz- und Trutzhäuser des Hospizes, der Susten und Ballenteiler-Unterkünfte. Sie fügen sich alle, auch Randsteine und Trockenmauern, nahtlos ins Landschaftsbild ein. An einem einzigen Ort wäre die Straße nach dem Urteil heutiger Ingenieure anders angelegt worden, nämlich im kurvenreichen, mit 12% Steigung selbst für moderne Motoren stotzigen

Riederwald. Auch dieser Schönheitsfehler geht auf eine lokale Episode zurück. Schon Napoleons Ingenieur, Nicolas Céard, wollte, wie die heutigen Straßenbauer, durch eine langgezogene Kurve diese Steigung vermeiden und hätte dazu die weitläufigen Grundstücke eines Brigerberger Arztes benötigt. Als Céards Frau schwer erkrankte, soll der herbeigerufene Doktor seine Hilfe nur unter der Bedingung zugesagt haben, daß seine Matten unangetastet blieben. Céard entschied sich für seine Frau, und damit für die schlechtere Straßenführung. Diese ist heute korrigiert. Ein moderner Straßenstrang – Teilstück des gesamtschweizerischen Nationalstraßen-Netzes mit einer Tageskapazität von 15 000 Autos – zieht sich über den Paß. Die alten Quadersteine sind durch Leitplanken, die schönen Trockenmauern durch Beton ersetzt, ein sechshundert Meter langer Viadukt soll das Gantertal überspannen und durch die Verlängerung der Kaltwasser-, Josephs- und Wintergalerie ist die ganzjährige Befahrung gesichert. Im übrigen hat Céards Linienführung dem Urteil moderner Straßenbauer standgehalten. Heute fehlt dem Simplon als krönender Abschluß noch die Straßenverbindung vom Oberwallis aus nach dem Norden ins Berner Oberland. Den Projekten einer Gemmi-Straße oder eines Breithorn-Basistunnels, die dem Simplon räumlich näher lagen, wurde der Rawil vorgezogen, dessen rasche Verwirklichung bei Politikern und Verkehrsplanern zu heftigen Debatten führte. Eidgenössisches Seilziehen in einem letztlich europäischen Konzept!

Nicht so bei der *Simplonlinie.* Schon einige Jahre nach dem Bau des noch heute längsten Basis-Eisenbahntunnels wurde mit der Durchbohrung des Lötschbergs die Fortsetzung der Linie nach Norden realisiert. So teilen sich in Brig die beiden internationalen Linien über Lausanne und Bern, um sich dann in Calais wieder zu vereinigen. Besonders amüsant lesen sich die zeitgenössischen Berichte über die Einweihungsfeier des Simplontunnels anno 1906. Der italienische König Viktor Emanuel, der klein gewachsene rè soldato, traf sich in Brig mit dem hünenhaften Bundespräsidenten Forrer, eingerahmt von vielen Trachtenfrauen, Bergführern aus Zermatt und Saas und den Walliser Gendarmen in stolzen Grenadieruniformen. Dabei soll der italienische Geheimdienst als einzigen Verdächtigen – den Briger Ortspolizisten verhaftet haben. Eine ähnliche Verschmelzung von lokalen Details und großer europäischer Verkehrsgeschichte gab es 50 Jahre später beim Besuch des Präsidenten der italienischen Republik, Giovanni Gronchi, im Simplonstädtchen.

In jüngster Zeit rückten Simplon und Lötschberg wieder stärker ins Blickfeld unserer nationalen Eisenbahnpolitik, je mehr sich eine Umfahrung der Schweiz durch den Ausbau von Brenner und Mont-Cenis, Konkurrenten von Gotthard und Simplon, abzeichnete. Dem Ausbau des Lötschbergs auf Doppelspur wurde erste Priorität zuerkannt. Damit hofft man, den Güterverkehr aus dem Lothringer Becken nach dem Simplon fördern und beleben zu können. Die großen bahnpolitischen Entscheide fanden ihr lokales Nachspiel, als bekannt wurde, daß der Zolldienst und damit ein Teil des internationalen Bahnhofs von Brig nach Domodossola verlegt werden soll. In der Burgschaft am Simplon kam es zu einer großen Demonstration gegen «Bern»: es ging um die Wahrung handfester lokaler Interessen.

Wohl eines der hübschesten Beispiele dafür, wie in der langen Geschichte des Simplons sich die kleine Welt des Oberwallis mit der großen von Fortschritt und Technik begegnete, bot das Briger Flugmeeting im Jahre 1910, eines der ersten auf Schweizer Boden, und die dabei geglückte, tragisch endende Überfliegung der Alpen durch den jungen Peruaner Géo Chavez. Den Anstoß zu dieser der Zeit vorauseilenden Veranstaltung gab die Weltausstellung in Mailand, deren Organisationskomitee für den ersten Alpenflug einen Preis von 100 000 Goldfranken ausgesetzt hatte. Aber in Brig wollte man die Piloten nicht bloß auf- und davonfliegen sehen, und so organisierte man gleich eine ganze Flug-Woche, verpflichtete die ersten Flugpioniere, wie den Amerikaner Weymann, den Schweizer Dufaux, den ersten Überflieger des Genfersees, Chavez und viele andere mehr, stürzte sich zur Erstellung von Sanitäts- und Beobachtungsposten auf der Simplonstraße, eines Signal-, Telefon- und Wetterdienstes in hohe Kosten.

Bis man kurz vor dem Meeting entdeckte, daß der Anfangstag, der 18. September 1910, auf den eidgenössischen Dank-, Buß- und Bettag fiel, an dem nach altem Brauch und staatsrätlicher Weisung jegliche Volksbelustigung, also auch ein Wettfliegen, zu unterbleiben hatte. Das führte zu hitzigsten Gefechten zwischen Mailänder und Briger Organisatoren und schließlich auch zu einem Sturm auf die Eintrittskassen des Flugfeldes durch viele Tausende von Zuschauern, die sich, weil nicht geflogen wurde, um ihr Eintrittsgeld geprellt sahen. (Die Kassen wurden allerdings vorher in Sicherheit gebracht.)

Doch an den folgenden Tagen kam die aus dem ganzen Oberwallis und zugleich aus vielen Ländern herbeigeströmte Menge in den Genuß der fliegenden Menschen auf ihren zerbrechlichen Maschinen. Kurz vor Schluß der Flugwoche stieg Chavez auf, überquerte den früh eingeschneiten Simplon, wo ihm die Hirten zuwinkten, in einer Höhe von bloß einigen Metern, um dann, wohl ermüdet von der waghalsigen Durchfliegung der föhngepeitschten Gondoschlucht, in einem zu jähen Landeflug in Domodossola zutode zu stürzen. Zu seinen Ehren steht auf dem Sebastiansplatz zu Brig der Chavez-Brunnen, angeregt vom Briger Arzt, Weltenbummler und Erfinder der Straßenteerung Dr. Guglielminetti alias Docteur Goudron. Bei der Einweihung, bei der die Spitzen des internationalen Flugwesens zugegen waren, saß im Simplonhospiz unter dem Porträt Napoleons dessen Kleinneffe Prinz Roland Napoleon, und Landfrauen in schwerer Oberwalliser Tracht vervollständigten das Bild.

In einer lückenlosen, nie langweiligen Darstellung führt uns Hans Peter Nething durch die große Geschichte des Simplons und führt diese weiter bis hinein in die neueste Zeit. Darum wünscht man dem Buch gern eine große Lesergemeinde sowie dem Simplon viele Besucher, die sich zu einer Paßfahrt oder besser: zu einer Paß-Wanderung entschließen mögen. Heute braucht das Postauto, das 1919 erstmals am Simplon auf einer Paßstraße eingesetzt wurde, für die Fahrt kaum mehr Zeit als Chavez seinerzeit für seinen historischen Flug. Viel zu wenig Zeit, möchte man beifügen, um im Anblick des großartigen Fletschhorns in eine Ferien- und Simplon-Stimmung zu kommen und die hübschen Details im großen Paßgeschehen kennenzulernen. Denn diesen Marginalien zur Simplon-Geschichte nachzuspüren, lohnt sich heute noch.

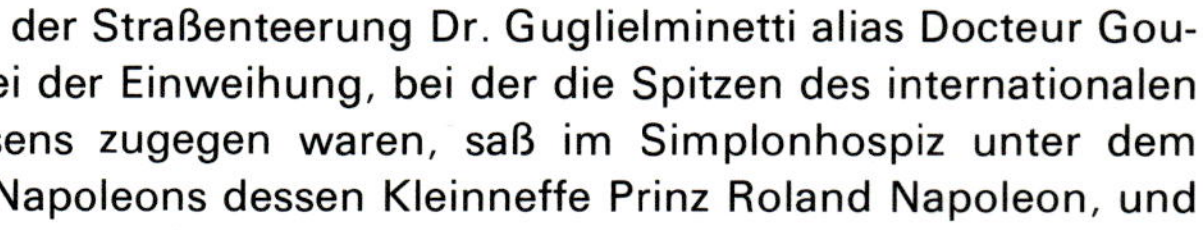

Dr. Dr. h. c. Werner Kämpfen
Direktor der Schweizerischen Verkehrszentrale

Das Simplon-Massiv

Der Simplon – auf italienisch lebhaft «Sempione», auf französisch fast Grandseigneur-haft «Le Simplon» genannt – vermag schon mit seinen Namen seiner Bestimmung Ausdruck zu verleihen: der große traditionelle Weg zwischen West- und Südeuropa, entlang den sanften Gestaden des Léman, belebt vom Esprit romand, und durch ein von der Natur ausdrucksvoll und herb-schön gestaltetes inneralpines Längstal – geprägt von romanischer und alemannischer Volksseele, der dann kulminiert auf jenem landschaftlich großartigen und faszinierenden Berg, der den berühmten Namen trägt. Simplon heißt nicht nur eine der wichtigsten Paßstraßen in den Schweizer Alpen oder eine der bedeutendsten internationalen Alpen-Transitrouten Europas, sondern ebenso das Bergmassiv, das man nach seinem Hauptgipfel auch als Monte-Leone-Massiv oder -Gruppe bezeichnet. Der Simplonpaß gilt mit seinem relativ geringen Kulminationspunkt von «nur» 2005 m Höhe, seiner vor allem auf der Nordseite bis praktisch an die Paßhöhe heranreichenden Baumgrenze und der von markanten firnbedeckten Berggipfel eingerahmten, von Gletschereinwirkung geprägten ausdrucksvollen Paßlandschaft als der landschaftlich schönste und anmutigste Paßübergang der Schweiz. Wer die Bergalp an einem kalten, sonnigen und schneeglitzernden Januarmittag, an einem klaren, kühlen Frühsommermorgen oder im sanften Abendlicht eines zu Neige gehenden warmen Spätherbsttages erlebt hat, wird die eigenartige Ausstrahlungskraft dieser Hochalpenregion und die wohl kaum je einmal treffend zu beschreibenden Eindrücke niemals mehr vergessen. Der Reiseschriftsteller Hans Schmid hat dem Simplon in den zwanziger Jahren ein paar Zeilen gewidmet, welche den Eindruck auf dem Paßsattel gekonnt schildern: «Die Paßhöhe des Simplons, 2008 m ü. M., verdient lauter Lob und Preis, und wenn der Simplon im Rufe steht, der schönste Alpenpaß der Schweiz zu sein, so wird zu diesem Ruhme auch die Schönheit des Scheitelpunktes mächtig beigetragen haben. Das ist keine wilde Felsenöde wie auf dem Großen St. Bernhard oder auf dem St. Gotthard; es glühen die Alpenrosen hart neben der Straße, man hat nicht das Gefühl der Enge, es ist Raum da und Luft und Licht, und man hat von diesem Paß aus eine weite Schau wie von einem Aussichtsberg. Die Berner Alpen schauen auf den Simplon herüber; die gewaltige Pyramide des Aletschhorns steht dominierend da und der Aletschgletscher, der größte Firn der Schweiz, läßt sich in seiner ganzen Länge überschauen. Das Fletschhorn leuchtet im Süden, Die Gipfel des Monte-Leone-Massivs glühen in der Mittagssonne, und ein Himmel in italienischem Blau spannt sich über der blanken Herrlichkeit».

Das Simplon- oder Monte-Leone-Massiv

Als Simplonmassiv oder Monte-Leone-Gruppe bezeichnet man ein Gebiet im Bereich der Walliser Alpen. Das Rhonetal (Goms) bildet die nördliche Abgrenzung, die südliche verläuft entlang des Val Divedro. Im Westen wird die Limite durch den Simplonpaß markiert und im Osten durch die Senke Antigorio–Formazzatal–Nufenenpaß von der sogenannten Maggiagruppe abgegrenzt. Innerhalb der Monte-Leone-Gruppe und in ihrer nahen Umgebung besteht eine Reihe relativ gut erkennbarer Gebirgszüge, die wiederum einige markante Berggipfel aufweisen, die der wechselvollen Szenerie entlang der Paßstraße das besondere Gepräge geben. Im Westen der Simplonstraße erheben sich Glishorn (2525 m), Faulhorn (2677 m), Tochenhorn (2648 m), und Galenhorn (2794 m). Im Süden stehen, gleichsam einer imposanten Mauer aus Fels und Eis, Bös- oder Rauthorn (3267 m), Fletschhorn (3996 m), dahinter Lagginhorn (3970 m) und Weißmies (4023 m); südöstlich davon Wenghorn (2587 m), Seehorn (2437 m), Camoscellahorn (2556 m) und Pizzo Albiona (2431 m). Im unmittelbaren Bereich der Simplon-Paßhöhe bilden die eigentlichen Hausberge des Simplons die imposante Kulisse: Hübschhorn (3192 m), Breithorn (3366 m), Monte Leone (3553 m), Mäderhorn (2852 m), dahinter überragt vom 3246 m hohen Wasenhorn oder Punta Terrarossa. Weiter östlich stehen entlang der italienischen Grenze Furggenbaumhorn oder Punta d'Aurona (2985 m), Bortelhorn oder Punta del Rebbio (3193 m), und Hillenhorn (3193 m) sowie östlich davon Pizzo Cervandone (3210 m) und Helsenhorn (3272 m) und südlich, ganz auf italienischem Gebiet, Pizzo Boccareccio (3027 m) und der 2880 m hohe Monte Cistella.

In hydrographischer Hinsicht bildet die Monte-Leone-Gruppe die Wasserscheide zwischen Rhone (Rotten) und Po. Sie zieht sich von West nach Ost über den Simplonpaß, Hübschhorn und Kaltwasserpaß und folgt anschließend vom Wasen- bis zum Helsenhorn und weiter östlich dem Grenzkamm zwischen der Schweiz und Italien. Auf der niederschlagsärmeren Nordseite sammelt die Saltina, im Gantergrund durch Nesselbach und Ganterbach verstärkt, das in kleineren Bächen von verschiedenen Hängen herunterfließende Wasser, und bildet neben der Binna den zweiten größeren linken Zufluß des Rottens (Rhone). Die niederschlags- und daher auch bachreichere Südseite des Passes wird durch den Krummbach entwässert, der nach Aufnahme des Lagginbaches aus dem gleichnamigen Seitental bei Gstein-Gabi seinen Namen ändert und mit dem italienischen Namen Doveria weiter südwärts fließt. In der Gondoschlucht gesellt sich der zum Rinnsal gewordene Alpjenbach und bei Gondo das aus dem Zwischbergental herkommende Große Wasser dazu. Nach dem Grenzübertritt ändert der Bach seinen Namen nochmals und rauscht nun als Diveria durch italienische Landschaft, wo sie vor Varzo noch den Cherasca- oder Cairascabach aufnimmt. Die Diveria vereinigt sich bei Crèvola d'Ossola mit der aus dem Antigoriotal kommenden Tosa, die dann zwischen Feriolo und Fondotoce in den Langensee fließt.

Die geologischen Aspekte

Die 63,6 km lange Simplonstraße zwischen Brig (681 m) und Domodossola (270 m) verläuft praktisch auf ihrer gesamten Länge im Bereich der sogenannten penninischen Decken, was zugleich interessante Einblicke in den tektonischen Bau dieser Alpenregion ermöglicht. Noch besseren Aufschluß über die tatsächlichen geologischen Verhältnisse ergab seinerzeit der Bau des Eisenbahntunnels, wo es neben erstaunten Gesichtern bei den Geologen bei den Bauingenieuren manch böse Überraschung gab. Der Aufbau der penninischen Decken besteht aus drei unteren (Antigorio-, Lebendun- und Monte-Leone-Decken) und zwei oberen (Monte-Rosa–Bernhard- und Dent-Blanche-Decke, wobei letztere am Simplon nicht in Betracht fällt. Diese kristallinen Decken bestehen vorwiegend aus Glimmerschiefer und Gneisen sowie Grantigneisen und sind durch metamorphe Sedimente (sogenannte Mulden: Bedretto-, Ganter-, Veglia-, Teggiolo- und Zwischbergenmulde) getrennt oder abgegrenzt. Diese Mulden bestehen aus Bündnerschiefer (Glanzschiefer), Schistes lustrés, Kalkschiefer, Ophiolite, Trias-Dolomit, Kalk-Marmor, Gips und Anhydrit. H. Gutersohn hat die geologischen Verhältnisse am Simplon wie folgt zusammengefaßt: «Auf dem Weg von Norden nach Süden werden zunächst die Bedrettomulde, dann vier penninische Decken durchschnitten. Die Kerbe der gefällsstarken Saltinaschlucht ist in die Bündnerschiefer der Bedrettomulde eingesenkt, die südlich davon folgenden penninischen Decken bestehen vorwiegend aus Graniten und Gneisen, zwischen denen weitere Bündnerschiefer eingeschaltet sind. Das Gantertal folgt der Stirn der Monte-Rosa–Bernhard-Decke, welche über den Paß und bis Engiloch reicht. Von hier an bis Gstein-Gabi folgt der Talweg ungefähr der Linie, auf der die Monte-Leone-Decke in östlicher Richtung unter der Monte-Rosa-Decke heraufsteigt, eine Randlinie, die sich geomorphologisch und verkehrsgeographisch als besonders bedeutsam erwies. Mit dem gegen Nordost ausbrechenden Simplerwasser liegt die Gondoschlucht zunächst in der Lebendun-Decke (mit triasi-

3. Monte Leone mit Val d'Ossola im Hintergrund

schen Marmoren), dann aber folgen die kompakten Gneiswände der Antigorio-Decke». Der Paßeinschnitt des Simplons verdankt seine Entstehung dem interessanten und eigenartigen tektonischen Bau jenes Abschnittes der Walliser Alpen, gekennzeichnet einmal durch das Absinken der Monte-Rosa–Bernhard-Decke gegen jene des Monte Leone, dann durch das Vorhandensein von dynamometamorphen Juraschiefern und Triasdolomiten rings um die im Hübschhorn in die Höhe steigende Gneisfalte des Monte Leone, was eine Senkung des Gebirges zur Folge hatte. Maßgebend war vor allem die das Hübschhorn vom Mäderhorn bis zum Schutzhaus VII (Engiloch) umrahmende Zone von Glanz-(Bündner)-schiefern, welche klimatischen und witterungsbedingten Einflüssen wenig Widerstand entgegenzusetzen vermochten, so daß Gletschertätigkeit und nachfolgende Erosion die wohl zuerst nur schmale Scharte allmählich zu einer breiten Transfluenz-Mulde auszuweiten vermochten.

Der verkehrsgeographische Aspekt des Simplons

Die oben kurz beschriebenen orographischen und tektonischen Grundlagen schufen schließlich die Voraussetzung, daß sich der Simplon zum Alpenpaß mit internationaler Bedeutung entwickeln konnte. Die geringe Scheitelhöhe des Passes von 2005 m brachte ihm entscheidende Vorteile, denn seine Konkurrenten im Westen und Osten (Gr. St. Bernhard mit 2469 und der Gotthard mit 2108 m) besitzen wesentlich höhere Scheitelhöhen. Lediglich bei den Bündnerpässen sind wieder niedrigere Kulminationspunkte zu verzeichnen, doch besitzen sie andere Einzugs- und Zielgebiete. Ein weiterer verkehrsfördernder Punkt war die Existenz der beidseits des Passes tief in den Alpenwall vordringenden Täler: auf der Nordseite das von Westen aus Richtung Genfersee bis Brig führende Rhonetal und im Süden das obere Val d'Ossola mit dem bei Crèvola nordwestlich abzweigende und bis Gondo führende Val Divedro. Verkehrshemmend – jedoch stets relativ günstig umgehbar – waren im Norden die praktisch un-

4. Das Simplon-Paßplateau von Westen

passierbare Saltinaschlucht und im Süden die wohl ebenfalls schroffe doch zugänglichere Gondoschlucht. Der große Nachteil des Simplonpasses waren indessen nicht die beiden Engpässe, sondern die fehlende unmittelbare Fortsetzung nach Norden und die verhältnismäßig lange Zufahrt von rund 80 km durch das Rhonetal von Martigny bis Brig. Die vorzüglich ausgebaute Kantonsstraße im Rhonetal und die nach Nationalstraßennorm ausgebaute Simplonpaßstraße (gebührenfrei) haben diesen Nachteil größtenteils aufgewogen. Die Natur hat dem Simplon seine Verkehrsfunktion vorgezeichnet – er ist der alte Handels- und Reiseweg mit reicher Tradition von Westen nach Süden, eine Aufgabe, die er wohl auch in Zukunft zu meistern haben wird.
Auch ohne Verkehrsgeographie und Einzugs- und Zielgebiete bleibt für mich der Simplonpaß, genauso wie der St. Gotthard, ein imposantes und echtes – zudem noch von der Natur großzügig ausgestattetes Tor zum Süden. Wie kaum bei einem anderen Alpenpaß vollzieht sich am Simplon der Wechsel von herber, eindrucksvoller Hochalpenwelt zu üppigen, sonnendurchfluteten Landschaften des Südens so plötzlich und so akzentuiert. Dieses prickelnde Gefühl des nahenden Südens hat Josef Victor Widmann 1883 treffend geschildert, und was er damals gefühlsbetont zum Ausdruck brachte, hat noch heute seine Gültigkeit, vielleicht hat es sogar in unserer mechanisierten und hektischen Zeit noch größere Bedeutung: «Das Hinabsteigen vom Simplonpaß zähle ich zu meinen schönsten Reiseerinnerungen. Ich will nicht von den kunstvollen Galerien auf der Südseite des Berges reden, nicht von allen den Wasserfällen rechts und links ... – wovon ich aber sprechen will, das ist die immer üppiger sich vordrängende Vegetation, die mehr und mehr der Landschaft zum alpinen Charakter die Reize südlicher Zonen verleiht. Schon stehen Nußbäume, reiche Ernte verheißend, mitten in den Tannen, jetzt aber auch zahme Kastanienbäume, die bald zu ganzen Gehölzen und Wäldern sich verdichten. Und ein balsamischer Duft weht mir entgegen. Der Wein blüht; denn bereits gedeihen hier Reben, und auch im Grün der Wiesen treten üppige Formen hervor, die uns ein neues, schöneres Land verkünden, Es braucht dort den granitenen Grenzstein nicht; tausend duftende Kelche haben es verkündet, daß wir in Italien sind ...

5. Hopschensee mit Monte Leone und Hübschhorn

6. Paßlandschaft beim Hospiz

Der Simplon-Saumpfad

Der Saumpfad zur Römerzeit

Vorgeschichte und früher Paßweg

Die Alpen bildeten seit jeher aus verkehrsgeographischer Sicht ein bedeutendes Hindernis für kulturelle und wirtschaftliche Beziehungen zwischen den durch diesen gewaltigen, von Firnschnee und Gletschern bedeckten steinernen Wall getrennten Territorien und Völkern. Paßfunde aus der jüngeren Eisenzeit (Latènezeit 500 v. Chr.) so vor allem am Großen St. Bernhard und am Splügen, lassen den Schluß zu, daß damals schon ein allerdings eher bescheidener Paßverkehr – falls man dies überhaupt bereits so bezeichnen kann – stattgefunden hat. Die zahlreichen Funde latènezeitlicher Gräber im Wallis (z. B. in Riddes, Sion, Sierre, Leuk, Leukerbad, Salgesch, Raron, Naters, Brig, Ernen und Binn) erbringen den Beweis, daß das Rhonetal zu jener Zeit bereits stellenweise besiedelt war, vielleicht gewisse Gebiete sogar nur vorübergehend. Der Ursprung eines begehbaren Pfades über den Simplonpaß verliert sich im Dunkel der Geschichte, doch ist keineswegs auszuschließen, daß der Paß nicht auch schon in prähistorischer Zeit überschritten worden ist, wenn vom Paß selbst sowie von den unmittelbaren nördlichen, bzw. westlichen, und südlichen Zugängen entsprechende Funde fehlen. Wenn der Große St. Bernhard mit 2473 m Scheitelhöhe als Verbindung benützt worden ist, so hätte wohl auch der bedeutend niedrigere Simplonpaß (2005 m) Chancen für eine Benützung gehabt. Allerdings stellten sich beim Simplon im Norden (Saltinaschucht) und im Süden (Gondoschlucht) zwei unwegsame Felsschluchten hemmend in den Weg, doch hätte man bestimmt die möglichen Umgehungswege damals schon entdeckt und benutzt. Vermutlich hatten jene primitiven Bergpfade aus prähistorischer Zeit, die dann offenbar von den Römern – teilweise ausgebaut – wieder benutzt worden sind, in erster Linie die Funktion von reinen «Erkundungswegen», womit man zu Volksgruppen und Kulturkreisen nördlich oder südlich der Alpen vorerst abtastende Kontakte aufnahm; später mochten dann wohl engere Bindungen und eben ein bescheidener Warenaustausch zustandegekommen sein.

Um die Zeit des Jahres 15 v. Chr. eroberten die Legionäre des Kaisers Tiberius vom Genfersee her das Wallis – das Aostatal wurde bereits unter Augustus im Jahre 25 v. Chr. römischer Besitz – und unterwarfen sukzessive die dort ansässigen keltischen Stämme. Das Vallis Poeninae wurde vorerst mit der Provinz Rätien verbunden, rückte aber bald infolge geopolitischer Aspekte zu größerer Bedeutung auf. Grund dazu war die im Rahmen der römischen Reichspolitik strategisch besonders wichtig gewordene Rheingrenze im Norden mit den dort stehenden Legionärsheeren, was den Ausbau der Straßen nach Gallien erforderlich machte. So ließ im Jahre 47 n. Chr. Kaiser Claudius den Bergpfad über den Großen St. Bernhard zur römischen Militärstraße ausbauen, wovon noch ein Meilenstein erhalten ist – übrigens der älteste in der Schweiz. Der Große St. Bernhard wurde somit bedeutendes Teilstück der großen Straße von Mailand (Mediolanum) über Vercelli–Ivrea–Aosta–in summo Pennino (Gr. St. Bernhard)–Martigny (Octodurus)–Vevey–Avenches (Aventicum)–Solothurn nach Kaiseraugst (Augusta raurica) und Basel oder von Augst ostwärts nach Windisch (Vindonissa), die auch in der beühmten «Tabula Peutingeriana», dem römischen «Hauptstraßen-Verzeichnis», eingetragen ist. Die gallische Richtung dieser Straße führte von Vevey bis Lausanne und von dort über La Sarraz–Orbe–Jougnepaß nach Pontarlier und Besançon. Infolge dieser wichtigen Heerstraße wurde um 150 n. Chr. Vallis Peoninae von der Provinz Rätien abgetrennt und bildete nun, zusammen mit dem oberen Isèretal am Kleinen St. Bernhard, die neue Provinz der Alpes Graiae und Poeninae. Die vier Stämme des Wallis wurden zu einer einzigen «Civitas Vallensium» zusammengefaßt, welche die höhere Stufe des latinischen Rechts erhielt, und Hauptort wurde das damals bedeutende Octodurus beim heutigen Martigny.

Der römische Handelspfad am Simplon

Der Simplon stand zu jenem Zeitpunkt offenbar ganz im Schatten des Großen St. Bernhard, doch muß auch zwischen dem Val d'Ossola und dem Rhonetal ein Verkehr bestanden haben, denn dafür zeugen die verschiedenen Münzenfunde am Simplonpaß, die mit Kaiser Trajan (98–117 n. Chr.) beginnen und dann gegen Ende des 2. Jahrhunderts an Häufigkeit zunehmen. Doch fehlen im Val Divedro und auch im Oberwallis weitere entsprechende römische Funde (Bauten, Inschriften usw.), woraus man auf einen regeren Handelsverkehr hätte schließen können. Auch der bei Sitten aufgefundene Leugenstein aus der Mitte des 3. Jahrhunderts mit der Zahl XVII – er stammt vielleicht vom Weg zwischen Sedunum (Sitten) und Octodurus (Martigny) – gibt keinen sicheren Hinweis auf einen römischen «Transit-Handelsverkehr» über den Simplon. Nicht eindeutig geklärt ist auch die von Verkehrshistorikern immer wieder zitierte und auch unterschiedlich interpretierte unvollständige Inschrift beim Städtchen Vogogna im unteren Val d'Ossola. Darin wird eine mit marmornen Wehrsteinen versehene Straße erwähnt, die mit einem Kostenaufwand von 22 600 Sesterzen (Prof. Reinhard nennt nur 13 600) in den Jahren 196 oder 225 n. Chr. gebaut worden sein soll. Vogogna liegt aber vor Piedimulera (Abzweigung ins Valle Anzasca und zum Monte Moropaß) und vor Villa d'Ossola (Abzweigung ins Valle d'Antrona und zum Antronapaß), somit hätte sich die Inschrift auch auf einen Straßenbau für einen der beiden nach dem Saastal führenden Pässe beziehen können. Am treffendsten hat wohl Schulte die Inschrift gedeutet, denn er glaubte, daß es sich um eine Straße in den damals schon verhältnismäßig reich kultivierten Landschaften um Domodossola (Oscela) handeln könnte. In diesem Sinne ist wohl auch die römische Inschrift bei Crèvola d'Ossola zu deuten. Der mögliche Hauptgrund jedoch, weshalb sich der Simplonpaß nicht zu einer erstrangigen römischen Heer- und Handelsstraße entwickeln konnte, lag vermutlich im Fehlen der dafür erforderlichen topographischen Voraussetzungen. Der Simplonpfad endete im Talgrund von Brig – das damals wohl gar noch nicht existierte – wo der verwilderte Rotten inmitten von urwaldähnlichem Bewuchs, angeschwemmten Kies- und Sandbänken und kleinen Sümpfen praktisch den ganzen Talboden beanspruchte, ein Zustand, der sich wohl damals stellenweise in westlicher Richtung bis über Sierre hinaus fortsetzte. Durch den Wall der Berner Alpen fehlte die direkte oder wenigstens nahe gelegene nördliche Fortsetzung, was zum beschwerlichen Unweg über Sitten nach Martigny zwang, wo man dann den Anschluß an die große Römerstraße fand. Auf dem Weg von Italien zum Genfersee, als Pforte zum Norden und Nordwesten, lag der Simplon zu weit östlich; der Weg über den Großen St. Bernhard aber war für die damaligen Verhältnisse direkter und führte ab Martigny durch relativ gut besiedeltes Gebiet. Vermutlich diente der römische Simplonpfad als Verbindung für einen zeitweilig mehr oder weniger regen Warenverkehr zwischen Domodossola und Sitten, denn auch Mailand (Mediolanum), das erst unter Diokletian 292 n. Chr. in den Rang einer Residenzstadt gelangte, besaß noch nicht seine wirtschaftspolitische Ausstrahlungskraft.

Der Verlauf des römischen Simplonpfades ist teilweise überliefert. Im oberen Val Divedro gewann der Pfad im Bereich der heutigen Dörfer Varzo und Trasquera rasch an Höhe und erreichte als eigentlicher Bergpfad in steilem Anstieg die auf einem kleinen Plateau liegenden Alpen Vallescia und Alpjerung (2063 und 2068 m), zwischen denen heute die schweizerisch-italienische Staatsgrenze verläuft. Ob sich die in der Nähe befindliche Geländebezeichnung «Planum Castellum» auf einen ehemaligen römischen Wachtturm bezieht, bleibt nach wie vor Vermutung. Von Alpjerung führte der Pfad hinüber zur Pianezza (1862 m) und stieg dann von dort sehr steil hinauf nach Alpjerwäng auf 2134 m Höhe am Fuße des Chellihorns. In jenem Bereich fand Pfarrer Joller aus Ruden (Gondo) offenbar auch die Reste des einstigen Römerpfades. Vermutlich führte dann der Saumpfad nun praktisch auf gleichbleibender Höhe in felsigem Gelände entlang der Südflanke des Chelli- und Rothorns hinüber nach Alpjerbidi (2136 m) und von dort unterhalb der Chesselkumme-Mulde und des Glatthorns weiter nordwärts hoch ob dem Talgrund über Homatta nach Howäng (2110 m) an der Südflanke des Hübschhorns. In jenem Bereich zwang der in einem Felssporn ausmündende und als Talriegel wirkende westliche Ausläufer des Hübschhorns den Saumpfad talwärts. Er erreichte bei der heutigen Chlusmatte (1810 m) etwas oberhalb des Engilochs den Talgrund, von wo er dann in mäßigem Anstieg der Paßhöhe zustrebte. Die nördliche Fortsetzung des Römerweges ist nicht überliefert, doch darf man annehmen, daß sich der Pfad durch das damals stark bewaldete Tafernatal nordwärts senkte, bei Schallberg wieder anstieg, die unwegsame Saltinaschlucht über den sanft abfallenden Hang des heutigen Weilers Lingwurm umging und dann den Talgrund erreichte. Was zur Römerzeit über die damals begangenen Alpenpässe transportiert worden ist, wissen wir vom Großen St. Bernhard. Es waren vor allem die damals im Süden beliebten menapischen und marsischen (belgischen und westfälischen) Schinken, Pelzwerk aus dem Norden, und die damals schon in den südlichen Ländern begehrten Tuche aus dem flandrischen Raum. Aus dem römisch gewordenen Lande Helvetien stammten Käse, Honig, Wachs, Fische, Harz, Holz und Pech. Neben den Waren passierten aber auch unzählige germanische Sklaven auf ihrem Weg in eine ungewisse Zukunft den Paß südwärts. Von den römischen Provinzen in Italien gelangten vor allem Öl, Gewürze, Wein, Kunst- und Modewaren, luxuriöses Geschirr und Besteck sowie verschiedene andere verfeinerte Gegenstände fortgeschrittener Zivilisation nach den römischen Zentren im Norden und in Gallien.

Das Jahr 401 gilt als das eigentliche Ende der römischen Herrschaft auf dem Gebiete der späteren Eidgenossenschaft. Es dauerte allerdings noch einige Zeit, bis die neuen Herren, die Burgunder – die um 457 den großen Teil des Wallis besetzten – und die Alemannen, vom sich selbst überlassenen Lande Besitz ergriffen und mit ihrer Einwanderung eine tiefgreifende Umschichtung der Bevölkerung, der wirtschaftlichen und politischen Verhältnisse einzuleiten vermochten. Mit dem Verschwinden der römischen Verwaltung und der stehenden Legionärsheere in den Garnisonen sowie mit dem Niedergang des ausgedehnten Handels verloren auch die berühmten Römerstraßen ihre Bedeutung und zerfielen stellenweise sehr rasch, oder wurden schließlich wieder von Erdreich und Bewuchs überdeckt. Schulte hat jenen Zustand treffend umschrieben: «Ein hochkultiviertes Volk hatte bis dahin die Erfahrungen in der Kunst des Straßenbaues ... verwendet, nun blieb nichts als das Vorbild, das sie geschaffen, und die örtliche Tradition die Lehrmeisterin. Die Römer hatten mit den Mitteln eines an Geld reichen Staates und mit den Kräften einer gefügigen Arbeitsorganisation gebaut, nun sank der Straßenbau in die Naturalwirtschaft zurück. Die staatlichen Stationen an den Straßen, in denen Beamte und Offiziere Nachtquartier gefunden hatten, verschwanden und machten nun dem Wirtshause oder dem frommen Hospiz Platz. An Stelle der staatlichen Fürsorge trat das Geschäft oder die Wohltätigkeit». Auch der Römerpfad über den Simplonpaß muß damals – durch Schnee, Frost, Lawinen und Schmelzwasser zusätzlich gefördert – innert wenigen Jahrzehnten bis auf kleine Reste wieder verfallen sein – der sicher nicht unbedeutende, doch zeitweilig in seiner Funktion aus verkehrshistorischer Sicht etwas überbewertete Römerpfad am Simplon blieb, schon fast legendär, lediglich in der Überlieferung erhalten.

Der Saumpfad in Mittelalter und Neuzeit

Vorgeschichte und Anfänge des Paßverkehrs

Nach den Wirren der Völkerwanderung blieben im Unter- und Mittelwallis die Burgunder seßhaft (St. Maurice war Residenz der Burgunderkönige im 6. und 9. Jahrhundert), die von den Keltoromanen Sprache und Kultur übernahmen. Um die Wende vom 6. zum 7. Jahrhundert begann im Oberwallis – die heutige Gegend des Pfynwaldes bildete damals schon ungefähr die Sprachgrenze – die Einwanderung der deutschsprachigen Alemannen aus dem Gebiet der Mittelschweiz und dem Aaretal über die Pässe Gemmi, Rawil (?), Lötschen

und Grimsel. Infolge der Langobardeneinfälle über den Großen St. Bernhard verlegte Bischof Heliodor zwischen 565 und 585 seinen Sitz von Martigny nach Sitten. Was sich damals am Simplonpaß abspielte, wissen wir nicht, denn erst im Verlaufe des 13. Jahrhunderts rückt der alte Paßweg wieder in den Vordergrund. Vermutlich unternahmen aber die Langobarden auch Erkundungszüge über den Simplon und später vielleicht die Sarazenen. Unter Rudolf III., dem letzten burgundischen König, gelangte das Grafschaftsrecht im Wallis 999 an Bischof Hugo von Sitten (998–1014), der damit auch weltliches Oberhaupt geworden war, eine Stellung, die später noch verschiedentlich zu heftigen Auseinandersetzungen führen sollte. Nach dem Tode Rudolfs III. wurde das Wallis, zusammen mit dem Königreich Burgund, Teil des Heiligen Römischen Reiches Deutscher Nation.
Ein besonders wichtiger Aspekt in der Vorgeschichte zur Erschließung des Simplonpasses als Fernhandelsstraße ist zweifellos die aktive und zielgerichtete Italienpolitik Kaiser Friedrich I. Barbarossa, womit zunächst der Große St. Bernhard, später offenbar auch der Simplon als Paßverbindungen nach dem Süden vermehrte politische Bedeutung erhielten, und damit ebenfalls die nördlichen und südlichen Einzugs- und Zielgebiete. Zwischen 929 und 962 erhielt das Kloster San Pietro (in cielo d'oro) in Pavia große Anrechte im Ossolatal, und unter Heinrich II. (1002–24) gelangte auch das Bistum Novara in jenem Bereiche zu Besitztum. Der deutsche Kaiser verlieh die Grafschaftsrechte im Val d'Ossola an Bischof Peter von Novara und bestätigte den Wochenmarkt von Domodossola, was, weil es sich im südlichen Vorfeld des Simplons abspielte, schon damals für die zunehmende Bedeutung des Passes sprechen könnte, wobei der zu jenem Zeitpunkt erwähnte Zoll in Cerro – der Ort (heute Casale-Corte-Cerro) liegt zwischen Omegna am Ortasee und Gravellona-Toce am direkten Weg zum Simplon – diese Hypothese bekräftigt. Nach dem Tode Heinrich II., der die deutsche Herrschaft in Italien wieder herstellte, führten die Staufer eine konsequente Italienpolitik weiter. Friedrich I. Barbarossa bekundete 1176 vermehrtes Interesse am begüterten Hospiz des Großen St. Bernhards, und im folgenden Jahre erwarb er die Burg Arto am Ortasee – ein fester Sitz am Weg zum Simplon. 1178 kaufte Barbarossa zusätzlich die zwischen Ortasee, Novara und Vercelli gelegenen wichtigen Flußübergänge am Cervo und an der Sesia. Bezeichnend für die Absicht des Staufers, die südlichen Zugänge zu den Walliserpässen unter seine Kontrolle zu bringen, war ebenfalls die Unterstützung der zu ansehnlichem Grundbesitz gelangten adligen Familien der Castello und Ornavasso, vor allem aber des staufertreuen Grafengeschlechts der Biandrate, das den Herrschaftsbereich im Ossolatal und den angrenzenden Gebieten sukzessive ausdehnte. Friedrich I. bestätigte und erneuerte 1156 zu Frankfurt Graf Wido von Biandrate seine ausgedehnten Besitzungen und Rechte.
Auf der Nordseite des Simplons scheint eine Bestimmung in einem Ausgleich aus dem Jahre 1179 zwischen Graf Humbert von Savoyen und dem Bischof von Sitten (Kuno) zumindest anzudeuten, daß sich durch das Rhonetal ein Verkehr entwikkelt hatte. Das in der Bestimmung erwähnte Straßenregal und Geleitsrecht konnte sich wohl nur auf die im Sittener Herrschaftsgebiet verlaufende und rhoneaufwärts zum Simplon führende Straße beziehen. Ein weiterer wichtiger Akzent zur Erschließung des Paßweges für den internationalen Transithandel ist zweifellos die aktive Siedlungspolitik der deutschsprachigen Walser im Oberwallis. Die Walser wanderten nicht nur in östlicher Richtung gegen Goms, Furka, Urseren- und Vorderrheintal, sondern sie überschritten auf den Pässen Simplon, Albrun, Gries, Antrona und Monte Moro auch den Alpenkamm und dehnten ihren Siedlungsbereich südwärts aus, was schließlich zu deutschsprachigen Siedlungen im Val Formazza, am Südhang des Simplons mit Simplon-Dorf, Gstein-Gabi und Ruden (Gondo), bis ins obere Val Divedro (Tafeders) sowie ins Zwischbergental führte. Etwas später vermochten auch Kräfte aus den angrenzenden italienischen Talschaften ins Rhonetal hinüberzugreifen. So finden sich im Paßgebiet selbst, im oberen Rhonetal, im unteren Goms und im Saastal Besitzungen und Rechte der Familien von Biandrate, Castello und Ornavasso. Mit dieser friedlichen wechselseitigen Einwirkung unterschiedlicher Volks- und Kulturkreise entstanden in jenen Regionen allgemein günstige Voraussetzungen, die dem Aufschwung von Handel und Verkehr nur förderlich waren.

Der Simplon wird Fernhandelsstraße

Die bereits angeführten Hinweise, denen zufolge bereits in den letzten Jahrzehnten des 12. Jahrhunderts ein mehr oder weniger reger Verkehr über den Simplonpaß bestanden haben muß, werden später noch durch ein wichtiges Dokument ergänzt, welches aufzeigt, daß der Simplon inzwischen zur bedeutenden Fernhandelsstraße aufgerückt war. Es handelt sich um das im Jahre 1217 unter Bischof Landrich von Mont (1206–1237) aufgezeichnete älteste Sittener Stadtrecht. Darin werden die Geleitsrechte und die Straßenrechte des Bischofs genau verzeichnet; sie reichten damals vom Kreuz bei Ottans (bei Martigny) rhoneaufwärts durch das ganze Bistum, und nur Leute, die über den Antronapaß und Saastal herüberkamen, waren vom Straßenrecht des Bischofs ausgenommen. Dem Stadtrecht war eine Zollbestimmung beigefügt, für Waren, die von der Lombardei nach oder durch Sitten geführt wurden. Es waren indessen keine neuen Verordnungen, sondern sie bezogen sich praktisch auf aufgezeichnetes Gewohnheitsrecht, was wiederum den Schluß zuläßt, daß der Verkehr vom und zum Simplon bereits Jahrzehnte zuvor eine gewisse Bedeutung gehabt haben muß. Interessant ist auch der als Handelsweg erwähnte Antronapaß (2838 m), welcher vom Ossola- und Antronatal ins Saastal hinüber führt und nachweisbar bis ins 15. Jahrhundert mit Pferden, Vieh und Kaufmannsgütern überschritten worden ist. Beim Antronapaß wie bei dem westlich von ihm vom Valle Anzasca ins Saastal führenden 2984 m hohen Monte Moropaß fand man Spuren des alten Saumpfades. Reste einer alten gepflasterten Straße fand man auch am östlich des Simplons durchführenden 2409 m hohen Albrunpaß, der vom Ossola- und Antigoriotal über das Valle Dévero nach dem Binntal führte und im Mittelalter von einiger Bedeutung war. Hauptkonkurrent des Simplons blieb aber nach wie vor der Große St. Bernhard, der zusammen mit Septimer und Splügen bis zur Eröffnung der Gotthardhandelsroute zu Beginn

des 13. Jahrhunderts der bedeutendste Transithandelsweg in den Alpen war.
Obwohl der Simplon damals Konkurrenzrouten besaß, die ihm einen Teil des Verkehrs entzogen, so besaß er doch wiederum Vorteile genug, die ihm trotzdem eine dominierende Rolle sicherten. Der Saumverkehr über den Simplonpaß muß zu jenem Zeitpunkt recht lebhaft gewesen sein, denn im Jahre 1235 wird nicht nur der Bergname Simplon erstmals genannt, sondern auch ein Hospiz in unmittelbarer Nähe der Paßhöhe, das vom Johanniterorden (Malteserritter) offenbar schon einige Jahre zuvor gegründet und in Betrieb genommen worden war. Die erste bezeugte Simplonreise fand im Jahre 1254 statt, als Erzbischof Odo von Rouen am 8. Februar während seiner Romreise den Paß überschritt. Vielleicht war der Simplon am Beginn des Verkehrsaufschwunges vorerst ein oft begangener Pilgerweg, der auch lokalen und regionalen Handels- und Verkehrsbedürfnissen diente, dann aber offenbar rasch zum internationalen Transithandelsweg aufrückte. Ausschlaggebend war sicher die wirtschaftlich starke Stellung und der zunehmend größere politische Einfluß Mailands sowie das Aufblühen der Messestädte Troyes, Bar sur Aube, Provins und Lagny in der Champagne, die bis zu Beginn des 14. Jahrhunderts den Mittelpunkt des internationalen Handels-, Waren- und Geldverkehrs bildeten. Da der Simplon zwischen dem aufstrebenden Handels- und Gewerbezentrum in Oberitalien und den wichtigen Handelsplätzen in der Champagne die kürzeste Verbindung darstellte, hatte vor allem die Mailänder Kaufmannschaft, dann aber auch jene Novaras und Pistojas, großes Interesse daran, daß dieser Handelsweg ausgebaut und gesichert wurde. Im Jahre 1267 garantierte der Bischof von Sitten (Heinrich I. von Raron 1243–1271) italienischen Kaufleuten die Sicherheit auf der Simplonroute. Die Bischöfe von Sitten, mit den Grafschaftsrechten zugleich Herren der Märkte und der Straßen, für deren Unterhalt und Sicherheit sie auch verantwortlich waren, zeigten sich ebenso wie die Kaufmannschaften daran interessiert, den Handel zu fördern und zu sichern. So schloß bereits im Jahre 1272 Bischof Rudolf von Valpelline (1271–1273) und Bischof Bonifaz von Challant (1289–1308) nochmals 1291 entsprechende Verträge mit der Mailänder Kaufmannschaft zwecks eines gewährleisteten regelmäßigen Waren-Transitverkehrs über den Simplon. Bei diesen Verträgen wurden auch die Zollvereinbarungen für Brig, Sitten und Martigny neu geregelt und festgelegt. Der alte Paßweg, auf dem man zwischen Brig und Domodossola zu Fuß bei gutem Wetter zwischen zehn und elf Stunden aufzuwenden hatte, war dem regen Verkehr entsprechend ausgebaut, doch hat der Paßweg damals offenbar auf die Reisenden nicht gerade einen vertrauenerweckenden Eindruck ausgeübt. Im Jahre 1275 passierte Papst Gregor X. auf seiner Rückreise von Lausanne – wo er die Kathedrale einweihte – nach Rom den Saumpfad über den Simplonpaß. Im Itinerar wird erwähnt, der Hohe Herr habe sich über die gefährlichen Brücken – «discriminosis Montis Brigae pontibus se exponens» – begeben müssen. Wenn auch diese «Reisebeschreibung» etwas kurz geraten ist, so gibt sie doch einen wertvollen Hinweis. Der Saumpfad muß damals – die im Bericht erwähnten «gefährlichen Brücken» weisen unmißverständlich darauf hin – bereits durch die enge und wilde Gondoschlucht geführt haben. Zu welchem Zeitpunkt der frühere «Höhenweg» über Alpjen in die Schlucht verlegt worden ist, weiß man nicht genau, doch dürfte dies vermutlich nach der Besiedlung der Simplonsüdseite durch die berggewohnten Walser, die in solchen Brückenbauten Erfahrung besaßen, gegen Ende des 12. Jahrhunderts erfolgt sein.
Die alte Handelsroute von Mailand, Novara und Vercelli führte entlang des Ortasees über Gravellona-Vogogna nach Domodossola und Crèvola und diente wohl damals schon einem bescheidenen Fahrverkehr. Der eigentliche Saumpfad begann in Crèvola d'Ossola und führte über Varzo nach Ruden (Gondo). Weiter paßwärts blieb der Pfad vorerst auf dem linken Doveria-Ufer und wechselte dann mit einer Brücke beim «Fahrenwasser» in der unteren Gondoschlucht auf die rechte Talseite, womit man den Sturzbach des Frassinone (Alpjen)-Baches und den dortigen Felsengpaß, wo später die Napoleonsgalerie entstand, umging. Der Pfad blieb nun auf dem rechten Ufer, bis er mit dem alten Hohsteg (Ponte Alto) wiederum auf die linke Seite hinüberwechselte, und anschließend wenige hundert Meter bergwärts beim «weißen Gebirg» (nahe bei der alten Kaserne) nochmals die Doveria überquerte. Bei Gstein-Gabi führte der Saumpfad über den Lagginbach und stieg dann über Simplon-Dorf hinauf zum Engiloch, wo einst der Römerpfad einmündete, und schließlich zur Spitalmatte, wo sich das Johanniterhospiz befand. Beim heutigen Simplonkulm senkte sich der Saumpfad in vielen Windungen den steilen Hang in den Talgrund hinab und führte durch das Tafernatal, wo sich eine Herberge befand, zum Gantergrund. Dort stieg der Saumpfad nochmals zum Schallberg an, umging die schroffe Saltinaschlucht und führte über den Weiler Lingwurm hinunter nach Brig. Von Westen kam der traditionelle Handelspfad auf der alten Römerstraße von Lausanne bis Martigny, wo sich die Wege zum Großen St. Bernhard und zum Simplon trennten. Von Martigny führte der Weg bis Saxon, wo talaufwärts in der Nähe des heutigen Riddes eine Brücke über die Rhone zum turmbewehrten Saillon hinüberführte, und verblieb dann bis nach Sitten auf dem rechten Ufer der Rhone, die im Schwemmland verwildert durch den breiten Talboden floß und den Verlauf der Straße wohl mehrfach beeinflußt hat. Oberhalb Sitten wechselte die Straße wieder den Fluß und auch bei Granges vor Sierre bestand früher eine Brücke. Von Sierre führte die alte Landstraße erhöht entlang der sonnigen Talflanke nach Leuk, dann wieder hinunter zur Rhone, welche sie beim heutigen Susten mit einer Brücke überquerte. Der Weg ging anschließend über Agarn und Turtmann nach Visp und Brig. Vermutlich war auch die westliche Zufahrt zum Simplon von Vallorbe über Lausanne, Martigny und Sitten nach Brig – im Rhonetal hieß sie später die alte Landstraße – praktisch durchgehend für leichtere Transportfahrzeuge befahrbar. Ab Brig bestand ein Saumpfad das Goms hinauf über die Furka ostwärts und über die Grimsel nordwärts.

Transportgesellschaften und Handelsgut

Infolge des Verkehrsaufschwunges auf der Simplonroute scheint der Paßweg und die Straße im Rhonetal verschiedentlich verbessert und den neuen Verhältnissen angepaßt worden zu sein. Zuständig dafür waren die Bischöfe von Sitten, die als Hoheitsrecht den Zoll bezogen, den sie jeweils an treue Gefolgsleute verliehen. Die Pflicht zum Straßenunterhalt erstreckte sich vorerst auf die gesamte Straßenlänge von Ottans bei Martigny bis Gstein-Gabi zur Lagginbachbrücke, nach 1260 (Tauschvertrag mit Savoyen) nur noch ab Pont de la Morge unterhalb Sittens. Die Bischöfe versuchten dann, gewissermaßen als «Kompensation», die Grenze südwärts auszudehnen, doch kam man über den Cherascabach bei Varzo nicht hinaus; und die späteren Grenzstreitigkeiten in jenem Bereich drängten den bischöflichen Einfluß schließlich nach Ruden (Gondo) zurück, so daß als Gebietsgewinn lediglich die Gondoschlucht zu verzeichnen war. Gestützt auf den im Jahre 1291 abgeschlossenen Transithandels- und Zollvertrag verpflichtete sich die Mailänder Handelsgesellschaft zur Leistung folgender Zölle; von jeder Balle französischen Tuches, von Goldbrokat, Seide, Gewürzen und von jedem Geleitpferd 12 Pfennige; von Barchent, Wolle, Wachs, feinem Leder, Nadeln und ähnlichen Metallwaren sowie von Waffen 6 Pfennige und von jeder Balle Eisen, Stahl, Kupfer, Zinn und anderen Metallen – ausgenommen die Edelmetalle Gold und Silber – 2 Pfennige. Dazu kamen die sogenannten Weggelder zum Unterhalt der Straße, wobei von jeder Warenballe am Zoll zu Brig 2 Pfennige, in Sitten deren 3 und in Martigny, das nun zum savoyischen Herrschaftsbereich gehörte, einen Pfennig. Weitere Zölle bestanden in Domodossola, Simplon-Dorf, Granges, Sitten (neuer Zoll), an der Brücke von Riddes, St. Maurice, Villeneuve bei Schloß Chillon, in Les Clées zwischen Orbe und Vallorbe und am Jougnepaß. Die Habsburger versuchten unter König Albrecht 1299 den Zoll von Jougne zugunsten des Gotthards aufzuheben, was scheiterte, denn die Grafen von Savoyen, nun auch Herren der Waadt geworden, waren mächtig genug, allfälligen habsburgischen Einflüssen entgegenzutreten. Gewiß bot auch der inzwischen bedeutend angewachsene Transit-Handelsverkehr zwischen Frankreich, der Lombardei und dem savoyischen Kernland über den Großen St. Bernhard und den Simplon einen wirtschaftspolitischen Rückhalt. Im Jahre 1286 passierten während 213 Tagen folgende Transportgüter den Zoll von Villeneuve bei Chillon: 2211 Ballen französischer und lombardischer Tuche, 1448 Ballen Wolle und Felle, 80 Lasten Tuche und Kramwaren und 2568 Karren Salz. Das Salz kam übrigens von auswärts, denn die Salzlager in Bex wurden erst im 16. Jahrhundert entdeckt. Ab 30. November 1294 wurden wiederum in Villeneuve im Zeitraum von 1022 Tagen 11 858 Warenballen und 722 Lasten sowie 80 Karren Tuche und «mercerie» verzollt. Der Zöllner in Sitten notierte 1388 eine Durchfuhr von 1884 Warenballen, und für die Jahre 1379 bis 1384 ergab sich ein Durchschnitt von rund 1700 Warenballen. Aufgrund des Zollertrages von Brig aus dem Jahre 1362 ließ sich berechnen, daß damals rund 6000 Warenballen, das sind etwa 16,4 Ballen pro Tag, den Zoll zu Brig passiert haben. Unentbehrlich für einen geregelten Warenverkehr waren die Transportordnungen der Fuhrleute und Säumer, wobei auch hier die Mailänder Handelsgesellschaft initiativ und mitbestimmend einwirkte, natürlich unterstützt von den Sittener Bischöfen. Die älteste Transportordnung besitzt Leuk aus dem Jahre 1310, und sie ist zugleich die erste Verordnung dieser Art in den Alpen. In Leuk bestimmten die Fuhrleute den Teiler, der bei Bedarf mittels Boten das erforderliche Personal für den Warentransport aufzubieten hatte. Der Transport wurde in der Regel von Sust zu Sust durchgeführt, wo die Ware kontrolliert, umgeladen – manchmal sogar verkauft – oder gelagert sowie Ersatzpferde und Maulesel für die vom Transport ermüdeten Tiere bereitgehalten wurden. Die Fuhrleute von Leuk transportierten die Güter südwärts bis Brig und westwärts bis Sitten. Der Teiler bestimmte für jeden Säumer oder Fuhrmann das zu übernehmende Transportgut und befahl die Zeit des Aufladens. Wer zur sogenannten Primzeit nicht bei der Sust war, verlor Transportauftrag und Verdienst. Im Jahre 1310 verhandelte auch die Gemeinde Turtmann selbständig über den Warenverkehr. Die Transportordnung von St. Maurice stammt aus dem Jahre 1320 und bezog sich ausschließlich auf Organisationsfragen des Fuhrwesens. Auf italienischer Seite existierte eine Transportordnung in Domodossola, die übrigens ähnlich wie im Wallis organisiert war, und auch Vogogna verfügte über eine Transportgesellschaft. Teiler gab es ebenfalls im Val Divedro und im Val Antigorio, doch beförderten die Fuhrleute und Säumer von Domodossola die Waren nordwärts bis Ruden (Gondo) und südwärts bis zur Tocebrücke bei Vogogna, zeitweilig vermutlich auch bis Gravellona. Eine wichtige Funktion hatte im Wallis auch der Ballenführer, und der Handelsvertrag von 1291 verbot diesen Leuten den Zusammenschluß zur Korporation. Ende des 15. Jahrhunderts, als die Zenden mächtiger und das Volk einflußreicher geworden war, hatten sich die Ballenführer in einer Art Zunft zusammengeschlossen. Vielleicht trug auch der Verkehrsrückgang im 15. und 16. Jahrhundert dazu bei, daß man sich straffer organisieren mußte, um wenigstens das noch für den Simplonverkehr bestimmte Transitgut vor «wilden» Unternehmern zu sichern. Die Ballenführer für die eigentlichen Paßtransporte wurden von den Gemeinden Naters, Brig und Simplon gestellt. Herrschte etwas flaue Zeit, bestimmte eine Vereinbarung von 1307 die wöchentliche turnusmäßige Ablösung. Jeder Ballenführer war verpflichtet, pro Jahr einen Tag am Straßenunterhalt zu arbeiten oder einen entsprechenden Beitrag zu zahlen. Diese Transportführer forderten ebenfalls eine übersichtliche Organisation der seit jeher «versippten und verschwägerten» Zoll-, Sust- und Wegrechte, Rechte die einst dem Bischof zustanden, dann aber teils durch Verkauf, teils durch Belehnung zu komplizierten und verflochtenen Bestimmungen führten. Verhältnismäßig spät, erst 1598, bewilligte der Landrat einen allgemein verbindlichen Transporttarif für die Strecke vom Simplon bis St. Maurice.

Susten und Transportgut

Von besonderer Bedeutung für den Warentransport zur Saumpfadzeit waren die Susten, und diese Gebäude, die zugleich auch als Lagerhäuser sowie teilweise als Herbergen dienten, bildeten wichtige Stützpunkte der Transportgesellschaften. Entlang der Simplonstraße standen Sustgebäude in Martigny, Sitten, Leuk, Brig, auf dem Simplonpaß, in Simplon-Dorf, Ruden (Gondo), Varzo, Domodossola (dort wurde, wie in Leuk, ein sogenanntes Sustgeld erhoben) und in Vogogna. Auch Agarn besaß bereits 1272 ein Lagerhaus (suste de

7. Die Altstadt von Lausanne mit Kathedrale

Ayert) für die Waren der durchziehenden Kaufleute. Alle diese Susten wurden im Zeitraum von 1270 bis 1325 erstmals urkundlich erwähnt. 1351 wurde zusätzlich in Visp eine Sust gebaut, die aber vermutlich in erster Linie dem damals nicht unbedeutenden Saumverkehr über den Antronapaß diente. Der Bau dieser Sust kam auf Wunsch der Mailänder Kaufmannschaft, unterstützt vom Stadtherrn Giovanni Visconti, zustande und es war zugleich das letzte Mal, daß sich Mailand, dem die Simplonhandelsroute letztlich den Aufschwung verdankte, aktiv zur Förderung des Simplonverkehrs eingriff. Das Datum ist auch deshalb interessant, weil zu jenem Zeitpunkt, also an der Wende vom Spätmittelalter zur Renaissance, der Höhepunkt der ersten Blütezeit des Sinplonverkehrs erreicht schien. Der Standort der Susten entsprach ungefähr den Tagestouren der Fuhrleute und Säumer, so betrug die Distanz zwischen Martigny und Sitten damals etwa 29 km und erforderte einen Transporttag, ebenso die Strecke von Sitten nach Leuk (etwa 25 km) und der ebenfalls ungefähr 28 km lange Weg von Leuk nach Brig. Beschwerlich war der Saumpfad am Paß, weshalb auch auf der damals nur etwa 26 km langen Bergstrecke zwischen Brig und Gondo unterwegs zwei Susten bestanden. Neben Säumern und Fuhrleuten, Kaufherren, Scholaren, Gelehrten, Kriegsknechten, Gauklern und Beamten reisten damals auch zahlreiche Pilger, Mönche und Kirchenherren auf der Simplonstraße und über den Paß, wofür die entlang des Weges errichteten Hospize und Pilgerspitäler sprechen. Neben dem bereits erwähnten Johanniterhospiz in der Nähe der Paßhöhe bestanden Pilgerspitäler oder Hospize in Villeneuve, Aigle, St. Maurice, Martigny, Saillon, Conthey, Sion (die Stadt basaß drei), Salgesch, Leuk, Brig und Gondo (Ruden). Vermutlich hat auch der um 1380 vom Bischof von Sitten erworbene Meierturm in Simplon-Dorf nach der Wiederherstellung den Reisenden als Unterkunft gedient. Alle diese Unterkünfte für fromme Reisende entstanden im Zeitraum zwischen 1230 und 1425.

Welche Waren und Kaufmannsgüter über den Paß transportiert worden sind, bekunden aufschlußreich die Zolltarife und Handelsverträge. Von Norden bzw. Westen nach Süden führten die Kaufleute mit: Leinenstoffe aus der Champagne, Burgund, Lothringen und aus Süddeutschland; Wollsäcke mit englischer Wolle; wollene Grautuche aus Köln, Basel, Straßburg und Mainz; schöne Tuche aus Flandern, dem traditionellen Tuchland des Mittelalters; scharlachfarbene Tuche aus Gent und Brüssel; Tuche aus Nordfrankreich sowie aus Reims, Chalons s. Marne und Troyes; dann Lebensmittel wie Stockfische, Salzheringe, Korn, Salzfleisch, Hafer, Hülsenfrüchte, aus dem Wallis in die Lombardei aber auch Käse und vor allem Vieh, besonders Pferde, Ochsen, Kühe, Schafe und Ziegen. Über den Paß geführt wurden ebenfalls kostbare Pelze aus dem Norden, Leder und Lederwaren; Holz (Eibe und Buchsbaum); Wachs, Talg, Werg; Metalle, dabei vorwiegend Eisen, Kupfer, Blei und Zinn, und verschiedene Metallwaren wie Hausgeschirre und -geräte sowie Ackergeräte; Glaswaren aus Straßburg; Waffen und Harnische aus Solingen, Köln, Straßburg und Mainz. Auch bei den Transportgütern, die von Süden nach Norden und Westen befördert wurden, waren die Textilien gut vertreten: feine Leinengewebe aus der Lombardei und der Toskana, bunt gefärbte Wolltuche aus Mailand, Florenz, Piacenza, Novara, Bergamo und Siena; Baumwollballen aus der Levante; Baumwolltuche (Fustagni, zu deutsch Barchent) aus Venedig, Bologna, Cremona, Mailand und Pavia sowie feine farbige Samtstoffe aus Genua und schließlich kostbare Seidenstoffe und Brokate aus Venedig, Genua, Florenz, Mailand und Bologna sowie die berühmten Goldbrokate aus Lucca. Bei den Lebensmitteln überwogen Salz, getrocknete Feigen, Mais, Öl, Rosinen, Reis, Lorbeer und Mandeln, später auch Zucker, Kaffee und Kakao; dann Gewürze, wie der als kostbares Handelsgut eingestuft gewesene Pfeffer, Zimt, Gewürznelken, Ingwer, Paradieskörner, Muskat, Safran und Kardamom, dazu die nördlich der Alpen sehr begehrten Weine Zyperns, Griechenlands und Italiens. Wichtige Handelsgüter aus dem Süden waren auch Färbe- und Arzneimittel, darunter Indigo, Brasilholz, indischer Krapp, Alaun, Karmin, Sandelholz, Zinnober, Terpentin, Süßholz, Aloeholz und Manna, und für den Gottesdienst importierte man Balsam, Myrrhe, Weihrauch und südländischer Bienenwachs. Geschätzt aus Italien waren auch metallene Ackerbaugeräte und Gebrauchsgegenstände für den Haushalt, die vorwiegend in der Lombardei (Nähnadeln, Scheren, Nägel) und in der Toskana (Metallbeschläge) hergestellt wurden; schöne Gläser und Luxusseifen aus Venedig; feine und reich verzierte Lederwaren aus Süd- und Mittelitalien; Luxus- und Gebrauchsgüter aus dem Orient und dem fernen Osten, wie chinesische Seide, Orientteppiche, Edelsteine und Perlen aus Vorderasien, Indien und Hinterindien, und schließlich Metallwaren, vor allem Waffen, Schilde und Rüstungen – teilweise reich verziert – aus den Waffenschmieden von Mailand, Brescia und Pavia. Es muß ein lebhaft-buntes und eindrucksvolles Bild gewesen sein, wenn ein Säumerzug – manchmal mit zwischen zwanzig und vierzig Saumpferden und Maultieren, vollbepackt mit Warenballen und Kaufmannsgütern aus vieler Herren Länder, schellenklingelnd und unter den energischen Zurufen der berggewohnten und wetterharten Säumer in langer Einerkolonne durch die Paßlandschaft zog.

Walliser Politik und Simplonverkehr.

Die erste Blütezeit des Simplon-Transithandelsverkehrs war gekennzeichnet vom Höhepunkt der bischöflichen Macht im Wallis, aber auch von den Kämpfen zwischen den Bischöfen von Sitten einerseits, den Zähringern – sie wurden bereits 1211 mit dem Gefecht bei Ulrichen ausgeschaltet – und den Grafen von Savoyen anderseits um die weltliche Vorherrschaft im Rhonetal. Von den andauernden Fehden zwischen dem Bischof und dem Haus Savoyen, dem überdies das

FABRIQUE

8. Schloß Chillon zur Saumpfadzeit

9. Genfersee-Barke und Saumpferde bei Villeneuve

Recht zur Verleihung der Regalien zustand, profitierte zunächst der einheimische Adel, der zunehmend arroganter und einflußreicher wurde. Es kam in der Folge zur Machtprobe, wo bischofstreue Truppen im Sommer 1296 auf der Sustmatte – sie hieß nach der Schlacht «Seufzermatte» – bei Leuk die Adligen besiegten. Zunehmend selbstbewußter wurden aber auch die Gemeinden, die bereits 1286 in einer Urkunde als «Communitatis terrae vallesis» – die «Gemeinden des Wallis» – auftraten. Offenbar schon früh hatten diese Gemeinden eine gewisse Selbständigkeit, denn die 1165/75 oberhalb von Brig entstandene Walsersiedlung Lauinen wurde von Bischof Kuno von Sitten (1179–1181) im Jahre 1181 als freie Genossenschaft mit freiheitlichem Recht privilegiert. Der Bischof bekundete damit klar den Willen, gegenüber dem vom freien Adel gebildeten Majoria (Meiertum), das sich schon damals zunehmend einflußreicher zwischen Bischof und Landbevölkerung einschob, ein entsprechendes Gegengewicht zu schaffen, allerdings ohne zu ahnen, dass gerade aus jenen Zellen der Unabhängigkeit später die Kraft erwuchs, die schließlich den Bischof aus der Position der weltlichen Macht verdrängte. Von den anfänglich zehn bischöflichen Verwaltungs- und Gerichtskreisen, Ernen (Goms), Naters, Visp, Raron, Leuk, Siders, Sitten, Chamoson-Ardon, Martigny und Massongex, verblieben nach dem Übergang der bischöflichen Gebiete unterhalb der Morge bei Conthey (Gundis) an Savoyen (Friedensverträge von 1392/99) nur noch sieben – die späteren «Sieben Zenden» des Oberwallis. Der Trend zur Unabhängigkeit wurde unterstützt und verstärkt durch den allgemeinen wirtschaftlichen Aufschwung des florierenden Simplon-Transitverkehrs, und die wiederholt von den Gemeinden geleistete militärische Unterstützung des Bischofs bei seinen Auseinandersetzungen mit Savoyen stärkte ihr Selbstbewußtsein erheblich. Im weiteren brachte der Transithandelsverkehr über den Simplon nicht nur Beschäftigung und Verdienst, sondern neben dem Warenhandel auch den Austausch von kulturellem Gedankengut aus verschiedenen Ländern Europas in das von Bergketten abgeschirmte Rhonetal, und letztlich freiheitliche Ideen, nicht nur aus der Zentralschweiz, sondern ebenso aus dem flandrischen Raum und den aufstrebenden italienischen

Stadtrepubliken, was man politisch auszuwerten wußte. Trotzdem herrschte damals eine Zeit der Verständigung, besonders nach der Regierungszeit Bischof Bonifaz von Challants (1209–1308) hatte das Wallis – vom Streit um die Regalien abgesehen – zwei Jahrzehnte der Ruhe und politischer Stabilität, die sich auch auf den Simplonverkehr äußerst günstig auswirkte.
Mit dem Savoyen freundlich gesinnten Bischof Witschard Tavelli (1342–1375), der von Beginn weg im Wallis keine Sympathien genoß, begann für das Land eine unruhige Zeit. Die zwei Versuche Savoyens, unter Graf Amadeus VI. (der «Grüne Graf») und Graf Amadeus VII. (der «Rote Graf») auch das Rhonetal oberhalb Sittens zu unterwerfen, wurde mit dem Sieg der Oberwalliser- und bischöflichen Truppen bei Visp am 23. Dezember 1388, dem «Mannenmittwoch», endgültig vereitelt. Die Machtprobe zwischen Bischof Tavelli und seinem großen Gegner Peter von Turn – dem damals mächtigsten Adligen im Wallis – führte infolge von Erbschaftsstreitigkeiten zwischen den beiden Familien zwischen 1364 und 1370 zum Bürgerkrieg, der mit der Niederlage der Truppen von Turns im Gefecht von St. Léonard (1375) beigelegt wurde. Unter dem Druck der gespannten innenpolitischen Lage schlossen sich die Oberwalliser Gemeinden bis zur Raspille im Schutz- und Trutzbündnis zusammen und in dieser Urkunde wird erstmals der Name «Zenden» erwähnt. Mit den Friedensverträgen von 1392/99 herrschte nun mit Savoyen vorerst Frieden, doch gab sich der einheimische Adel noch nicht geschlagen und die Zenden hatte inzwischen ihren Einfluß in der Landesregierung weiter ausgebaut. Aus den früheren bischöflichen Ratsversammlungen entstand schließlich mit der Beteiligung der Gemeinden der Landrat, dem ab 1355 die Delegierten der Zenden angehörten. Seit 1277 ernannte der Bischof zudem noch einen neuen Beamten, den Landeshauptmann. Der Einfluß der Zenden führte am 3. Juni 1403 zum Bündnisabschluß eines ewigen Burg- und Landrechts zwischen dem Bischof von Sitten und den Landleuten sowie den Ständen Luzern, Uri und Unterwalden. Der sogenannte «Raronhandel» brachte dem Wallis erneute schwere Unruhen. Ursache der Raronkriege war der Machtanspruch des Landeshauptmanns Gitschard von Raron, übri-

10. Der «Canal Stockalper» bei Le Bouveret

11. Das alte Pilgerspital in Villeneuve

12. *Schloß St. Maurice* 13. *Abteikirche in St. Maurice*

gens ein Burger Berns, der von König Sigismund die erbliche Landeshoheit erlangte. Für solche Dinge hatte indessen das nach Freiheit strebende Oberwalliser Landvolk kein Verständnis und es kam zum bewaffneten Aufstand. Gitschard suchte – da Bern vorerst nicht eingreifen wollte – bei Savoyen Unterstützung, das in der Folge «hilfeleistend» im Wallis nochmals zum Zuge kam, doch machte der Friede von 1417 dem kurzen Gastspiel ein Ende. Nun aber griff Bern aktiv zugunsten Rarons in den Konflikt ein und wurde damit zum Gegner der von den Waldstätten unterstützten Zenden, was sich schließlich zum Bürgerkrieg unter den Eidgenossen auszuweiten drohte. Im Bereich der vom Berner Oberland ins Wallis führenden Pässe entstand ein erbitterter Kleinkrieg, derweil die eidgenössische Diplomatie erfolglos eine gemeinsame Verhandlungsbasis suchte. Infolge von mehreren von den Wallisern indessen nicht akzeptierten Schiedssprüchen der unbeteiligten vier Orte Zürich, Schwyz, Zug und Glarus kam es zum Krieg. Die Berner versuchten mit zwei gleichzeitig geführten Angriffen über Grimsel und Sanetsch die Entscheidung im Wallis zu erzwingen, wobei aber das rund 13 000 Mann zählende Hauptheer am 2. Oktober 1419 von einer an Zahl unterlegenen aber entschlossen kämpfenden Walliser Truppe bei Ulrichen im Goms geschlagen wurde, und die über den Sanetsch vorgedrungenen bernischen Verbände erlitten bei Savièse eine Niederlage. Der mehr schlecht als recht zustandegekommene Friede vom 7. Februar 1420 machte dem unerfreulichen Kapitel Walliser- und Schweizergeschichte ein Ende.

Vor dem Hintergrund der Burgunderkriege begann unter Bischof (Supersaxo) Walter II. auf der Flüe (1458–1482) eine zielgerichtete und expansive territoriale Politik gegen Savoyen. Die Walliser annektierten nach der Schlacht auf der Planta bei Sitten (13. November 1475), wiederum von Berner Truppen unterstützt, mit zwei Eroberungszügen im Novem-

14. *Winterliche Landschaft bei Martigny*

15. *Saillon mit Burghügel*

ber 1475 und im März 1476 das Unterwallis von der Morge bei Conthey bis nach St. Maurice. Das eroberte Gebiet wurde in sechs Banner (Conthey, Ardon, Saillon, Entremont, Martigny und St. Maurice) eingeteilt und war als eigentliches Untertanenland einem Oberwalliser Landvogt (Gubernator) unterstellt. Als die Berner 1536 den Savoyern die Waadt entrissen, eroberten die Walliser zusammen mit dem links der Rhone liegenden Gebiet zwischen St. Maurice und Genfersee auch das Chablais mit Evian und Thonon, das sie aber später wieder an Savoyen zurückgeben mußten. Die endgültige Grenze zwischen Savoyen, das sein politisches Schwergewicht sukzessive in den nordwestlichen Bereich Oberitaliens mit Turin als Mittelpunkt verlegte, und dem Wallis bildet seit 1569 der Morgebach bei St. Gingolph am Genfersee. Daß auch der Simplonverkehr die Auswirkungen zu spüren bekam, mag nicht erstaunen und zeigt zugleich, wie empfindlich Verkehrswege von internationalem Rang auf politische Einflüsse reagieren. Als sich die bischöfliche Macht, zusammen mit Domkapitel und bischöflichen Beamten eine relativ starke Zentralgewalt im Lande, ab Mitte des 14. Jahrhunderts infolge der politischen Ereignisse abschwächte und schließlich zugunsten der einflußreich gewordenen und im Grunde partikularistisch eingestellten Zenden zunehmend an Bedeutung verlor, gelangte auch der Paßverkehr ins Kraftlinienfeld der unstabilen, von Auseinandersetzungen und Fehden gekennzeichneten turbulenten Politik, wobei auch der Niedergang der Messen in der Champagne in negativem Sinne einwirkte. Der florierende Paßverkehr des Mittelalters hatte nun einer indifferenten Phase Platz gemacht.

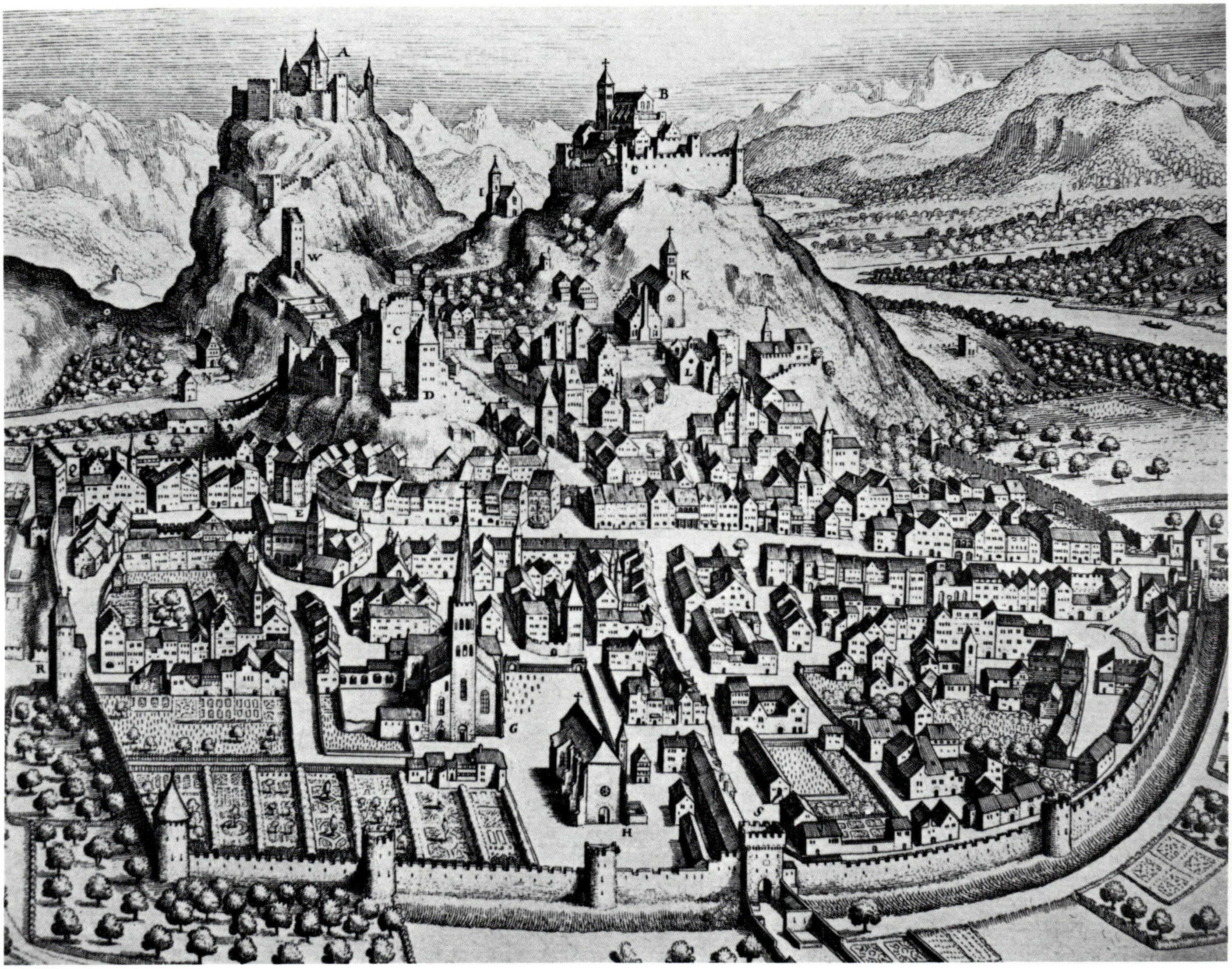

Ennetbirgische Politik und Niedergang des Paßverkehrs

In Oberitalien hatten sich inzwischen die politischen Verhältnisse ebenfalls verändert. Der nordwestliche Teil mit Turin war savoyisches Kernland geworden, und in der Lombardei dehnten die Visconti ihre Herrschaft über Stadt und Staat Mailand sowie auf eine Reihe oberitalienischer Stadtstaaten aus. So kamen auch das Val d'Ossola (Eschental) und die angrenzenden Täler bis 1381 ganz in mailändischen Besitz. Mit den ersten vier Eschentalerzügen der Innerschweizer nach Domodossola (1410, 1411, 1416 und 1417) über den San Giacomopaß rückte auch der Simplonpaß in seinem strategischen Wert zu erstrangiger Bedeutung auf, zumal sich die Walliser an den letzten beiden Kriegszügen ins Eschental beteiligten. 1416 schlossen Luzern, Uri und Unterwalden mit dem Zenden Goms ein weiteres ewiges Burg- und Landrecht ab, dessen Ergänzungen gegenüber jenem von 1403 sich auf den Konflikt im Wallis – dort war man damals zusätzlich in den Raronkriegen engagiert – und auf das Eschental bezogen. Die Gomser verpflichteten sich zu militärischer Hilfeleistung bei ennetbirgischen Aktionen, bekamen aber dafür die Anrechte im Val Divedro. Dem Burg- und Landrecht traten 1417 zunächst die Zenden Naters und Visp, später auch die Zenden Sierre und Sion bei. Mit der Niederlage von Arbedo am 30. Juni 1422 gingen sämtliche eidgenössischen ennetbirgischen Besitzungen, darunter auch das Eschental, wieder verloren. Trotz einem – vor allem im Hinblick auf den Simplonverkehr – zwischen dem Wallis und Mailand 1422 abgeschlossenen Separatfrieden, der dann während den Burgunderkriegen infolge der zwiespältigen Haltung Mailands ohnehin im Wert herabgemindert wurde, verfolgten die Walliser bald eine selbständige Südpolitik.

Die Lage an der Südgrenze des Simplons war in jenen Jahren gespannt. Grund dazu waren die «Patrisani», im oberen Val

16. *Sitten zur Saumpfadzeit*

17. *«La petite Lombardie» – Sittens Altstadt*

18. Schloßruine Tourbillon
19. Die Kirchenburg Valeria
20. Château de Vidomnes in Sierre

Divedro (Tafeders) angesiedelte Eigenleute des Bischofs von Sitten, ungenaue Grenzverläufe entlang der südlichen Alpen und endlich die gemeinsame Kirche für Zwischberger und Tafedner bei San Marco unterhalb von Gondo. Unzählige Grenzstreitigkeiten führten schließlich zum schweren Zwischenfall am Kirchenfest von San Marco (25. April 1484). Bischof Jost von Silenen (1482–1496), Sproß eines Urner Geschlechts und daher kein Freund Mailands, kam der Zwischenfall von San Marco wie gelegen, um an der Südgrenze mit Waffengewalt endlich reinen Tisch zu machen. Die Mithilfe der Eidgenossen konnte er indessen nicht gewinnen und vorerst machten auch die obersten Zenden Front gegen das Vorhaben Silenens. Trotzdem ließ der entschlossene Bischof am 25. Oktober 1484 seinen Bruder, Feldhauptmann Albin, mit 2000 Mann – der größte Teil davon waren Söldner – bei Gondo die Grenze überschreiten, der ohne große Gegenwehr bis nach Crèvola d'Ossola vorstoßen und dort strategisch wichtige Punkte besetzen konnte. Am 6. November intervenierte eine eidgenössische Gesandschaft und erwirkte einen Waffenstillstand. Ein eidgenössisches Schiedsgericht in Zürich brauchte für einen Beschluß die Zeit vom November 1484 bis Januar 1486 und entschied schließlich unter Bürgermeister Waldmanns Einfluß – entsprechend mit Gold «bearbeitet» – zugunsten Mailands, womit man die Walliser um ihren Erfolg brachte. Mit diesem bedenklichen «Kuhhandel» – nur Luzern unterstützte Silenens Politik – wurde der aussichtsreiche Beginn einer konsequenten ennetbirgischen Politik der Walliser endgültig zunichte gemacht. Im April 1487 kam es erneut zum Waffengang, wobei die Walliser, von Reisläufern aus eidgenössischen Orten unterstützt, Domodossola eroberten und auf dem Berg Matarello sowie bei Crèvola vorzügliche Verteidigungsstellungen bezogen. Wie seinerzeit bei Arbedo, war der Drang zu Raubzügen in die Gegend stärker als Disziplin und Wachsamkeit, und als dann die Mailänder in massiertem Angriff zum Gegenschlag ausholten, waren die zurückgebliebenen Kontingente für eine erfolgreiche Abwehr zu schwach und es kam zur katastrophalen Niederlage von Crèvola, der am 23. Juli der Friedensvertrag folgte. Er währte nicht allzu lange; neben anderen Schikanen sorgten neue Grenzstreitigkeiten für angemessenen «Betrieb» südlich des Simplons. Im April 1494 zogen die Walliser zu einer Strafaktion ins Val Divedro und die Vergeltung der Italiener ließ natürlich nicht lange auf sich warten, wobei sie allerdings in der Gondoschlucht beim Hohsteg eine schwere

21. Varen und Rhonetal zur Zeit des Saumpfades

22. Tafernatal mit Saumpfad und Hübschhorn

23. Das alte Stockalper-Hospiz

24. Dala-Brücke mit Wehrturm vor Leuk

Niederlage erlitten. Nach einem Waffenstillstand folgte am 9. Januar 1495 der Friedensvertrag, womit der Bischof von Sitten und die Landschaft Wallis endgültig auf ihre Ansprüche südlich von Gondo verzichteten. Die Bilanz der Eroberungszüge nach Süden war alles andere als erfreulich: Neben dem relativ hohen Blutzoll und dem verlorenen Einfluß im Val Divedro wurde auch der vorher schon angeschlagen gewesene Simplonverkehr weiter schwer geschädigt.
Die mißlungene ennetbirgische Politik Bischof Silenens führte zunächst zu Aufständen im Wallis und schließlich 1498 zu seinem Sturz. Mangels Unterhalt zeigten sich am Saumpfadtrassee verschiedentlich Zerfallserscheinungen, die infolge fehlender Verkehrsfrequenzen kaum notdürftig behoben wurden. Trotz kurzen Perioden des Friedens und Versuchen, dem Paßverkehr neue Impulse zu geben, herrschte auch im Verlaufe des 16. Jahrhunderts im Bereich der Südgrenze vorwiegend eine konfliktreiche Zeit, was den eigentlichen Niedergang des Paßverkehrs bewirkte, von dem er sich bis zur Zeit Stockalpers nicht wieder erholen sollte. Fanal dieser Entwicklung war der Zerfall des Johanniterhospizes auf dem Paß, das 1590 von den Malteserrittern verkauft worden war.
Auch Matthäus Schiner, der neue Bischof von Sitten (1499–1522), ab 1511 Kardinal, der als hochbegabter, tatkräftiger und diplomatisch geschickter Landesfürst an die Spitze der politisch unruhigen Alpenrepublik trat, vermochte das Blatt nicht zu wenden. Man hätte meinen mögen, daß sich nun unter der initiativen Führung Schiners, dem hervorragenden Kopf der Walliser- und bedeutenden Mann der Schweizergeschichte, eine stabilere Lage für das Land und somit auch Voraussetzungen für einen neuen Aufschwung des Simplonverkehrs hätte ergeben können, doch waren es einmal mehr die störenden Einflüsse innen- und außenpolitischer Faktoren, denen auch Schiners kluger Kopf schließlich nicht gewachsen war. Selbst sein weitsichtiger Plan, das Wallis im Bund der Eidgenossen zu integrieren, mißlang. Außenpolitisch führte Schiner, ein Verfechter päpstlicher Politik, die Eidgenossen mit dem Ziel, Frankreichs Einfluß in Oberitalien zu verhindern, im Rahmen der Mailänderkriege zu Großmachtpolitik. Die militärische Katastrophe von Marignano (13/14. September 1515) war der Schlußpunkt der Mailänderkriege und eidgenössischer Großmachtpolitik. Die Niederlage brachte aber auch den Stern Schiners zum Sinken, der später im Machtkampf mit seinem Widerpart, dem ränkesüchtigen und unberechenbaren Exponent französischer Politik, Jörg auf der Flüe (Georg Supersaxo), seine Kräfte

25. Die Burgschaft Visp

26. Brig, Naters und Visp im 17. Jahrhundert

27. Arkadenhof des Stockalper-Schlosses in Brig ▷

28. Im Gantergrund ▷

verbrauchte. Vom verhetzten Landvolk in Aufständen und mit der Mazze gedemütigt, mußte Schiner schließlich das Wallis verlassen. Er starb in Rom am 1. Oktober 1522. Sieben Jahre später folgte ihm, vom Landrat verurteilt und aus dem Lande verbannt, Jörg auf der Flüe in Aigle im Tode nach.

Die Ära Stockalper – zweite Blüteperiode am Simplon

Die Renaissance des Simplonverkehrs erfolgte um 1630 unter dem einflußreichen Briger Handelsherr Kaspar Jodok von Stockalper, der später den Beinamen «Le Roi du Simplon» führte, doch war diese zweite und zugleich letzte Blüteperiode des Simplon-Saumverkehrs von verhältnismäßig kurzer Dauer. Einmal mehr waren es dann die unruhigen politischen Verhältnisse im Wallis, damals bestimmt vom Streit um die Glaubensfrage und der Zeit zunehmender Selbstherrlichkeit der Zenden, die den erneut florierenden Simplonverkehr und damit das Lebenswerk Stockalpers zunichte machten. Außenpolitisch geriet die Alpenrepublik zunehmend in das Kraftlinienfeld der europäischen Großmächte Frankreich und Spanien. Frankreich hatte mit der Schlacht von Marignano das Herzogtum Mailand erobert, mußte es dann aber im Kampf mit Kaiser Karl V. an Spanien abtreten, das mit dem Frieden von Câteau-Cambrésis entscheidenden Einfluß auch in Oberitalien gewann. Im Wallis konnte die Reformation, unterstützt aus der bernischen Waadt, vorerst Fuß fassen, doch zeichnete sich schließlich im fast ein Jahrhundert lang währenden unentschiedenen Seilziehen zwischen den Neuerern oder Neugläubigen (Protestanten) und Altgläubigen (Katholiken) unter dem Einfluß konservativer Kreise im Oberwallis und wiederholten ideellen Interventionen der katholischen Orte der Eidgenossenschaft die Stabilisierung zugunsten der Altgläubigen ab. Im Jahr 1655 verfügte der Landrat, daß alle Neugläubigen das Land innert drei Monaten zu verlassen haben. Trotzdem vermochte der Bischof seine weltliche Machtstellung nicht zu halten, die dann Bischof Hildebrand Jost (1614–1638) unter Druck dem späteren Landeshauptmann Mageran (9. Januar 1634) abtrat. Der Landeshauptmann hieß nun «Schaubare Großmächtigkeit», der Landschreiber «Schaubare Weisheit» – der Bischof war politisch zur Schattenfigur geworden, die selbstherrlich gewordenen Zenden jedoch standen im Zenith ihrer Machtstellung.
Inzwischen hatte Stockalper, der sich in Auslandaufenthalten das Rüstzeug zum Großkaufmann sowie politische Erfahrung

erworben hatte, tatkräftig und zielbewußt den Simplonverkehr wiederbelebt, wobei die Stellung des Simplonpasses im Kräftespiel zwischen Frankreich und Spanien – vom diplomatisch versierten Stockalper entsprechend ausgenützt – von nicht geringer Bedeutung war. Stockalper erwarb im Wallis mit dem Warentransportrecht (1634) und dem Salzmonopol (1648) die wichtigsten Handelsprivilegien, und er schloß in der Folge mit mehreren Staaten Europas, vor allem mit Italien, Spanien, Frankreich, den flandrischen Staaten und Deutschland, Handelsverträge ab. Bereits zu Beginn des wieder aufgenommenen Transithandels betrug ein Teilergebnis des Jahres 1634 ein Gewicht von 3362 Ruben (21 Ruben entsprachen einer Saumlast = 150 kg) transportierter Warenballen. Infolge der angewachsenen Verkehrsfrequenzen investierte Stockalper beträchtliche Summen in die Wiederherstellung und den Ausbau des Saumpfades, welcher in der vorangegangenen Zeit unbedeutenden oder gar eingestellten Paßverkehrs stark gelitten hatte. An kritischen Stellen wurde der Saumpfad verlegt, stellenweise mit Rollsteinen und Granitplatten befestigt und auf eine durchschnittliche Breite von etwa 2,5 bis 3 m ausgebaut. Ebenfalls erneuert und teilweise verstärkt hat man auch die schadhaft gewordenen Brücken am Paß. Die zum Teil schlecht unterhaltenen früheren Susten entlang der Simplonstraße und des Paßweges wurden renoviert und teilweise vergrößert. Stockalper stellte außerdem die noch bestehende Organisation der Ballenführer in seine Dienste, die ihre Statuten den neuen Verkehrs- und Transportverhältnissen anpaßten. Um 1650 beschäftigte Stockalper über 200 Säumer am Paß. Neben den verschiedenen Warenballen mit den damals üblichen Handelsgütern hatte auch das italienisch-spanische und französische Salz – beides ein Politikum ersten Ranges – großen Anteil am Transportgut. So wurden beispielsweise in Bouveret vom Juli bis Dezember 1660 total 380354 Pfund Salz umgeladen, das von Frankreich mit Barken dort eintraf. Stockalper investierte sein Geld vorwiegend in Grundstücken und gewinnbringenden Unternehmen. So besaß er neben Susten, Salzlagern und Herbergen nicht nur ansehnlichen Landbesitz im Bereich des Paßweges von Brig bis Gondo, sondern auch entlang der Simplonstraße von Brig bis an den Genfersee. Neben anderen Bergwerken gehörten auch die Eisengruben im Gantergrund zu seinem Eigentum. Stockalpers Reichtum wuchs, zugleich aber auch sein politischer Einfluß im Wallis, dem er schließlich als Landeshauptmann vorstand. Innerhalb der zweiten Blüteperiode des Simplon-Transithandelsverkehrs entstanden in Brig neben anderen

29. Schenke und Säumer am alten Paßweg

30. Der Saumpfad im heutigen Zustand bei Simplonkulm

31. Bepackte Saumtiere im Gebirge

32. Simplon-Dorf zur Zeit des alten Paßverkehrs

Bauten anstelle der alten Sust der Stockalperpalast (Details s. Bildertexte) mit seinem Arkadenhof, auf dem Paß das markante Gebäude des neuen Stockalperhospizes und in Gondo ein mehrstöckiges und turmbewehrtes Gebäude, das als Lagerhaus und Herberge diente. Ein weiteres massives Sustgebäude, das am Eingang der Gondoschlucht bei Gstein-Gabi hätte erbaut werden sollen, wurde nicht mehr vollendet und steht heute noch ruinenhaft am alten Saumpfadtrassee. Doch nicht nur die Familie Stockalper profitierte materiell vom regen Handelsverkehr über den Simplon, sondern ebenso Landwirtschaft, Herbergen und Gasthöfe sowie Transportkorporationen und Gewerbe. Der große Stockalper, der dem Lande Wallis Arbeit, Verdienst und Wohlstand brachte und es in geschickter Diplomatie zwischen den beiden Mächten Frankreich und Spanien mit unabhängigem Kurs zu führen vermochte, war gewissen Kreisen in den überheblich und eingenwillig gewordenen Zenden plötzlich zu mächtig geworden. Erst zwang man ihn im Mai 1678, große Geldsummen an die Zenden zu verteilen, dann wurden zahlreiche seiner Güter und Besitzungen – die Susten und Lagerhäuser waren plötzlich zu «Festungen» wider die Republik geworden – konfisziert. Stockalper, schließlich vom Landrat des «Hochverrats» bezichtigt und von Festnahme und Kerker bedroht, verließ seine Heimat und zog über «seinen» Simplon nach Domodossola – wo man ihn mit allen Ehren empfing – ins Exil. Sechs Jahre blieb der berühmte und verdiente Walliser in Italien, dann holte die offenbar inzwischen vernünftiger gewordene Republik ihren Bürger, dem sie so viel verdankte, zurück. Kaspar Jodok Stockalper vom Thurm verzieh seinen einstigen Gegnern großmütig und starb, hochbetagt, am 29. April 1691 in seinem Schloß in Brig. Mit dem Tode Stockalpers verlor auch der Simplonverkehr seine Bedeutung wieder. In die Zeit Stockalpers fiel auch der erste regelmäßige Postbetrieb über den Simplonpaß. Bis zum 17. Jahrhundert besorgten die sogenannten Spielleute (fahrende Musikanten), umherziehende Mönche und auch vermutlich bischöfliche Boten den Briefverkehr. Bereits 1564 wird die Simplonroute im italienischen Reiseführer «Itinera-

rio delle poste» von Giovanni de l'Herba erwähnt, dann nochmals 1620 im «Post-Reiseführer» von Codogno. Ab 1640 verkehrte eine von Caspar Scherer aus Sitten eingerichtete reitende Briefpost – welche offenbar auf die Initiative Stockalpers zustandekam – von Lyon/Genf durch das Rhonetal und über den Simplon nach Mailand. 1690 wurde dem Berner Postunternehmer Beat von Fischer von der Walliser Regierung das Transitmonopol für den Postverkehr übertragen, der damit seine reitende Simplonpost bis zur Eröffnung der Fahrstraße im Jahre 1805 betrieb.

Das Ende des Saumpfadzeitalters

Mit dem Tode Kaspar Jodok Stockalpers fand auch die zweite Blüteperiode des internationalen Simplonverkehrs ihr Ende, ja es war zugleich der Anfang vom Ende des Saumverkehrszeitalters überhaupt, denn der Paßverkehr vermochte sich im Verlaufe des ganzen 18. Jahrhunderts nicht wieder zu erholen und war zur Bedeutungslosigkeit herabgesunken. Selbst die Zeit der Spanischen Erbfolgekriege (1701–1714), als die beiden Walliser Pässe – der Große St. Bernhard führte in das mit Österreich verbündete Königreich Savoyen-Piemont; der Simplon nach der zunächst kurze Zeit unter französischem, dann unter österreichischem Einfluß stehenden Lombardei – strategisch-politisch aufgewertet wurden und die Walliser Neutralität auf eine harte Probe stellte, führte keinen eigentlichen Verkehrsaufschwung mehr herbei. Die Transportorganisationen und die Zunft der Ballenführer wurden mangels Verkehrsfrequenzen und fehlender Aufträge aufgelöst; Susten, Lagerhäuser und Hospize wurden verkauft und dienten zweckfremden Aufgaben, und der kaum mehr benützte Saumpfad begann stellenweise zu zerfallen. Auf wiederholte Interventionen des Landrates kümmerte sich schließlich der Staat um die Belange der Straße, womit man allerdings den Niedergang des Paßverkehrs nicht aufzuhalten vermochte. Erst als der Landrat 1788 das gesamte Transportwesen, die Weggelder und den Zoll, zugleich aber auch den gesamten

33. Der «Gasthof» am Saumpfad in Simplon-Dorf

34. Der Stockalper-Turm in Gondo

Zwischbergental

35. Alte Saumpfad-Steinbrücke vor Crèvola d'Ossola

36. General Béthencourts Truppen am Simplon

37. Die Altstadt von Domodossola

38. Romanische Kirche bei Villa d'Ossola

39. Die Borromäischen Inseln zur Saumpfadzeit

Straßenunterhalt dem finanzkräftigen Kaspar Eugen Stockalper übertrug, begann sich eine positive Wende bemerkbar zu machen, doch hatten die politischen Ereignisse in Europa eine umbruchgeladene und kritische Phase erreicht, deren Auswirkungen sich bald darauf die Schweiz und ganz besonders das exponierte Wallis nicht mehr entziehen konnten. Im Rahmen der französischen Revolutionskriege eroberten die Armeen Bonapartes die unter österreichischem Einfluß stehende Lombardei. Nach dem Frieden von Campo-Formio am 17. Oktober 1797 entstand in der Folge in Oberitalien unter Napoleon die Zisalpinische Republik. Noch als General der Südarmee in Italien schrieb Napoleon im Mai 1797 von seinem Hauptquartier in Mailand nach Paris, daß er Comeyrat beauftragt habe, «sich nach Sitten zu begeben, um im Namen von Frankreich und der Zisalpinischen Republik mit dem Wallis die Verhandlungen zu eröffnen, daß es uns den Durchmarsch vom Genfer- zum Langensee durch das Rhonetal gestatte. Ebenfalls habe ich einen tüchtigen Ingenieur von der Abteilung Ponts et Chaussées ins Wallis beordert und beauftragt, für die künftige Straße einen Kostenvoranschlag auszuarbeiten. Die Straße soll erstellt werden von Versoix nach Bouveret–Sitten–Brig–Domodossola–Mailand». Die Walliser und die dafür einberufene Tagsatzung in Frauenfeld lehnten diese Zumutung entschieden ab, doch nützte dies nicht mehr viel. Schon damals stand die Eroberung der Eidgenossenschaft durch die Franzosen fest, und die letzte Niederlage am 5. März im Grauholz vor Bern besiegelte das Schicksal der alten Eidgenossenschaft – der Degenerationserscheinungen aufweisende helvetische Traditionalismus war dem Ansturm der französischen Invasionsarmeen nicht mehr gewachsen. Im Westen gelang der revolutionäre Einbruch vorerst in der Waadt und anschließend – unterstützt vom skrupellosen Jakobiner Mangourit – im von den sieben Zenden beherrschten Unterwallis, wo man die Franzosen zunächst als «Befreier» begrüßte. Mit dem abgeschlossenen Italienfeldzug Napoleons rückte das Wallis für Frankreich geopolitisch und strategisch in eine wichtige Stellung. Das Wallis wurde unter französischem Einfluß Teil der Helveti-

schen Republik, wobei die neue Verfassung vor allem im Oberwallis keine Gegenliebe fand. Eine im Mai 1798 vom Goms ausgegangene Volkserhebung, in deren Verlauf die Oberwalliser bis nach St. Maurice vordrangen, endete mit den blutigen Niederlagen von Chandolin und Châteauneuf am 17. Mai 1798, worauf auch Sitten von den Franzosen eingenommen und geplündert wurde. Ein neues Militärgesetz zur Organisation der helvetischen Miliz (Wehrdienstzwang aller Bürger vom 20. bis 45. Altersjahr) führte, da sich die Oberwalliser erneut widersetzten, zum neuen Volksaufstand. Er endete indessen mit dem Blutbad von Pfyn am 20. Mai 1799, als General Xantrailles mit einer rund 4000 Mann starken französischen Armee die etwa 3000 Mann zählenden mit dem Mute der Verzweiflung kämpfenden Walliser Truppen nach heftigem Ringen besiegte. Nach dem Zusammenbruch der Front zogen die Franzosen, brandschatzend, plündernd, mordend und zerstörend bis ins Goms hinauf, trotz heldenhafter Gegenwehr der Walliser bei Visp und an der Massa. Auch am Simplon stand das letzte Kapitel des Saumpfades im Zeichen des Abwehrkampfes gegen die französische Unterdrückung. Auf Befehl General Xantrailles, einem rücksichtslosen Sadisten, versuchte am 1. Juni 1799 eine französische Einheit, den von den Österreichern und Wallisern besetzten Simplonpaß in ihren Besitz zu bringen. Es kam in der Taferna zum blutigen Gefecht, in dessen Verlauf die Franzosen unterlagen. Ein neuer Vorstoß am 5. Juli scheiterte ebenfalls an der starken Verteidigung am Simplonpaß. Am 15. August 1799 zogen die Österreicher unter Prinz Rohan, dem der Boden offenbar nun doch zu heiß geworden war, nach Italien ab und überließen das Paßgebiet den Franzosen kampflos, die bereits tags darauf plündernd und zerstörend in Simplon-Dorf einzogen. Das Wallis hatte ausgekämpft – zurück blieben Blut und Tränen, Unterdrückung, Not und Zerstörung. In jener Zeit entstand aber auch das große Projekt der schönen Alpenstraße über den Simplon, jener Straße schließlich, die später den Schaden und das Leid in vieler Hinsicht wieder aufzuwiegen vermochte.

PESCE
FRITTO

40. Altstadt-Winkel in Sesto-Calende

41. Alt-Brig gegen Saltinaschlucht und Simplonpaß

42. Der Ponte Alto in der Gondoschlucht

Die Simplon-Fahrstraße

Napoleon Bonapartes Alpenstraßenidee

Idee und Ausführung einer Fahrstraße über den Simplonpaß waren geprägt von strategischem Denken, und beides, Projekt und Bau, fiel denn auch in eine kriegerische, von Tragik und politischer Turbulenz gekennzeichnete Periode der Schweizer Geschichte. Für das Wallis war die neue Kunststraße verkehrsgeschichtlich ein wichtiger Faktor, politisch aber bedeutete sie während über einem Jahrzehnt Verlust der Unabhängigkeit, Ausbeutung und Unterdrückung. Es ist interessant, daß von allen traditionellen Handels- und Transitwegen über die Alpen gerade der Simplon, der zur Saumpfadzeit – außer kurzen Blüteperioden – keinen eigentlichen Durchbruch erlebte, nun aus rein militärischen Überlegungen heraus in der neueren Verkehrsgeschichte zu erstrangiger Position aufstieg. Als Napoleon I. am 6. Mai 1800 mit einem Heer von 60 000 Mann den Großen St. Bernhard überschritt und General Béthencourt mit 1000 Mann als Flankendeckung und zu Erkundungszwecken gleichzeitig den Simplon passierte, stand noch nicht endgültig fest, welcher der beiden Paßwege mit einer Kunststraße fahrbar gemacht werden sollte, obwohl der Simplon bereits 1797 im Gespräch war. Die Entscheidung fiel dann am 7. September 1800 doch zugunsten des Simplons, nicht zuletzt dank seinem verkehrsgeographischen Vorzug des direkten Weges von Paris nach Mailand und seines verhältnismäßig niedrigen Kulminationspunktes. Mitbestimmend für den Bau der Simplonstraße – die ja dann auch als Vorwand herhalten mußte – waren die Pläne Bonapartes, das Wallis zum geeigneten Zeitpunkt als Teil Frankreichs zu annektieren.

Die nach dem Zusammenbruch der alten Eidgenossenschaft gebildete Helvetische Republik, ein Einheitsstaat nach französischem Muster mit vollzugsberechtigtem fünfköpfigem Direktorium, war kein glückliches Gebilde und fand nach vier Staatsstreichen und ebenso vielen «Verfassungen» nach fünf Jahren mit der Ablösung durch die sogenannte Mediationsakte ein Ende. Napoleons Militärstraßenplan über den Simplon war hingegen nach wie vor aktuell und damit auch die mit dem Projekt eng verbundene Walliserfrage. Die nach dem französisch-österreichischen Frieden zu Lunéville (9. Februar 1801) «unabhängig» gewordene Helvetische Republik bekam mit der Verfassung von Malmaison (Schweizer Landammann und helvetische Kantonstagsatzung) einen neuen Status. Im gleichen Jahre, als die Vorarbeiten für die Simplonstraße aufgenommen wurden, bot Bonaparte der helvetischen Regierung das von Österreich abgetretene Fricktal als «Tauschobjekt» für das von ihm beanspruchte Wallis, das er zugleich auch als Preis zur Einwilligung für die von der Tagsatzung geforderte helvetische Neutralität verlangte. Inmitten der Verfassungskämpfe hatte sich insbesondere die Regierung unter Landammann Reding mit dem drohenden Verlust des Wallis zu befassen. Napoleon Bonaparte drang indessen mit seinen Vorschlägen nicht durch, und auch seine inzwischen «modifizierte» Forderung nach einem dem Straßenverlauf entsprechenden breiten Landstreifen entlang des linken Rhoneufers von Brig bis Bouveret fand bei Reding, der das Wallis nach wie vor hartnäckig verteidigte, keine Gegenliebe. Die Walliserfrage wurde schließlich vertagt – doch Napoleon kam bald zum Zuge. Noch währenddem man sich bei der Beratung zur «zweiten helvetischen Verfassung», die dann mit «Volksabstimmung» am 25. Mai 1802 gutgeheißen wurde, herumbalgte, löste Bonaparte die Walliserfrage auf seine Art: am 16. Mai 1802 erklärte er das Wallis durch seine Verfügung zur unabhängigen Republik, das kurz darauf – damit die «Unabhängigkeit» nicht mißverstanden wurde – von General Turreau mit drei Infanteriebataillonen besetzt wurde. Napoleon, den dauernden helvetischen Zänkereien zwischen Unitariern und Föderalisten müde geworden, berief die schweizerischen Vertreter nach Paris, wo er ihnen am 19. 2. 1803 die Mediationsverfassung diktierte, die dann bis 1813 das politische Bild der Schweiz als föderalistischer Vasallenstaat Frankreichs prägte. Für das Wallis hatte dies alles keine Bedeutung mehr, denn die seit 1802 «unabhängige» Republik wurde am 14. November 1810 vom inzwischen zum Kaiser aufgerückten Napoleon Bonaparte unter fadenscheinigen Vorwänden mit einem Federstrich zum «Département du Simplon» umgewandelt und blieb somit bis zum Sturz Napoleons Teil des französischen Kaiserreiches.

General Turreau und die Militär-Bauperiode

Unbeeindruckt von politischen Auseinandersetzungen in der unterworfenen Eidgenossenschaft und trotz ungelöster Walliser-Annexionsfrage befahl Napoleon am 7. September 1800 den Bau einer großzügig angelegten Fahrstraße über den Simplonpaß, und ihre Bestimmung entsprach sinngemäß dem militärischen Zweckdenken jener Zeit: «Pour faire passer le canon». Gemäß dem Befehl des Ersten Konsuls Frankreichs hatte das Militär die Straße zu bauen, und er bestimmte auch, wie der finanzielle Aufwand zu verteilen war. Für den Bau der 35 km langen Strecke von Brig bis Gstein-Gabi war Frankreich verantwortlich und hatte monatlich eine Summe von 50 000 Franken aufzubringen; die Zisalpinische Republik wurde zum Bau der 28 km langen Strecke von Gstein-Gabi bis Domodossola verpflichtet und hatte den gleichen finanziellen Beitrag zu leisten. Oberster Bauherr war der Kriegsminister in Paris, die gesamte Bauleitung hatte General Turreau zu führen, dem zwei Brigadeingenieure als Chefs (Lescot, Baulos Nord und Duchesne, Baulos Süd) und sechs Unteringenieure sowie die zum Bau abkommandierten Genie- und Sappeurtruppen unterstanden. Als Zivilingenieur mit ausdrücklich nur «beratender Funktion» war General Turreau der bereits 55jährige im Straßenbau erfahrene Nicolas Céard zugeteilt worden. Verlief bisher die Organisation militärisch-zackig und reibungslos, so ließ sich dann hingegen der Simplon weder im Befehlsjargon noch mit Exerzierschablone bezwingen und brachte das Konzept der betreßten

Herren gar bald in arge Unordnung. Céard wohnte zur Zeit seiner «Bestallung» in Genf und war verantwortlicher Ingenieur für öffentliche Bauten im Département Léman. Frankreich besaß Ende des 18. Jahrhunderts innerhalb Europas im Straßenbau eine führende Rolle. Das Hauptverdienst daran hatte die 1747 in Paris gegründete «Ecole nationale des Ponts et Chaussées» – die spätere berühmte «Ecole polytechnique» – mit ihren beiden bedeutenden Leitern Perronet und Trésaguet, die auch Céard maßgebend beeinflußt haben. Sie verwendeten im Chausséebau als Packlage pyramidenförmige Bruchsteine, die mit der Spitze nach oben eingebaut wurden, so daß sich der darüber aufgeschüttete Bruchschotter fest mit der massiven Unterlage verbinden konnte. Diese neue französische Straßenbaumethode beeinflußte den Straßenbau vor allem in den deutschen Staaten und in Österreich. Italiens damaliger Straßenbau beruhte auf bewährten römischen Vorbildern.

General Turreau bezog am 3. Dezember 1800 in Domodossola mit seinem Mitarbeiterstab Quartier. Noch im Dezember wollte Turreau mit seinen Ingenieuren auf dem Paß «Straßenstudien» vornehmen, doch hat ihnen der Simplonwinter mit Schnee und eisigem Wind die Lust zum Arbeiten rasch genommen. Am 23. Januar 1801 wurden in der Ebene zwischen Domodossola und Crevola die Bauarbeiten aufgenommen, allerdings ohne Gesamtplan und improvisiert, ohne Fachkenntnis und nach dilettantisch angefertigen Planskizzen. Auf der Nordseite streiften die Ingenieure durch die Gegend des Brigerberges und suchten nach Fixpunkten für die neue Straße, und man pfuschte sich dabei rivalisierend gegenseitig ins Handwerk. An einigen Stellen wurde mit Erdarbeiten konzeptlos «trassiert». Daß am Simplon in Sachen Straßenbau nicht gerade viel geleistet wurde, war inzwischen offenbar auch nach Paris durchgesickert, denn als Céard, der bereits Ende Dezember 1800 von Turreau gewisse Planunterlagen anforderte – und dann auch prompt nichts bekam –, am 22. März 1801 zu einer Inspektion der Arbeiten in Brig eintraf, besaß er bereits erweiterte Vollmachten. Was Céard jedoch oberhalb von Brig auf den «Baustellen» antraf, überstieg wohl seine pessimistischsten Erwartungen und er schrieb denn auch ärgerlich-kurz: «Rien de fait ni de commencé, que des opérations fausses, entreprises au-delà de cette ville». Céard bestimmte in der Folge Glis zum Ausgangspunkt der neuen Straße, legte den Standort der Brücke über die Saltinaschlucht und in groben Zügen den Verlauf der künftigen Straße von Glis bis zum «Point commandé» unterhalb von Schallberg fest. Von General Turreau arrangiert und mit militärischem Pomp fand am 26. März 1801 bei der Kirche Glis in Anwesenheit von Vertretern der Oberwalliser Gemeinden und der Bevölkerung endlich der offizielle Spatenstich statt. Céard reiste anschließend über den Paß, um auch die Arbeiten auf der Südseite zu besichtigen. Dort hatte man immerhin – wenn auch improvisiert und ohne Gesamtplan – zwischen Domodossola und Iselle einige Straßenstücke fertiggestellt, wobei jenes zwischen Domodossola und Crèvola das brauchbarste war. Wenn auch Chefingenieur Duchesne keinen Gesamtstraßenplan besaß, so hatte er immerhin klare und hochtrabende Pläne für den Bau der Crèvolabrücke, die er in einem einzigen großen Bogen und vollständig aus weißem Carraramarmor errichten wollte, obwohl von Napoleon die Weisung bestand, daß die Mittelteile aller größeren Brükken aus strategischen Gründen nur aus Holz bestehen durften. Die Reaktion aus Paris zu diesem Plan war wohl kurz und bündig: Duchesne quittierte bereits im Frühjahr 1801 den Dienst und wurde vorerst durch Cournon, später durch Ingenieur Maillard ersetzt. Bei der Rückreise über den Simplonpaß skizzierte Céard in groben Zügen einen Gesamtplan für den künftigen Straßenverlauf und bestimmte zugleich einige wichtige Fixpunkte. Er kehrte sofort nach Genf zurück und erarbeitete anhand der angefertigten Skizzen eine brauchbare Planstudie, die er dann, zusammen mit einem entsprechenden Rapport über die Militärmißwirtschaft, nach Paris sandte. Bereits in jenem Bericht war die Idee einer «wintersicheren» Simplonstraße enthalten mit dem Vorschlag Céards, die Straße zwischen Schallbett und Gstein-Gabi auf eine Länge von fast 15 km mittels Schutzgalerien zu sichern. Aus geologisch-topographischen Gründen, vor allem aber aus Gründen des Zeitdrucks, hatte diese weitsichtige Idee keine Chancen und es wurde nur erlaubt, an den exponiertesten Stellen Schutzbauten anzubringen. Die Gesamtkosten für die Straße berechnete Céard auf 7 586 102 Fr., wovon Frankreich 4 106 637 und die Zisalpinische Republik 3 479 465 Fr. zu übernehmen hatten. Nach dem Besuch Céards wurden die Arbeiten in größerem Stil und vor allem einigermaßen koordiniert aufgenommen, obwohl sich der noch nicht ganz entmachtete Turreau immer wieder in die Führung einmischte. Bis zum Juli 1801, als die große Wende im Baugeschehen eintrat, waren auf der Nordseite zwischen Glis und Schallberg 11,5 km und auf der Südseite zwischen Domodossola und Iselle auf verschiedenen Abschnitten zusammen 10,4 km mehr oder weniger gut gebaut oder trassiert. Für diese total 21,9 km wurde die unverhältnismäßig hohe Summe von insgesamt 250 000 Fr. aufgewendet. Alles in allem keine erfreuliche Bilanz, und sie hatte denn auch ihre Folgen.

Ingenieur Céard und die Zivil-Bauperiode

Der ausführliche Rapport Céards verfehlte in Paris seine Wirkung nicht, und am 8. Juli 1801 bestimmte ein Dekret Bonapartes die Übergabe der Bauherrschaft vom Kriegs- an das Innenministerium. Der unfähige Militär-Parvenü General Turreau, den selbst französische Historiker als «Genie malfaisant» bezeichneten, wurde nun offiziell durch Ingenieur Céard ersetzt, der zugleich als Inspektor die Gesamtbauleitung übernahm. Während die Bauarbeiten an der Straße bis zum Wintereinbruch den Umständen entsprechend einigermaßen gut vorankamen, hatte sich Céard zunächst mit den dringend gewordenen zahlreichen Neu- und Umorganisationsarbeiten zu befassen. Für die neue Bausaison im Jahre 1802 benötigte Céard rund 3000 Arbeiter, monatlich 300 000 Fr. (je zur Hälfte geleistet von Frankreich und der Zisalpinischen Republik), zahlreiche verschiedene Werkzeuge und Sprengpulver sowie gesicherte und ausreichende Verpflegung für Kaderpersonal und Baumannschaften. Um den Forderungen in Zukunft genügend Nachdruck geben zu können, wurde Céard vom Innenministerium Kommissär Charvet zugeteilt, der sich als Verbindungsmann bei Problemen und wichtigen Fragen direkt bei den zuständigen Stellen in Paris einsetzen konnte. Am 15. April 1802 genehmigte M. Crétet, «Directeur-général des Ponts et Chaussées» in Paris, den von Céard inzwischen ausgearbeiteten definitiven und detaillierten Gesamtplan. Ende Mai 1802 unternahm Céard eine fast dreiwöchige gründliche Inspektionsreise über den Paß, wobei er seiner Unzufriedenheit über teilweise schlecht ausgeführte Arbeiten Ausdruck gab. Vor allem auf der Nordseite hatte man verschiedentlich nicht nach den provisorischen Plänen Céards gearbeitet oder sie aus Mutwilligkeit oder Bequemlichkeit abgeändert, was zu einer schlechten Linienführung der Straße führte, vor allem entlang des Riederwaldes und zwischen Ganterbrücke und Berisal. Céard und sein neuer Chefingenieur (Nord) Houdouart – er war Nachfolger des im Januar 1802 an den Folgen einer winterlichen Paßüberquerung verstorbenen Lescot – bezeichneten die schlechten Straßenstücke als «parties honteuses», und man versuchte dort, wo es noch irgendwie möglich war, entsprechende Korrekturen vorzunehmen. Die Zeit drängte jedoch, denn die schwierigsten Abschnitte der Straße waren noch nicht in Angriff genommen worden und in Paris stellte der Erste Konsul Bonaparte ungeduldig die Frage: «Quand le canon passera-t-il au Simplon?».

Im Sommer 1802 konnte mit Hochdruck gearbeitet werden, wo allein auf der Nordseite rund 1800 Arbeiter am Werke waren. Auf der Südseite verfügte man ebenfalls über die nötigen Arbeitskräfte, doch fehlte der Arbeitswille, denn zwischen den französischen und italienischen Ingenieuren bestanden unüberbrückbare Meinungsverschiedenheiten und Rivalitäten. Die Italiener versuchten bei jeder Gelegenheit, sogar mit ausgesprochenen Phantasieprojekten, die Bauarbeiten zu sabotieren und zu verzögern, und nur die Anwesenheit französischer Truppen konnte die stets drohenden Streiks verhindern. Die italienischen Straßenbauingenieure, selbst ausgezeichnete Fachleute, brauchten und wollten keine französischen Ratschläge und waren über die andauernde Bevormundung durch – teilweise sogar noch unfähige französische Ingenieure – verärgert und blockierten jede Zusammenarbeit. Auf der Nordseite hatte man indessen wiederholt Schwierigkeiten mit den Bauarbeitern, wo neben den wenigen Wallisern, die Fronarbeit zu leisten hatten, zumeist Piemontesen eingesetzt waren, denen der Dolch ab und zu locker im Leibgurt steckte. Céards Sohn erwähnt in den Memoiren an seinen Vater einen drastischen Fall, der wohl nicht alltäglich, doch aber symptomatisch für jene damals herrschende Atmosphäre war: Anläßlich der Untersuchung einer Mordaffäre durch Inspektor Céard, wo der Taferna-Wirt und ein Gast von einem Bauarbeiter – wegen Zechprellerei zur Rede gestellt –, erdolcht wurden, der Täter aber kurz darauf unbehelligt entkam, erklärte einer der anwesenden Bauarbeiter unbeeindruckt: «Oh, Monsieur, si on voulait arrêter ici tous ceux qui ont tué, il faudrait arrêter tout l'atelier». Der ungestraft entkommene Täter hätte schon vorher gesamthaft elf Menschen umgebracht, darunter auch den Pfarrer seiner Gemeinde. Ein Zeitgenosse schilderte die Verhältnisse treffend: «Bei der traurigen Existenz, die diese Leute führen, muß ein Menschenleben nicht besonders viel gelten. Die Arbeiter sind eine armselige Menschenklasse, meistens Italiener, die, nur um dem Hungertode auszuweichen, dieses wahre Galeerenleben wählten, das ihnen kaum genug Polenta abwirft, um ihr kümmerliches Dasein zu fristen. Sie bilden eine Gesellschaft, bei deren Anblick nichts natürlicher sein kann als die Vorstellung, man habe die Zuchthäuser und Kerker der gesamten italienischen Republik bis auf den letzten Mann geleert». Trotzdem war der Straßenbau – wenigstens auf der Nordseite – bis zum Herbst 1802 gut vorangekommen. Von der 35 km langen Strecke von Glis bis Gstein-Gabi waren 19 km trassiert und planiert, davon 3,7 km fertig ausgebaut. Der Rest von 16 km harrte noch der Ausführung. Auf dem 28 km langen Abschnitt der Südseite war man im Sommer 1802 infolge der oben erwähnten Schwierigkeiten nicht viel weiter gekommen, und Céard bemerkte denn auch ärgerlich: «Rien ou presque rien n'y a été fait». Er hatte alle Anstrengungen unternommen, um das Arbeitsklima zwischen Franzosen und Italienern zu verbessern, doch blieben sie erfolglos, ebenso wie die von Kommissär Charvet mit dem Vizepräsidenten der ehemals Zisalpinischen und nun (Ober-)italienischen Republik, Melzi, diesbezüglich geführten Gespräche. Die unerfreulichen Verhältnisse auf der Südseite dauerten bis zum 29. März 1803, als Napoleons Verfügung sämtliche französischen Ingenieure ihrer Aufgabe entband und nun endlich italienische Ingenieure an ihre Stelle traten. Ab Frühjahr 1803 machte dann auch der Straßenbau zwischen Domodossola und Gstein-Gabi merkliche Fortschritte, während nun auf der Nordseite die Eigenwilligkeit und Gleichgültigkeit einiger Ingenieure die Arbeiten negativ beeinflußte. Im Sommer 1803 waren weder die Saltina- noch die Ganterbrücke fertig gebaut und die durch den Fels zu brechende Galerie in den «Kalten Wassern» war längst noch nicht durchschlagen. Ende Oktober 1803 waren von den 35 km zwischen Glis und Gstein-Gabi 7 km fertig ausgebaut, 19 km standen vor der Fertigstellung, 5,9 km befanden sich in Arbeit und waren bereits begehbar und 3 km – verteilt auf die schwierigen Stellen bei Rothwald, in den «Kalten Wassern», im Bereich Hospiz-Niederalp und vor Gstein – hatte man noch nicht begonnen. Auf der 28 km langen Strecke Gstein-Domodossola, wo der Straßenbau von den Italienern im allgemeinen solider ausgeführt wurde, waren 26 km praktisch fertiggestellt oder im Endausbau und nur noch 2,2 km, davon die noch nicht begonnene Strecke in der mittleren Gondoschlucht, mußten gebaut werden. Gesamthaft gesehen war der Straßenbau im Rückstand, und bis zum Oktober 1803 hatte man gesamthaft bereits 2,5 Mio. Fr. investiert und verbaut. Bei der Festlegung des Straßentrassees in der Gondoschlucht – es bestanden 6 Projekte – kam es dann in der Folge zwischen Inspektor Céard und dem italienischen Chefingenieur Gianella nochmals zu einem «Seilziehen» um die Linienführung. Céard wollte die Straße am rechten Bachufer, wo auch der Saumpfad durchführte, anlegen; Gianella plante genau das Gegenteil – er wollte seine Straße auf der linken Seite mit einer in den Fels gehauenen Galerie und überbrücktem Frassinone-(Alpjen)-Bach. Dank Céards Konzilianz wurde schließlich der italienische Vorschlag realisiert. Der Bau dieser Galerie war in jeder Beziehung eine aufwendige Angelegenheit (Details s. Bildertexte) und nahm ganze 15 Monate in Anspruch. Im Jahre 1804, als sich Napoleon Bonaparte als ehemaliger Artillerieoffizier in der Notre Dame zu Paris selbst zum Kaiser der Franzosen krönte (2. Dezember 1804), wurden die Arbeiten auf den noch nicht fertiggestellten Abschnitten der Simplonstraße mit großem Einsatz vorangetrieben und auf beiden Seiten standen zeitweilig gesamthaft fast 4000 Arbeiter im Einsatz. Der deutsche Dichter Matthisson, der in jenem Jahre über den Paß reiste, schilderte kurz seine Eindrücke von einer der unzähligen Baustellen: «Nicht ohne Gefahr arbeitet man sich durch das Chaos der gesprengten Felsentrümmer. An einigen Stellen muß man senkrechte Leitern hinansteigen, unter welchen der Strom hintobt, und an anderen Stellen über schlüpfrige Bretter schreiten, die neben Abgründen schwanken».

Die Fertigstellung der Straße

Trotz dem Drängen Napoleons ging auch im Jahre 1804 die Bausaison zu Ende, ohne daß die Straße mit Wagen hätte durchgehend passiert werden können, und auch für das folgende Jahr stand noch kein Eröffnungstermin fest. Napoleon forderte nun zu Beginn des Jahres 1805, daß die Straße bis zum kommenden August für Artillerie passierbar sei. Am 26. Mai 1805 krönte sich Napoleon in Mailand zum König von Italien, und seine im Juli vorgesehene Rückreise wollte er über den Simplon antreten. Um sich über den Zustand der Reiseroute genau zu informieren, sandte er einen jungen Beamten aus seinem Gefolge als «Privatinspektor» über den Simplon nach Genf, von wo er Bonaparte ausführlichen Bericht zu erstatten hatte. Die Kutsche d'Oissels passierte neben unfertigen Straßenstücken auch noch einige Notbrükken, und in der Gondoschlucht, wo die Galerie noch nicht durchschlagen war, mußte die Kutsche zerlegt und auf den Resten des Saumpfades ein Stück weit bergwärts transportiert werden. Auf dem Paßsattel lag noch Schnee – in den Lawinenzügen gar meterhoch – und nordwärts war die Galerie beim Kaltwassergletscher ebenfalls noch nicht fertig und der Ganterbrücke fehlte nach wie vor das hölzerne Mittelstück. Der Bericht d'Oissels aus Genf war dementsprechend und vermochte kaum Reisegelüste zu erwecken, denn Napoleon kehrte mit seinem Gefolge in 85stündiger Reise über den Mont Cenis nach Fontainebleau zurück. Napoleon konnte «seine» Straße nicht benützen – zurück blieben allgemeine Enttäuschung und blamierte Ingenieure, was sich nicht gerade günstig auf das ohnehin schon labile Arbeitsklima auswirkte. Im September erfolgte in der Gondogalerie der Durchschlag, und am 25. September 1805 meldete Céard nach Paris, daß nun die Simplonstraße für Infanterie und Kavallerie geöffnet sei und für die Artillerie werde sie in etwa 10 Tagen befahrbar sein. Am 9. Oktober fand in Anwesenheit Inspektor Céards, der Ingenieure und zahlreichen Gästen – darunter der französische Resident in Sitten, Echasseriaux, und der Walliser Landammann de Agostini – mit Kutschen die Eröffnungsfahrt über die neue Simplonstraße statt. Napoleon war nicht dabei, er hatte damals andere Sorgen. Am 2. Dezember 1805 siegte er in der sogenannten Dreikaiserschlacht bei Austerlitz, und mit der vier Jahre später für ihn siegreichen Schlacht bei Wagram sowie dem darauf folgenden Schönbrunner-Frieden am 14. Oktober 1809 hatte Napoleon den Zenit seiner Macht erreicht. Obwohl die Fertigstellung der Simplonstraße in Napoleons erfolgreichste Zeit fiel, war es ihm nie vergönnt, sein von ihm befohlenes Werk zu sehen oder zu benützen. Besichtigt hat Kaiser Bonaparte den Simplon und die neue Kunststraße nur im Modell, denn Céard ließ von einem Beamten nach seinen Plänen ein Relief anfertigen. Der pflichtvergessene Beamte modellierte jedoch ein zweites Exemplar und ließ es gleich dem russischen Kaiser überbringen. Napoleon reagierte indessen gelassen auf diesen Verrat und meinte wenig beeindruckt: «Si l'empereur Alexandre a le relief, moi j'ai le Simplon». Damit war für ihn die Angelegenheit erledigt. Der Beamte hatte übrigens noch ein drittes Modell angefertigt und es im Palais Royal in Paris sogar öffentlich ausgestellt. Über den Verrat militärischer Geheimnisse schien man damals offenbar anderer Meinung gewesen zu sein als heute.

Die neue Simplonstraße galt zu Recht als ein bedeutendes und richtungweisendes Werk, und war denn auch – die 1772 über den 1370 m hohen Brennerpaß gebaute Straße gilt nicht als eigentliche Hochalpenstraße – die erste großzügig angelegte Kunststraße in den Hochalpen. Auf der 63 km langen Strecke zwischen Glis und Domodossola wurden in fünf Sommern 64 Brücken, davon acht größere Bauwerke, und sieben Galerien mit einer Gesamtlänge von 525 m ausgeführt. Für den Bau der Straße und der Felsgalerien wurden gesamthaft 250 t Sprengpulver benötigt. Die Zahl der beim Straßenbau ums Leben gekommenen Arbeiter ist nie genau ermittelt worden, doch hat allein der Bau der Gondogalerie über hundert Todesopfer gefordert. Die durchschnittliche Steigung der Straße betrug 6 Prozent und überschritt – außer der Strecke im Riederwald – nirgends 13 Prozent. Die damals schon großzügig bemessene Straßenbreite – die von Pferden gezogene Schwere Artillerie war von Infanterie und Kavallerie eskortiert – bewegte sich zwischen 7,2 und 8,4 m. Die Baukosten der Paßstraße wurden von Céard seinerzeit mit 7586102 Fr. veranschlagt, doch dürfte die für den Straßenbau zwischen Glis und Domodossola tatsächlich aufgewendete Summe 5,4 Mio. Fr. nicht überschritten haben. Der Gesamtaufwand für den Straßenbau von St. Gingolph bis Sesto-Calende wurde mit 9750000 Fr. angegeben (Voranschlag 12116000 Fr.), wobei im Voranschlag seinerzeit für die Strecke Genfersee–Glis 1760000 Fr. und für die Strecke Domodossola–Sesto-Calende 2770000 Fr. eingesetzt waren. Von den budgetierten Beträgen für die Zufahrtsstraßen wurde im Rhonetal, wo schon zur Saumpfadzeit eine verhältnismäßig gute Fahrstraße bestand, praktisch nichts aufgewendet, und selbst die von Céard geplanten Neubaustrecken im Wallis, wovon 10 km zwischen Sierre und Leuk, kamen nicht zur Ausführung. Auf der südlichen Zufahrtsstrecke zwischen Arona und Domodossola hingegen machten verschiedene Neubaustrecken sowie aufwendige Brückenbauten bei Vogogna, Cuzzago, Gravellona und Baveno erhebliche finanzielle Aufwendungen erforderlich. Als das Wallis 1810 dann Teil der «Großen Nation» wurde, präsentierte Napoleon nicht unbeabsichtigt eine Straßenrechnung von 18 Mio. Fr. Chefingenieur auf der Nordseite war Houdouart, unterstützt von den Ingenieuren Cordier, Plainchant und Polonceau; auf der Südseite zeichnete Chefingenieur Gianella verantwortlich, zusammen mit seinen Mitarbeitern Bossi und Viviani. Sie alle unterstanden Inspektor Céard, der für seine Verdienste mit dem Orden der «Légion d'Honneur» ausgezeichnet worden war.

Die neu eröffnete Straße über den Simplon bewies rasch eine große Anziehungskraft, vor allem für höhere Verwaltungsbeamte und auch Angehörige des napoleonischen Neuadels, die noch im Spätherbst 1805 mit ihren schweren Berlinen über den bereits eingeschneiten Paß fahren wollten. Dies brachte Houdouart, der für die Freihaltung der Straße verantwortlich war, einige Male in arge Verlegenheit, und nur mit List – einmal mußte sogar Napoleon als prominenter «Passagier» herhalten – gelang es, die für die Schneeräumung erforderlichen Arbeiter aufzutreiben. Obwohl die Straße bereits in Betrieb war, verblieben doch noch zahlreiche Fertigstellungsarbeiten, mit deren Ausführung noch jahrelang Arbeitergruppen beschäftigt waren. Diese Arbeiten wurden nun von Wallisern ausgeführt, wobei sie allerdings trotz nun bezahlter Leistung nur schwer dazu verpflichtet werden konnten, und die Regierung mußte jedem Zenden sein Kontingent vorschreiben. So stellten die Zenden Goms, Brig, Visp, Raron, Hérémence und St. Maurice je 33 Mann, die Zenden Sion und Entremont je 66 und die Zenden Sierre, Martigny und Monthey je 50 Mann.
Im Jahre 1810 unterbreitete Céard Napoleon ein Projekt, wonach entlang der Simplonstraße zwischen Glis und Gstein-Gabi eine Anzahl Schutzhäuser (Refuges) gebaut werden sollten. Der Kaiser akzeptierte den Plan, und bis zum Herbst 1810 entstanden in der Folge – vorgesehen waren ursprünglich nur deren fünf – insgesamt sieben Schutzhäuser (Details s. Bildertexte) zwischen Ried-Brig und Engeloch, die, alle nach dem gleichen Plan gebaut, ein etwas uniformes Bild ergaben. Als größtes Schutzhaus am Paß war das neue Hospiz vorgesehen, für welches bereits 1801 ein Projekt von Lescot bestand, dann aber vorerst aus Kostengründen zurückgestellt wurde. Der eigentliche Bau (Grundsteinlegung) begann erst 1813 und wurde ein Jahr später, nach dem Sturz Napoleons, wieder eingestellt, nachdem gerade ein Stockwerk gebaut war. Das Haus wurde dann erst 1835 (Geschichte s. Bildertexte) von den Mönchen des Großen St. Bernhard fertiggestellt. Was die Mönche dann in frommer Nächstenliebe selbstlos vollendeten, hatte seinerzeit bei Napoleon strategische Hintergedanken, denn das schon bei der Planung großzügig bemessene Hospiz sollte zugleich als Kaserne dienen. Soweit kam es dann nicht mehr und Napoleons letzter militärischer Bau an der Simplonstraße war die Kaserne in der Gondoschlucht, die, nicht ganz fertiggestellt und später durch Steinschlag zerstört, 1955/56 im Rahmen des Straßenausbaues aufgebaut wurde und heute noch besteht.

Die Simplonstraße wird Walliser Besitz

In der «Völkerschlacht» bei Leipzig vom 16. bis 19. Oktober 1813 erlitt Napoleon die entscheidende Niederlage, die schließlich zu seinem Sturz führte (Thronverzicht zu Fontainebleau am 12. April 1814). Aus dem Exil von Elba am 26. Februar 1815 überraschend zurückgekehrt, versuchte er nochmals die Macht an sich zu reißen, was ihm für die berühmten «hundert Tage» auch gelang. Die Schlacht von Waterloo oder Belle Alliance vom 18. Juni 1815 machte dann dem spektakulären Intermezzo ein Ende. Napoleon verreiste auf dem englischen Linienschiff «Bellerophon» nach der Atlantikinsel St. Helena in die über ihn verhängte Verbannung, wo er am 5. Mai 1821 starb.
Auch das Wallis wurde vom französischen Joch befreit, doch gab es vorerst noch einige Bewährungsproben. Die Simplonstraße, zu Napoleons Glanzzeiten als Heerstraße für große französische Eroberungspläne fertiggestellt, hatte nun die undankbare Aufgabe, dem Rest Marschall Murats Italien-Armee – es waren noch etwa 18000 Mann – im Frühwinter 1813 als Rückzugsweg zu dienen. Zu Beginn des Dezembers hatte Murat mit einem Teil der Truppen den Simplon bereits überschritten, und in Brig waren unterdessen etwa 3000 Infanteristen und 400 Kavalleristen zum Rückmarsch über den Simplon aufgebrochen. Am 8. Dezember wurden sie am Paß von einem Schlechtwettereinbruch mit Schneestürmen überrascht. Während 48 Stunden schneite es praktisch ununterbrochen und die heftigen Winde verfrachteten den Schnee zu meterhohen Mauern. Die Soldaten suchten überall Unterkunft, vor allem in den bereits überfüllten Schutzhäusern, die zur Aufnahme von etwa 15 Personen und einigen Pferden eingerichtet waren. Ebenso überfüllt war Simplon-Dorf, wo zudem ein Lawinenniedergang unmittelbar am nördlichen Dorfeingang unter Mensch und Tier noch Opfer forderte. Am 29. Dezember 1813 besetzte Oberst Simbschen mit einem österreichischen Regiment, dem sich zu Beginn des Januars noch 524 Walliser Jäger anschlossen, das Wallis. Im Februar 1814 versuchte dann der italienische Brigadegeneral Mazzuchelli vom Simplon her das Wallis für Frankreich zurückzuerobern, wurde dann aber in mehreren Gefechten bei Simplon-Dorf, beim Paßsattel und bei Berisal von mit Walliser Einheiten verstärkten österreichischen Truppen geschlagen. Am 16. Mai verließ Oberst Simbschen mit seinen Soldaten – es waren vorwiegend serbo-kroatische Gradiskaner Einheiten – das Wallis über den Simplon. Während der «hundert Tage» Napoleons zog im Juni 1815 unter Generalfeldzeugmeister Bubna von Italien her nochmals eine Armee von 80000 Österreichern und Russen über den Simplonpaß auf dem Weg via Genf nach Lyon. Die Simplonstraße diente somit doch noch einer strategischen Aufgabe, doch nicht mehr einer napoleonischen Armee, sondern einem Heer der Verbündeten. Dies war denn glücklicherweise bis heute, trotz zwei Weltkriegen und nahe gelegener Landesgrenze, der militärische Schlußpunkt am Simplon, und es bleibt zu hoffen, daß auch in Zukunft der Paß seiner Zweckbestimmung als friedlicher Handels- und Reiseweg dienen möge.
Am 4. August 1815 wurde das Wallis als 20. Kanton in die inzwischen vom Wiener Kongreß im Rahmen der europäischen Neuordnung als souveräner und neutraler Staatenbund anerkannte Eidgenossenschaft aufgenommen. Zusammen mit dem Wallis wurden auch Genf und Neuenburg neue Kantone, und die Waadt, ebenfalls ein Simplon-Kanton, kam als ehemaliges bernisches Untertanenland bereits 1803 als neuer Kanton zur Mediations-Eidgenossenschaft. Die Simplonstraße, nun von zahlreichen Reisenden aus halb Europa und aus verschiedenen sozialen Schichten mit Kutschen und Reisewagen, zu Pferd oder zu Fuß als attraktiver neuer Reiseweg benützt und auch entsprechend bewundert und bestaunt, wurde Eigentum des Kantons Wallis. Es war auch die Zeit, wo sich die bisher eher spärlich gewesenen Reisebeschreibungen vom Simplon zu mehren begannen. Im Juli

1816 reiste ein Breslauer Professor über den Simplon nach Italien und brachte seine Reiseeindrücke zu Papier: «Wir fuhren am frühen Morgen von Brig mit unserem Vierspann weiter, anfangs einen Schneckenweg mit Schneckengang (er meinte die Kurven im Riederwald) empor. Die ganze Simplonstraße ist ein wahrhaft kaiserliches Werk, so breit, daß zwei Wägen überall nebeneinander fahren können und so allmählich aufsteigend, sodaß der Wagen nie zurückrollt und abwärts stets im Trab gefahren werden kann; überall sind an den Abhängen Geländer und über Bäche, Ströme und Klüfte Gewölbe und kühne Steinbrücken ... Von Strecke zu Strecke sind kleine Zufluchtshäuser und größere Herbergen für Roß und Mann, zumal im Winter; und ganz oben ist das erste Stockwerk eines großen Hospiziums fertig, das aber nun unvollendet bleiben wird ... Auf dieser Höhe hinderten uns die Wolken die volle Aussicht auf die gegenüberstehenden Berner Alpen und die sich vor uns erhebenden Schneeberge, deren leuchtende Spitzen aber, ob den Wolken schwebend, nur desto höher erschienen». Berlins berühmter Baumeister K. F. Schinkel reiste im Juli 1824 über den Simplon und schrieb folgendes von der ihn stark beeindruckenden Gondoschlucht: «Die Hinabfahrt vom Simplon ist das Abenteuerlichste und Groteskeste, was man in der Welt sehen kann. Sobald man die obersten Alpenregionen verlassen hat, wird das Tal, worin die Straße fortläuft, so eng, daß es an einigen Stellen kaum noch 50 Fuß breit ist; dazu steigen 2000 Fuß hohe, ganz senkrechte Felsmassen an beiden Seiten in die Höhe, die von so gediegenem Granit sind, daß die Klüfte und Spalten in einem Zug von oben bis unten herunterlaufen. In der Tiefe dieses schrecklichen Tals braust ein Strom, Toce genannt, der nach dem Lago maggiore abläuft und dessen Lauf die Straße folgt ... Mehrere Grotten (er meinte die mit Lichtöffnungen versehene Gondogalerie) werden auf der Straße auch hier unten im tiefen Grunde noch passiert, wodurch die Situation noch schrecklicher wird. Dann schließt ein altes Turmgebäude mit Tor und Kapelle (Gondo) das Tal zu, wo die piemontesische Douane ist». Es gab damals kaum ein Reisebericht, der nicht die großzügig angelegte Kunststraße durch die grandiose Hochalpenwelt gebührend würdigte, vor allem war es aber die Tatsache, daß man nun mit Kutsche und Reisewagen durch die «erschröckliche» Region von Felsen, Wildbächen, Firnschnee und Eis fahren konnte.

Die große Zeit der Postkursche

Als die große Zeit der Postkutsche begann, befand sich Europa in einer Epoche politischen und wirtschaftlichen Umbruchs, gekennzeichnet durch die bürgerlichen Revolutionen in Frankreich und den deutschen Staaten, und Italien versuchte, erschüttert von heftigen inneren Kämpfen, seine Einheit zu verwirklichen. In der Schweiz hatte sich das wiedererstandene Staatengefüge einigermaßen gefestigt, doch herrschte ebenfalls politische Gewitterstimmung, die sich dann in einer Reihe kantonaler Revolutionen entlud. Im Gegensatz zur Waadt, wo die revolutionäre Zeit ohne besondere dramatische Szenen über die Bühne ging, war die Ruhe im Wallis nur scheinbar und von kurzer Dauer. Die Kantonsverfassung von 1815 bot die Möglichkeit, daß das stärker bevölkerte Unterwallis durch die sieben oberen Zenden weiterhin hätte majorisiert werden können, obwohl das vor 1798 herrschende Untertanenverhältnis nicht mehr existierte. Im Unterwallis fand man sich mit dieser Benachteiligung nicht ab, und dem Wallis drohte schließlich die Aufteilung in zwei Halbkantone. Es kam denn auch nach 1830 zu gefährlichen politischen Wirren (Konservative der «Alten Schweiz» gegen Radikale der «Jungen Schweiz»), die schließlich zum Bürgerkrieg führten, der mit dem Gefecht am Trient, wo die Konservativen am 21. Mai 1844 den Sieg erforchten, ein Ende fand. Nach der Beteiligung am Sonderbund – die Walliser Regierung kapitulierte am 30. November 1847 nach der Übergabe Luzerns an General Dufour – kamen die Radikalen für kurze Zeit ans Ruder, wurden dann aber, und nun endgültig, durch die Konservativen verdrängt. Nach den entschiedenen Parteikämpfen kehrte allmählich auch im Wallis Ruhe ein, der dann eine Zeit politischer Stabilität, kulturellen Auflebens und wirtschaftlicher Prosperität folgte, wovon auch der Verkehr am Simplon profitierte.

Bereits um 1830 war der Reiseverkehr zu Fuß, zu Pferd und mit Kutschen zeitweilig recht rege, doch fehlen aus jener Zeit und auch aus folgenden Jahrzehnten praktisch ganz verläßliche Angaben über den Warenverkehr, der ausschließlich von Fuhrhaltern aus Brig und Simplon-Dorf bewältigt wurde. Aus verschiedenen Dokumenten gut belegt ist hingegen der Post- und Reiseverkehr über den Simplon. Bis zum Jahre 1802 besaß der Berner Postunternehmer Beat von Fischer das Postmonopol auf der Simplonroute. Die Beförderung von Depeschen und Briefen war danach bis 1805 (Übernahme durch Kanton Waadt) drei angesehenen Walliser Bürgern anvertraut. Ab März 1805 versah die waadtländische kantonale Post – von der Republik Wallis dazu ermächtigt – zweimal wöchentlich einen regelmäßigen Postkutschenkurs über den Simplon, wobei jeweils ein offener Wagen von Lausanne über den Simplon nach Italien fuhr und dabei neben Depeschen und Paketen ein oder zwei Reisende mit Gepäck beförderte. 1807 richtete das Walliser Gouvernement zusätzlich eine Art Postkutschenbetrieb ein, wobei in den wichtigsten Ortschaften entlang der Simplonstraße von der Republik bestimmte sogenannte Postkommissäre für die Bereitstellung von Pferden und Wagen gegen eine festgelegte Entschädigung verantwortlich waren. Im Sommer 1808 entstand auf Vorschlag Napoleons eine von Wallisern betriebene sogenannte Extrapost zwischen St. Gingolph und Domodossola, die nur Personen beförderte und nach Bedarf verkehrte. Der 1807 eingerichtete Postkutschenverkehr wurde, kaum erst richtig organisiert und in Betrieb, wieder aufgehoben. Trotzdem bestanden zu jenem Zeitpunkt am Simplon drei verschiedene Postdienste: die «Poste aux lettres», die «Diligence» und die neue «Poste aux chevaux», die sich natürlich gegenseitig konkurrenzierten. Bereits 1809 wurde der Betrieb der Extrapost der «Compagnie des diligences», welche ja bereits einen regelmäßigen Kutschendienst unterhielt, übertragen. 1815 fusionierte auch noch die «Poste aux lettres» mit dieser Gesellschaft. Nach dem Zusammenschluß der drei Posten unter eine Verwaltung übernahm dann die «Régie des postes du canton de Vaud» die Post-Transportrechte bis zum Jahre 1830. Im gleichen Jahre ging das Postwesen an den Kanton Wallis zurück, zunächst in Regie, ab

43. Lausanne mit See und Savoyer Alpen im 19. Jahrhundert

1839 unter Aufsicht des Finanzdepartementes. Zu jenem Zeitpunkt fuhr eine fünfplätzige Postkutsche dreimal wöchentlich als Simplonpost um 8 Uhr abends in Lausanne ab und erreichte Brig am folgenden Tag um 20 Uhr, wo sie um drei Uhr morgens zur Weiterfahrt nach Domodossola startete. Ab 1840 verkehrten wöchentlich vier Kurse, wobei beispielsweise ein Kurs Dienstags um 6 Uhr morgens in Domodossola abfuhr und am Donnerstagnachmittag um 16 Uhr in St. Maurice ankam. Die einfach Fahrt Genf–Mailand kostete damals 70 Francs 30 centimes französischer Währung.

Im Jahre 1848 kam dann die große Wende, als mit der neuen Bundesverfassung die bisherigen kantonalen Postbetriebe in der neuen Eidgenössischen Postverwaltung zusammengefaßt wurden. Die Verträge zwischen den Kantonen Genf, Waadt, Wallis, Graubünden und Tessin mit dem Königreich Sardinien-Piemont wurden am 21. Oktober 1850 durch ein neues Vertragsdokument abgelöst.

Höhepunkt und Ende der Postkutschenzeit

Ab 1850 verkehrten die von der Eidgenössischen Postverwaltung neu eingeführten Standard-Postkutschen (10plätzige schwere Berlinen) in je einem täglichen Kurs in beiden Richtungen zwischen Lausanne und Domodossola. Der Simplonpostkurs verließ Lausanne um 11.15 Uhr und traf um 16.45 Uhr in St. Maurice ein, das man nach kurzer Mahlzeit um 17.30 Uhr wieder verließ. Die Postkutsche erreichte Sion um 22.10 Uhr, wo nach dem Nachtessen um 23 Uhr zur Weiterfahrt nach Brig gestartet wurde, wo man dann um 4.55 Uhr ankam. Nach servierter Mahlzeit fuhr die Simplonpost um 5.45 Uhr in Brig zur Paßfahrt ab und erreichte Iselle um 15 Uhr, wo wiederum ein Essen eingenommen wurde. Um 18.30 Uhr traf die Postkutsche in Domodossola ein, wo sie ihr Ziel erreicht hatte. Nach einer Mahlzeit und relativ kurzer Nachtruhe setzten die Reisenden um 2 Uhr morgens auf

44. Die Simplonpost in Vevey
45. Alt-Vevey mit Rochers de Naye

46. Grand-Rue und Altstadt von St. Maurice

47. Martigny im frühen 19. Jahrhundert

48. Sitten zur Zeit der Postkutsche

Wagen sardischer Privat-Fuhrhalter ihre Reise südwärts fort, und trafen um 10 Uhr in Arona ein, wo nach einer Stunde Aufenthalt und Mahlzeit die Weiterfahrt nach Mailand begann, wo man endlich um 19 Uhr eintraf. Die Reise dauerte damals 32¾ Stunden, davon 31 Stunden 15 Minuten reine Fahrzeit. In jeder der im Bericht aufgeführten Stadt wurden zugleich die 5 Zugpferde der Postkutsche gewechselt. Im Jahre 1851 beförderte die Post auf der Strecke Lausanne–Domodossola total 11 574 Personen. Zwischen Lausanne und St. Maurice bestand zudem ein Tag-Eilwagen, der um 7 Uhr morgens in Lausanne wegfuhr und um 12.35 in St. Maurice eintraf, wo man auf den regulären Simplonkurs umsteigen mußte. Das einfache Billett Genf–Mailand kostete 1850 nach damaliger Währung 54.60 Fr. Im Jahre 1861 beförderte die Postkutsche zwischen Sion und erstmals bis Arona – bis Sitten führte bereits die «Ligne d'Italie» und bis Arona die «Oberitalienischen Eisenbahnen» – 27 813 Reisende. Während auf der Nordseite die Postkutsche sukzessive bis nach Brig zurückgedrängt worden war (1. Juli 1878), bestanden die Kurse auf der Südseite bis 1877 nach Arona, dann ab 1878 bis Stresa und ab 1889 nur noch bis Domodossola. Von 1865 bis 1873 fuhren täglich in beiden Richtungen als fahrplanmäßige Sommerkurse je zwei Kutschen über den Paß und dann wieder von 1889 bis 1906. Je nach Reisenden mußten zusätzliche Kutschen eingesetzt werden, so daß manchmal an gut frequentierten Sommertagen zwischen Sierre und Arona zwischen 20 und 40 Postwagen in beiden Richtungen unterwegs waren. Es waren die Blütezeiten der Postkutsche am Simplon, vor allem die Jahre 1870 mit 29 206 und 1871 mit 30 590 Reisenden von Sierre bis Arona. Nach der Eröffnung der Gotthardbahn im Jahr 1882 sanken die Frequenzen am Simplon merklich. Zwischen Brig und Intra am Langensee beförderte die Postkutsche 1883 nur noch 11 905 Personen und 1890 zwischen Brig und Domodossola die geringe Zahl von 8182 Reisenden. Doch nahm dann der Verkehr um die Jahrhundertwende nochmals leicht zu und auf der klassischen Paßstrecke zwischen Brig und Domodossola, für welche die Postkutsche noch immer eine Reisezeit von

9 Stunden benötigte, waren 1900 rund 10 700 und 1905 – dem letzten Jahr vor der Tunneleröffnung – bereits wieder 13 258 Reisende befördert worden. Ab 1889 wurde die Postreise über die Pässe attraktiver, da ab jenem Datum von der eidgenössischen Postverwaltung die neuen achtplätzigen Coupé-Landauer-Postkutschen eingesetzt wurden, die nur noch Fensterplätze aufwiesen.
Von 1850 bis 1905 reisten insgesamt 152 806 Personen in den Kutschen der Postverwaltung über den Paß, dazu kamen noch viele Reisende in ihren Privatkutschen und jene, die in Wagen privater Fuhrhalter eine Paßreise unternommen hatten. Durch den regen Kutschenverkehr mußte die Straße an verschiedenen Stellen dementsprechend verbessert werden. So entstanden um die Mitte des 19. Jahrhunderts teilweise neue Galerien in den «Kalten Wassern» (Details s. Bildertexte) und bei einzelnen größeren Brücken wurde der hölzerne Mittelteil durch gemauerte Bögen ersetzt. Auch die vor der Ganterbrücke durch einen Felssporn schlechten Gesteins durchführende kurze Galerie wurde schon in jenen Jahren gesprengt und abgetragen. Hoher Aufwand für die Straßenfreihaltung brachten jeweils die Wintermonate, wo täglich in jeder Richtung ein Schlittenkurs, bei Bedarf auch ganze Schlittenzüge, über den Paß führten. Bei starkem Schneefall und stürmischen Winden hatten die Wegmacher und Straßenwärter, die in den bereits erwähnten Schutzhäusern ihre Unterkunft hatten, die festgedrückte Schneespur über den Paß, wo entlang der Strecke hohe hölzerne Stangen den Weg im gleißenden Weiß markierten, freizuhalten, wozu ihnen nebst der üblichen Schaufel auch oftmals der «Triangel» – ein von bis zu sechs Pferden gezogener und dem Postschlitten vorangehender schwerer Schneepflug – diente. Bei schweren Schneestürmen oder Lawinenniedergängen konnte es auch passieren, daß man in einem der Schutzhäuser zuwarten mußte, was bisweilen Tage dauern konnte, bis der Himmel wieder aufklarte und die Weiterreise gestattete. Die Unterhaltskosten für die Simplonstraße inklusive Schneeräumung erforderte in den Jahren 1844 bis Ende 1904 jährlich durchschnittlich 26 587 Fr., wobei allein für die Offen-

49. Altstadt-Winkel in Sitten

50. Alt-Sierre und alte Simplonstraße

51. *Leuk mit Rhone-Holzbrücke*

52. *Kirche und Friedhofportal in Glis*

haltung und Schneeräumung der Paßroute im Winter im Mittel rund 11300 Fr. pro Jahr aufzuwenden waren. Die Ausgaben waren allerdings von Jahr zu Jahr verschieden, so mußten beispielsweise im Winter 1897/98 gesamthaft 23596 Fr. aufgewendet werden, im Winter 1880/81 dagegen nur 2139 Franken. Die Straße konnte im Zeitraum von 1867 bis 1904 in der Regel zwischen Ende April und erster Hälfte Mai für die Postkutsche geöffnet werden. Die beiden Extreme in diesem Zeitraum waren im Jahre 1882 (21. März) und 1898, wo die Straße erst am 28. Mai geöffnet werden konnte.

Wie eine Simplonreise im Winter empfunden wurde, schildert eindrücklich der englische Schriftsteller Charles Dickens, der Ende November 1844 über den Paß reiste: «Man gelangte alsbald in eine kahlere Region, wo es immer steiler und mühsamer bergauf ging und der Mond hoch am klaren Himmel stand. Allmählich wurde das Tosen der Wasser immer vernehmlicher, und unser so herrlicher Weg, nachdem er uns über einen Sturzbach geführt hatte, lief nunmehr zwischen steilen Felswänden hin, so daß von dem schmalen Himmelsstreifen statt des Mondlichts nur ein paar Sterne herabschimmerten. Aber auch dieser Sternenschimmer verschwand schließlich in der Düsternis der Felsenschlucht. In der Tiefe toste und tobte ein Wasserfall und umhüllte mit seinem Schaum und seiner Gischt gleich einem Nebel die Kluft. Nachdem wir diesen Engpaß hinter uns gelassen hatten, und das Licht des Mondes uns wieder umfing, mußten wir eine Brücke über eine schwindelerregende Tiefe hinweg (Ponte Alto) überqueren. Alsdann wand sich die Straße aufwärts durch die (obere) Schlucht von Condo, die mit ihren glatten,

Glis

BERISAL
TELEGRAPH

53. Simplon-Postkutsche vor dem Briger Bahnhof

54. Die Simplonpost in Berisal

55. Gantertal mit Ganterbrücke und Furggenbaumhorn

56. Simplonhospiz mit Fletschhorn

57. *Hochsommerlicher Postkutschen-Reiseverkehr am Simplon*

oben fast zusammenstoßenden Wänden einen wilden, schauerlichen Eindruck machte. Bei Tagesanbruch gelangten wir an eine schneebedeckte Stelle, an der uns ein rauher Wind empfing. Nachdem wir nicht ohne Mühe die Bewohner eines einsamen Holzhauses, um das der Sturm tobte und den Schnee aufstieben ließ, geweckt hatten, nahmen wir unser Frühstück ein. Mittlerweile wurde ein Schlitten bereitgestellt, vier Pferde davorgespannt, und indem wir uns durch den tiefen Schnee den Weg bahnten, fuhren wir immer höher hinauf. Schließlich hatten wir den Gipfel erreicht, wo ein Kreuz die höchste Höhe bezeichnet. Da traf das Licht der aufgehenden Sonne die Schneewüste und tauchte sie in ein tiefes Rot. Man konnte sich kaum einen großartigeren Anblick denken ... Nachdem wir wieder in Fahrt gekommen waren, ging es in großer Schnelligkeit bergab, durch Gletscher hindurch – Bogengänge aus Eis mit langen Zapfen –, neben denen Wasserfälle hinabschäumten, vorbei an Zufluchtsstellen und Schutzdächern gegen plötzliche Gefahren, durch Höhlen, über deren gewölbte Decken im Frühling die Lawinen gleiten und in das undurchdringliche Dunkel tiefer Klüfte stürzen; hinab über hohe, schwindelerregende Brükken und durch schauerliche Schluchten: ein kleiner sich fortbewegender Punkt in der unermeßlichen Wüstenei von Eis, Schnee und Granitfelsen, durch den tiefen Grund der Saltina, halb betäubt durch das Getöse des sich in wilder Wut durch die Felsblöcke zur fernen Ebene hinabstürzenden Wasserfalls. Allmählich gelangten wir auf Serpentinen – steile Hänge über und unter uns – in Gefilde wärmeren Wetters, ruhigere Luft und sanftere Umgebung, bis in Tau und Sonnenschein, gleich Gold und Silber glänzend, die rötlichgrü-

58. Refuge Nr. 5 Schallbett und Schutzgalerien

nen Kupferdächer und Kirchturmspitzen einer Schweizer Stadt (Brig) vor uns auftauchten».
Mit der Eröffnung des Eisenbahntunnels durch den Simplon im Jahre 1906 schien auch die letzte Stunde der Postkutsche geschlagen zu haben, denn in jenem Jahre reisten nur noch 845 Personen über den Paß. Infolge des großen Frequenzrückganges beschloß die eidgenössische Postverwaltung, den aufwendigen Winterverkehr mit Kutsche und Schlitten vom Oktober bis Mai über den Simplonpaß einzustellen. Der Bevölkerung von Simplon-Dorf, von Gstein-Gabi und von Gondo mutete man zu, daß sie sich – die Bewohner der beiden oberen Dörfer zudem durch die lawinengefährdete Gondoschlucht – nunmehr nach dem Bahnhof Iselle und dann von dort nach Brig begaben. Auf der Südseite des Simplons teilte man indessen die Meinung aus Bern keineswegs und die Bevölkerung – vor allem aus Simplon-Dorf – wehrte sich entschlossen und echt demokratisch (Boykott künftiger eidg. Abstimmungen) gegen den Entscheid der Postverwaltung. Man wollte die treuen Miteidgenossen auf der besonders im Winter entlegenen Südseite des Simplonpasses nicht verärgern und sie noch weniger als Stimmbürger verlieren. So fuhr denn die Post im folgenden Winterhalbjahr wie eh und je über den Paß. Trotzdem nun die Eisenbahn durch den längsten Tunnel der Welt fuhr, wurde in den Sommermonaten weiterhin täglich mit einer 4plätzigen Berline ein fahrplanmäßiger Kurs über den Simplonpaß geführt, bis dann ab 1919 das Postautomobil die Ablösung brachte. Die Frequenzen stiegen bei der Postkutsche langsam wieder etwas an, um dann im Jahre 1913 mit 1718 Reisenden nochmals einen kleinen Höhepunkt zu erreichen. Ab 1919 fuhr nur noch während

59. Die alte Paßstraße und Berner Alpen

60. *Die alte Josefs-Galerie*

des Winterhalbjahres die Schlittenpost – vor Einsetzen der Schneefälle und bei bereits schneefreier Straße im Frühling die 4plätzige Postkutsche – die dann im Winter 1953/54 letztmals über den Paß fuhr. Grund dazu war neben dem steten Rückgang der Reisenden – in den letzten Betriebsjahren wurden praktisch nur noch Postsendungen befördert – der im Jahre 1950 beschlossene Ausbau der Simplonstraße, in deren Zusammenhang auch die Gondoschlucht mit Lawinenschutzgalerien ausgestattet wurde und somit als relativ wintersichere Verbindung zwischen Simplon-Dorf und Iselle zu betrachten war. Zudem war für das Winterhalbjahr ab Simplon-Dorf ein Automobildienst vorgesehen, der nach Iselle bzw. nach Brig und Domodossola eine bequeme und rasche Verbindung garantierte. Diese akzeptable Lösung wurde nun – im Gegensatz zum wenig attraktiven Vorschlag von 1906 – von den Einwohnern Simplon-Dorfs, Gstein-Gabis und Gondos gutgeheißen. Postschlitten und -kutsche hatten indessen noch eine kurze Gnadenfrist bis zum Ausbau, und so kam es dann, daß sich am Simplon, als einziger Paßstraße der Welt, noch im Frühjahr 1954 moderner Fahrzeugverkehr und fahrplanmäßige Postkutsche begegneten. Doch die Postkutsche, die im Hof des Stockalper-Schlosses in Brig ihren Ehrenplatz gefunden hat, war doch ein Relikt aus einer wohl glorreichen, doch längst vergangenen Epoche der Paß- und Verkehrsgeschichte. Ihre Zeit war vorüber – das Automobil hatte von der Paßstraße Besitz genommen.

61. Postschlitten beim alten Hospiz

62. Neues Hospiz zur Postkutschenzeit

63. Der Weiler Eggen ▷

64. Trümmergelände des Berg- und Gletschersturzes ▷

65. Die Simplonpost in Simplon-Dorf ▷

66. Berline-Postschlitten am winterlichen Paß ▷

67. *Plan Nicolas Céards für Napoleons Simplonstraße*

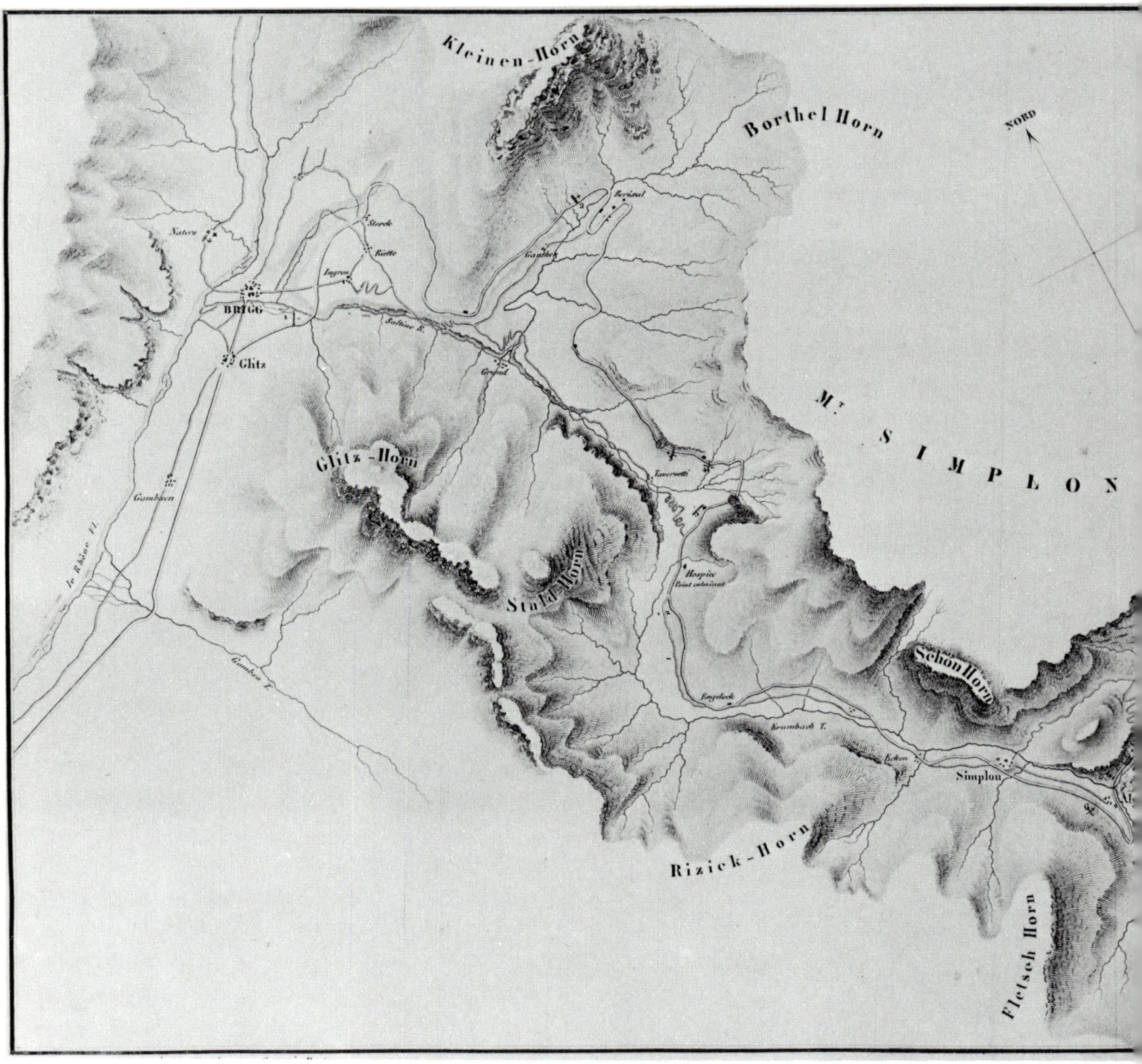

CARTE
de la
ROUTE DU SIMPLON,
entre
Brigg & Domo Dossola.
Echelle.
1000 2000 3000 4000 5000 Metres
Mont Bual
Mont Moscera
Gondo
Varzo
Crevola
DOMO-DOSSOLA
Val Bagnanco

68. Galerie bei Gstein-Gabi am Eingang zur Gondoschlucht

69. Der Hohsteg (Ponte Alto) in der engen Gondoschlucht

70. Die Gondogalerie der Napoleonsstraße

71. Gondogalerie und Alpjenbach-Brücke

72. *Mondscheinromantik in der Gondoschlucht*

73. *Der alte Zoll in Iselle*

74. Die Simplonstraße bei Varzo

88. *Re 4/4 II mit internationalem Schnellzug in Lausanne*

CONTINENTALE VIE

89. *Stadtzentrum von Lausanne mit Grand-Pont und Kathedrale*

90. *Quai und Schloß von Ouchy*

91. *Bahn und Straße in den Rebbergen des Lavaux*

92. Salondampfer «Simplon» bei Schloß Chillon

93. Schloß Aigle und Savoyer Alpen

94. Schnellzug Milano–Genève bei St. Maurice

95. Extraschnellzüge im Bahnhof Martigny

96. Alte Kirche von St. Pierre de Clages

97. Schnellzug Lausanne–Brig bei Chamoson

98. Ae 6/6 mit schwerem Güterzug bei der Rhonebrücke in Riddes

11253

11476
SBB
CFF

99. Re 6/6 mit schwerem Schnellzug im Kulturland zwischen Ardon und Chamoson

100. Frühnachmittag im Bahnhof Sitten

101. Zwei Ae 4/7 verlassen mit ihrem Güterzug Sitten südwärts

102. Simplonbahn und -straße im Rebgelände bei Sitten

103. Die Rhone bei Sitten

104. Re 4/4 II mit schwerem Simplon-Expreß bei St. Léonard

105. Der «Direct-Orient» im «Sprachgrenzen»-Bahnhof Sierre

106. TEE «Lemano» in voller Fahrt bei Schloß Chillon

107. Re 4/4 II und Ae 6/6 mit schwerem Güterzug bei Granges-Lens

108. Ae 4/7 in Doppeltraktion mit schwerem Güterzug

109. Re 4/4 II mit internationalem Schnellzug bei Salgesch

110. Moderne und Romantik an der Simplonlinie

111. Stadt Leuk

112. Re 6/6 mit dem «Milano–Paris» bei Leuk

113. TEE «Cisalpin» auf der Rhonebrücke bei Leuk

114. Re 4/4 II mit Kühlwagenzug bei Raron

115. Burghügel und Kirche von Raron

116. Re 6/6 mit schwerem Simplon-Expreß bei Visp

117. Blick auf Brig und seine Bahnanlagen

118. Eine moderne Re 4/4 der BLS auf der Rhonebrücke bei Brig ▷

119. Be 5/7 der BLS um 1913 im Bahnhof Kandersteg ▷

120. Ae 6/8 der BLS auf dem Baltschieder-Viadukt ▷

161

KANDERSTEG
157
BERN LÖTSCHBERG SIMPLON

121. *Moderner BLS-Schnellzug bei Hohtenn*

122. *Alt-Naters und moderne Siedlungsviertel*

123. Der «Glacier-Expreß» der Furka-Oberalp-Bahn bei Naters

124. *Hochbetrieb im Bahnhof Brig*

125. *Rbe 4/4 wartet mit Personenzug auf Einsatz im Feierabendverkehr ▷*

126. *Der «Direct-Orient-Expreß» im nächtlichen Bahnhof Brig ▷*

1428
Brig

Brig
MURATTI
AMBASSADOR
SNCF

Der Simplon-Tunnel

Vorgeschichte und Baubeginn

Wichtigstes und heute noch immer eindrucksvolles Mittelstück der Simplonbahn ist der 19,803 km lange Simplontunnel, der wohl doppelspurig, aber in zwei verschiedenen, parallel geführten Tunnelröhren durch das Bergmassiv nach Süden führt. Er ist nicht nur der längste Eisenbahntunnel der Welt, er weist mit der praktisch durch die Tunnelmitte verlaufenden Grenzen der Schweiz und Italiens ein weiteres besonderes Merkmal auf. Mit seinem geringen Kulminationspunkt von nur 705 m. ü. M. ist er auch zugleich der tiefstliegende Alpentunnel. Der erste ausführliche Bauplan für einen Simplontunnel stammt aus dem Jahre 1857 und wurde von den Ingenieuren Venetz und Clo ausgearbeitet, die damals einen 12,2 km langen Tunnel mit Scheitelpunkt auf 1200 m vorsahen. In den Jahren zwischen 1857 und 1893 entstanden insgesamt dreißig Tunnelprojekte, von denen jene von Lommel (1864), Favre und Clo (1875) und Meyer (1881/82) mit Längen von 17500, 19850 und 19795 m als eigentliche Basistunnels die aussichtsreichsten waren. Im Jahre 1891 unterbreitete die «Jura-Simplon-Bahn» (JS) dem Bundesrat erstmals ein baureifes Projekt eines Simplon-Basistunnels von 19731 m Länge, wobei sich das neue Projekt – ausgearbeitet von Ing. Dumur der JS – nur unwesentlich von den oben angeführten früheren Planstudien unterschied. Den damals budgetierten Gesamtkosten von 93 Mio. Fr. stimmten die Simplonkantone zwar zu, doch konnte Italien, auf dessen finanzielle Mithilfe man angewiesen war, zu jenem Zeitpunkt infolge innenpolitischer Probleme keine Verhandlungen führen. Bei der «Jura-Simplon-Bahn» schritt man hingegen zur Tat und schloß mit den Baufirmen Ing. Alfred Brandt, Hamburg und Ing. Karl Brandau, Kassel, der Maschinenfabrik Sulzer in Winterthur und der Baufirma Locher & Cie in Zürich sowie der Bank in Winterthur – zusammengeschlossen in der «Société d'entreprise du Tunnel du Simplon» – am 20. September 1893 einen sogenannten à Forfait-Vertrag zum Bau eines 19731 m langen Tunnels zu einem vereinbarten Pauschalpreis von 70 Mio. Fr. ab. Im Hinblick auf die Tunnellänge brachte das Baukonsortium die neuartige Idee in Vorschlag, den Vortrieb mittels zwei nur 17 m voneinander getrennten und parallel verlaufenden Baustollen auszuführen. Im Oktober des gleichen Jahres setzte die Direktion der JS den Bundesrat vom technischen Projekt und vom Bauvertrag in Kenntnis, welcher in der Folge die Unterlagen von einer internationalen Expertenkommission (Ing. Colombo, Milano, Ing. Fox, London und Ing. Wagner, Wien) begutachten ließ. Gestützt auf die positiv ausgefallene Expertise genehmigte der Bundesrat das Projekt, und unterrichtete ebenfalls die italienische Regierung, der er zugleich die Einberufung einer neuen internationalen Konferenz vorschlug. Ergebnis dieser Konferenz, die dann vom 4. bis 25. November in Bern stattfand, war der Staatsvertrag zwischen der Schweiz und Italien über den Bau und Betrieb der Bahn von Brig nach Domodossola und eine mit der Konzession verbundene Übereinkunft zwischen der italienischen Regierung und der «Jura-Simplon-Bahn». Zwischen Brig und Iselle sollte zunächst ein einspuriger Basistunnel mit Ausweichgeleise in der Mitte auf eine Länge von 19803 m gebaut werden, und zwar so, daß die Landesgrenzen etwa in der Mitte des Tunnels durchführten. Die Schweiz verpflichtete sich zum Bau der 2 km langen Zufahrtslinie auf der Nordseite und des ganzen Tunnels, Italien hatte die 17 km lange Zufahrtslinie von Domodossola nach Iselle auszuführen und der JS im weiteren die Konzession für den Betrieb der Linie von der Landesgrenze bis Domodossola zu erteilen. Das nun bereinigte und abgeschlossene Vertragsdokument wurde von den eidgenössischen Räten und dem italienischen Parlament gleichzeitig am 21. Dezember 1896 ratifiziert. Zur Finanzierung des bevorstehenden großen Werkes wurden 20,5 Mio. Fr. an Subventionen bereitgestellt, die sich wie folgt aufteilten: die Schweiz hatte 16,26 Mio. Fr. aufzubringen, wovon der Bund 4,5 Mio., die Kantone Bern, Wallis, Genf und die Gemeinde Lausanne je 1 Mio., Freiburg 2 Mio., Neuenburg 1,25 Mio., Waadt 4 Mio., Montreux 0,27 Mio. Franken und die Dampfschiffahrtsgesellschaft auf dem Genfersee 0,24 Mio. Fr. übernahmen. Italien hatte rund 4 Mio. Lire – der Wert entsprach damals dem Goldfranken – aufzubringen, die sich auf folgende Beiträge aufteilten: der italienische Staat verpflichtete sich zur Leistung einer jährlichen Subvention von 66000 Lire während der gesamten Konzessionsdauer (Wert 1½ Mio. Lire – aber mit der 1903 infolge des Rückkaufsgesetzes notwendig gewordenen neuen Simplonkonvention wurde diese Vereinbarung mit einem Pauschalbetrag von 600000 Lire abgegolten), die Provinzen Mailand, Genua, Novara, Alessandria, Pavia und Bologna übernahmen gesamthaft 1282250 Lire, 11 Stadtgemeinden total 2023991 Lire, wovon allein Mailand 1,15 Mio. und Genua 750000 Lire beisteuerten. Weitere namhafte Beiträge stammten von den Handelskammern Mailands und Bolognas sowie der Sparkasse von Mailand. Die «Jura-Simplon-Bahn» ihrerseits beschaffte 50 Mio. Fr., so daß nun zusammen mit den geleisteten Subventionen gesamthaft über 70 Mio. Fr. als Baugarantiesumme zur Verfügung standen. Dieser sogenannte Finanzausweis wurde vom Bundesrat am 14. Juli 1898 genehmigt, und am 31. des gleichen Monats meldete der schweizerische Gesandte in Rom, daß auch die italienische Regierung den Ausweis akzeptiert habe. Der Weg zum Baubeginn war frei. Die neue Vermessung der Tunnelaxe – eine erste wurde bereits 1878, aber ungenau, durchgeführt – wurde mittels Triangulation von der Eidg. Landestopographie rasch und präzise vorgenommen.

Im Mai 1898 begann die Bauunternehmung mit der Einrichtung der ausgedehnten Werkplätze auf dem Vorgelände der künftigen Tunnelportale bei Brig und bei Iselle, und am 1. August des gleichen Jahres begann man auf der Nordseite in Brig und am 16. August auf der Südseite bei Iselle mit dem eigentlichen Stollenbau. Zum Betrieb der zahlreichen Maschinengruppen – vor allem Dynamo- und Kompressoranlagen – für die Bohrmaschinen sowie Ventilations- und Beleuchtungsanlagen im Tunnel benutzte das Bauunternehmen die gefaßten Wasserkräfte der Rhone im Norden (3,2 km langer Zuleitungskanal von Mörel bis Massaboden) und der Doveria im Süden. Die zur Verfügung stehende Gesamtwasserkraft im Norden und Süden betrug rund 4200 PS Turbinenleistung. Mit der Inbetriebnahme dieser Anlagen war es dann auch möglich, die mit hochkomprimiertem Wasser angetriebenen Bohrmaschinen Bauart Brandt (Details s. Bildertexte) einzusetzen, nachdem man vorerst noch mit Handbohrung arbeitete. Die Maschinenbohrung begann auf der Nordseite am 22. November 1898 und im Süden am 21. Dezember. Ende des Jahres 1898 waren insgesamt bereits 408 m Stollen vorgetrieben, wovon lediglich 76 m auf die Südseite entfielen. Mechanisch gebohrt wurde indessen nur in den beiden Vortriebs- sowie in den Verbindungsstollen; für die Ausweitung und den Vollausbruch verwendeten die Mannschaften ausschließlich zweihändige Schlegel und einhändige Fäustel. Die Idee von Ingenieur Brandt, den Vortrieb mit zwei 17 m voneinander getrennt und parallel verlaufenden Sohlstollen von 2,5 bis 3,2 m Breite und 2 bis 2,5 m Höhe durchzuführen, erwies sich bei den später aufgetretenen großen Schwierigkeiten (Bergdruck, hohe Temperaturen und schwere Wassereinbrüche) als besonders wertvoll, denn nur mit einem Sohlstollen wäre die Fertigstellung kaum ohne größere Unterbrüche oder vielleicht auch damals überhaupt nicht möglich gewesen. Diese Art Vortrieb gestattete außerdem eine gute Belüftung vor Ort und bei den rückwärtigen Baustellen und erleichterte die Zufuhr des Materials und dessen Verteilung an die einzelnen Einsatzorte, und später, bei den schweren Wassereinbrüchen, waren die zwei Stollen von unschätzbarem Wert zur Ableitung der in die Stollen einbrechenden Fluten. Dank dieser Idee war auch der Einbahnrichtungsbetrieb für die mit Druckluftlokomotiven betriebenen Tunnelbahn möglich geworden. Die beiden Sohlstollen I und II wurden alle 200 m mittels eines schräg geführten Querstollens miteinander verbunden.

Bauerschwernisse und Fertigstellung

Auf der Nordseite rückten die Mineurmannschaften trotz Wassereinbrüchen rascher vor als jene auf der Südseite. Bauleitender Ingenieur von Los Süd war Karl Brandau, die gleiche Funktion auf der Nordseite hatte Ingenieur Alfred Brandt bis zu seinem frühen Tode. Nach einer Tunnelinspektion erlag er am 29. November 1899 in seinem in der ersten Etage des Stockalper Palastes in Brig untergebrachten Baubüro erst 54jährig einem Herzversagen. Ebenso wie Louis Favre am Gotthard, erlebte auch Alfred Brandt den großen Tag des Durchschlags nicht. Für die Bauleitung Nord zeichnete darauf Ingenieur Locher aus Zürich verantwortlich. Am 1. Januar 1901 hatte der Vortrieb im Stollen I km 8,500 ab Nordportal erreicht, wo sich dann neben hohen Gesteinstemperaturen auch erheblicher Bergdruck einstellte. Die Gebirgsüberlagerung nahm ab km 6 nun ständig zu und erreichte dann bei km 9,1, nahe der italienisch-schweizerischen Grenze, mit 2135 m das Maximum an überlagertem Gestein. Aber nicht dort wurden die hohen Gesteinstemperaturen gemessen, sondern auf den vorhergehenden 4 km, wo Werte zwischen 35 und 40° C gemessen wurden. Die höchste Temperatur registrierte man mit 54° C auf eine Länge von rund 1000 m, während auf der Südseite 46° C das absolute Maximum darstellte. Dazu kamen noch die Heißwassereinbrüche, welche die ohnehin schon hohen Temperaturen noch steigerten und ohne die installierte leistungsfähige Ventilation, die man von Beginn weg großzügig konzipiert hatte, hätte wohl die Arbeit zeitweilig eingestellt werden müssen. Zwei große Ventilatoren waren ununterbrochen in Betrieb und förderten während 24 Stunden rund 3 Mio. m^3 Frischluft in die Vortriebsstollen. Um die herangeblasene Luft weiter abzukühlen wurde sie zusammen mit dem Gestein mittels Wasserzerstäubern – mit 10 bis 25 Atmosphären Druck bespritzt. Dank dieser vorzüglichen Ventilation gelang es, das Auftreten der sogenannten Bergarbeiterkrankheit (Tunnelwurm) weitgehend auszuschalten.

Der Kulminationspunkt bei km 9,573 ab Nordportal wurde vom Nordvortrieb am 19. Juli 1903 erreicht, im etwas zurückgebliebenen Stollen II Mitte August. Da sich der Vortrieb auf der Südseite sehr stark im Rückstand befand, entschloß man sich, auf der Nordseite die Arbeiten über den Kulminationspunkt hinaus südwärts fortzusetzen, wobei nun bereits die Neigung von 7 Promille begann. Nach anfänglich gutem Fortschritt stieß man ab November 1903 dann plötzlich nacheinander auf zwei heiße ergiebige Quellen (rund 20 Sek./l und 49 bzw. 50° Wassertemperatur) wobei der Stollen beide Male auf eine größere Strecke überflutet worden war. Eine zusätzliche Schwierigkeit bestand darin, daß nun das anfallende Quellwasser zuerst zum Kulminationspunkt hinaufbefördert werden mußte, bevor man es dann nordwärts ableiten konnte. Sicherheitshalber installierte man an jener Stelle in beiden Stollen die Fundamente für sogenannte Dammtüren, mit denen notfalls eine Wassereinbruchskatastrophe hätte verhindert werden können. Wie zweckmäßig diese vorsorgliche Haltung war, zeigte sich nach dem Anbohren einer neuen Heißwasserquelle von 35 Sek./l, die praktisch nicht mehr zu bändigen war, da die Kraftanlagen für Pumpen und Ventilation an der Grenze der Leistungsfähigkeit standen. So schloß man im Mai 1904 die inzwischen eingesetzten eisernen Dammtüren und überließ es dem Südvortrieb, die letzte Scheidewand zu durchschlagen. So kam wenigstens auf der Nordseite Vollausbruch und Ausmauerung unbehindert voran.

Bei den Vortriebsarbeiten auf der Südseite waren zunächst keine Wassereinbrüche zu verzeichnen, doch bestand praktisch von Beginn weg mehrheitlich starker Bergdruck, was der Bauleitung Süd schwer zu schaffen machte. Ab Mai 1901 geriet der Vortrieb dann auch auf der Südseite in eine ausgedehnte Quellenzone, wobei man ergiebige Kaltwasserquellen – bis zu 200 Sek./l – anbohrte, die teilweise zu vorübergehender Arbeitseinstellung zwangen. Kaum hatte man Anfang November diese Zone bewältigt, stieß der Vortrieb einen Monat später in sehr schlechte Gesteinsformationen mit hohen Temperaturen (bis 46° C) und gewaltigem Bergdruck. Das schlechte Gestein machte die Maschinenbohrung unmöglich, und was von Hand erbohrt worden war, mußte sofort massiv abgesichert werden. Dickste Zimmerungshölzer zersplitterten und Differdingerträger stärksten Profils verbogen sich unter dem dort herrschenden ungeheuren

Bergdruck. Erst das Einsetzen eines speziell dafür konstruierten Rahmens aus mit Beton gefüllten starken Differdingerträgern ermöglichte schließlich den Ausbau jener 42 m langen Tunnelpartie mit vierfach übereinander gelagerter Gewölbemauerung aus Hausteinen, besonders starken Widerlagern und massiver Sohlenblöcke anstelle der sonst üblichen Sohlgewölbe. Für den Ausbruch der 42 m langen Druckpartie benötigte die Unternehmung ganze 6 Monate, wobei der tägliche Fortschritt anstelle der sonst üblichen 5,5 m lediglich 25 cm betrug. Der finanzielle Aufwand für jene Stelle betrug rund 1 Mio. Fr. Die Druckstelle war im Mai 1902 überwunden, aber erst am 11. Dezember 1903 fertig ausgemauert. Danach kamen die Arbeiten recht gut voran – es folgte jene berühmte Woche mit den 63 m Fortschritt – und Ende Juli 1904 war der südliche Vortrieb nur noch 431 m von den eisernen Dammtüren auf der Nordseite entfernt. Die Pumpenwächter an den Türen konnten damals bereits durch das Gestein die Sprengschüsse ihrer Kameraden auf der Südseite vernehmen. Man hoffte zuversichtlich, den Durchschlag im Oktober 1904 feiern zu können, doch daraus wurde es dann nichts, denn im September wurde eine heiße Quelle von 100 Sek./l und 46° C angebohrt. Die dadurch entstandenen Störungen waren derart, daß der Vortrieb im Stollen I erst im November des gleichen Jahres wieder aufgenommen werden konnte. Mitverantwortlich für die Verzögerungen war auch das teilweise auf falschen Prognosen basierende geologische Gutachten (s. Kapitel Simplonmassiv) das dem Baukonsortium große Überraschungen und ungeahnte Schwierigkeiten gebracht hat. Dann ging es schließlich in verhältnismäßig trockenem und gutem Gestein der letzten trennenden Wand entgegen, wo allerdings jene große heiße Quelle drohte, die im Mai 1904 die Arbeitseinstellung auf der Nordseite bewirkte. Zu den Schwierigkeiten im Berg gesellten sich auch noch vier Streiks (März 1899 ein Tag, November 1899 zehn Tage, Juni 1901 zwei Wochen und März 1905 acht Tage) wobei die zwei letzten Arbeitseinstellungen ein Aufgebot von Bürgerwehr und Infanterie notwendig machten, aber ohne Blutvergießen beendet werden konnten.

Durchschlag und Tunnelausbau

Am 22. Februar 1905 floß plötzlich aus den Bohrlöchern des Stollens I auf der Südseite heißes Wasser, das von der großen Quelle hinter den Eisentüren auf der Nordseite stammte. Am 23. Februar war die trennende Wand noch 5 m dick und infolge des vermuteten großen Wassereinbruchs traf man für die Mineurmannschaften – so gut es eben in einem engen Stollen ging – alle erdenklichen Sicherheitsvorkehrungen. Der 24. Februar 1905 wurde dann zum historischen und denkwürdigen Tag, als um 7.20 Uhr morgens mit der letzten Sprengladung die Trennwand zwischen Nord und Süd fiel. Doch drüben waren nicht die freudigen Gesichter der Mineure aus dem Nordstollen zu sehen, sondern ein Sturzbach heißen Wassers von 46° C, der sich nun ungehemmt in den Südstollen ergoß. Arbeiter und Ingenieure konnten sich jedoch rechtzeitig in Sicherheit bringen, aber das heiße Wasser erhöhte die Temperatur zusätzlich ins fast Unerträgliche. Zudem gelangten mit dem heißen Wasser auch giftige Gase in den Stollen, wobei im vordersten Abschnitt die Handlampen erloschen. Beide Stollen mußten sofort geräumt werden, trotzdem forderte die starke erhitzte, sauerstoffarme und teilweise zusätzlich mit den Gasen vermischte Luft den Tod der beiden Ingenieure Grassi und Bianco. So entbehrte selbst der große Tag des Durchschlages des längsten Eisenbahntunnels der Welt nicht der Dramatik, die so oft die Baugeschichte kennzeichnete. Nach 2392 Tagen oder rund 6½ Jahren schweren Ringens mit dem Berg kam die Verbindung zwischen Nord und Süd bei km 10,378 zustande, mit dem vorzüglichen Ergebnis von Abweichungen mit 20 cm horizontal und 9 cm vertikal bei einer Tunnellänge von 18,3 km. Am 6. Juli 1905 erfolgte auch der Durchschlag im parallel geführten Richtstollen. Infolge der verschiedenen Bauerschwernisse erlitt die seinerzeit vertraglich vereinbarte Baufrist von 5 Jahren und 9 Monaten eine rund 18 monatige Verzögerung, womit eine effektive Bauzeit von 7 Jahren und 6 Monaten entstand. Allerdings wurde mit der 1903 abgeschlossenen neuen Simplonkonvention die Baufrist um ein Jahr verlängert. Insgesamt wurde etwa 1 Mio. m^3 Fels ausgebrochen wozu 1,5 Mio. kg Dynamit erforderlich waren. Für die Auskleidung des Tunnels benötigte man 280000 m^3 Mauerwerk. Die Zahl der beschäftigten Arbeiter betrug im täglichen Durchschnitt 3000 Mann. Leider verunglückten während des Tunnelbaues 39 Personen tödlich und 133 erlitten schwerere Verletzungen. Die Baukosten für den Tunnel I und den Vortriebsstollen II betrugen 78 Mio. Fr. und überstiegen die seinerzeit veranschlagten Baukosten um 8 Mio. Fr. Im Januar 1906 war der Tunnel fertig ausgemauert und die Schienen verlegt. Der erste Zug fuhr am 25. Januar 1906 durch den Tunnel, und am 1. Juni des gleichen Jahres wurde nach großen Festlichkeiten im Monat zuvor der fahrplanmäßige Betrieb aufgenommen (s. Kapitel Simplonbahn). Der 19803 m lange Simplontunnel beginnt bei Brig auf 685,8 m.ü.M., steigt dann mit 2 Promille bis zum Scheitelpunkt auf 704,98 m, wo der Tunnel zugleich auf eine Länge von 500 m horizontal verläuft, und sinkt dann mit 7 Promille Gefälle zum Südportal bei Iselle auf 633,5 m.ü.M.

Der Tunnel II

Mit dem Übergang der «Jura-Simplon-Bahn» in das Netz der Schweizerischen Bundesbahnen am 1. Mai 1903 verpflichteten sich die SBB vertraglich zur Fertigstellung der zweiten Tunnelröhre spätestens fünf Jahre nach Erreichen von 50000 Fr. Bruttoeinnahmen pro km auf der Strecke Brig–Domodossola. Bereits im Jahre 1906 machten sich aber im Stollen II an verschiedenen Stellen Zerfallserscheinungen bemerkbar, was zum Entschluß führte, den Ausbau unverzüglich vorzunehmen. Da die Firma Brandt, Brandau & Cie 1907 – allerdings nach vorausgegangenem Prozeß – auf ihr Gesuch von der Pflicht zur Fertigstellung der zweiten Tunnelröhre entbunden worden war, entschlossen sich die SBB nach erfolgloser Submission die Arbeiten in Regie unter der Leitung von Ingenieur Rothpletz selbst auszuführen. Die Ausbauarbeiten begannen – übrigens erheblich später als geplant war – im Dezember 1912 auf der Nord- und im März 1913 auf der Südseite. Der Ausbruch des Ersten Weltkrieges

bewirkte vorerst einen einjährigen Unterbruch der Bauarbeiten und auch nachher kamen die Arbeiten infolge Personalmangels und fehlenden Baustoffen nur schleppend vorwärts. Der Erste Weltkrieg bewirkte auf der Südseite eine totale Arbeitseinstellung. Erst 1919 konnten dann die Ausbauarbeiten wieder vollumfänglich weitergeführt werden. Am 24. Dezember 1921 konnte in Anwesenheit vor Bundesrat Dr. Haab, Vorsteher des Post- und Eisenbahndepartementes, der letzte Stein ins Tunnelgewölbe eingesetzt werden, womit auch der Tunnel II mit einer Länge von 19 823 m fertiggestellt war. Am 16. Oktober 1922 konnte der Tunnel und somit zugleich die Doppelspur zwischen Brig und Iselle in Betrieb genommen werden. Die Gesamtkosten des Tunnels II – ohne Kosten für den seinerzeit erstellten Vortriebsstollen – betrugen rund 34 Mio. Fr. Seither haben die Verkehrsfrequenzen im Personen- und Güterverkehr durch den Tunnel (Details s. Bildertexte) ständig zugenommen; Einbußen waren während des Zweiten Weltkrieges – besonders im Personenverkehr – zu verzeichnen. Seit Jahrzehnten besteht durch den Simplontunnel ebenfalls ein Verladedienst für Motorfahrzeuge von Brig nach Iselle.
Der mit dem Tunnelbau und dem Betrieb zusammenhängende Simplonvertrag hat seinerzeit im Hinblick auf die internationale Linie und vor allem der durch die Tunnelmitte verlaufenden Grenzen zwischen der Schweiz und Italien zu großen politischen Bedenken Anlaß gegeben. Im Jahre 1904 schrieb denn auch Carl Hilty folgendes: «Der Simplon wird immer eine politisch und militärisch gefährliche Bahn für die Eidgenossenschaft bleiben, die gut gesichert werden muß». Inzwischen hat der Tunnel politische und wirtschaftliche Veränderungen und zudem zwei Weltkriege schadlos überstanden und er diente, wie es seine Vorbestimmung war, dem friedlichen Handels- und dem völkerverbindenden Reiseverkehr. Allerdings hätte er zu Ende des Zweiten Weltkrieges beinahe doch noch etwas abbekommen: Als sich die deutschen Truppen aus Norditalien zurückziehen mußten, hätte eine deutsche Pioniereinheit – es wäre ein sinnloser Akt ohne jeden strategischen Wert gewesen – das Südportal des Tunnels sprengen sollen. Eine italienische Partisanengruppe (Hauptmann Bruno, Zani, Pelganta, Bensi, Gaudenzio, Pfarrer Cabala, Zanello, De Salro, Verdua und Scrittori) überrumpelte in der Nacht vom 20. auf den 21. April 1945 die deutsche Wachmannschaft und ließ den bereits in der Höhe des Portals deponierten Sprengstoff an ungefährlicher Stelle detonieren. Ihr mutiger Einsatz war zugleich Symbol und Ausdruck der Verbundenheit zwischen der Schweiz und ihrem südlichen Nachbarland, das seinerzeit mithalf, das große Werk des Simplontunnels zu verwirklichen.

127. Das Nordportal zur Bauzeit

128. Ingenieur Alfred Brandt

129. Bauzug mit Tunnelarbeitern beim Nordportal

130. Tunnelprofile

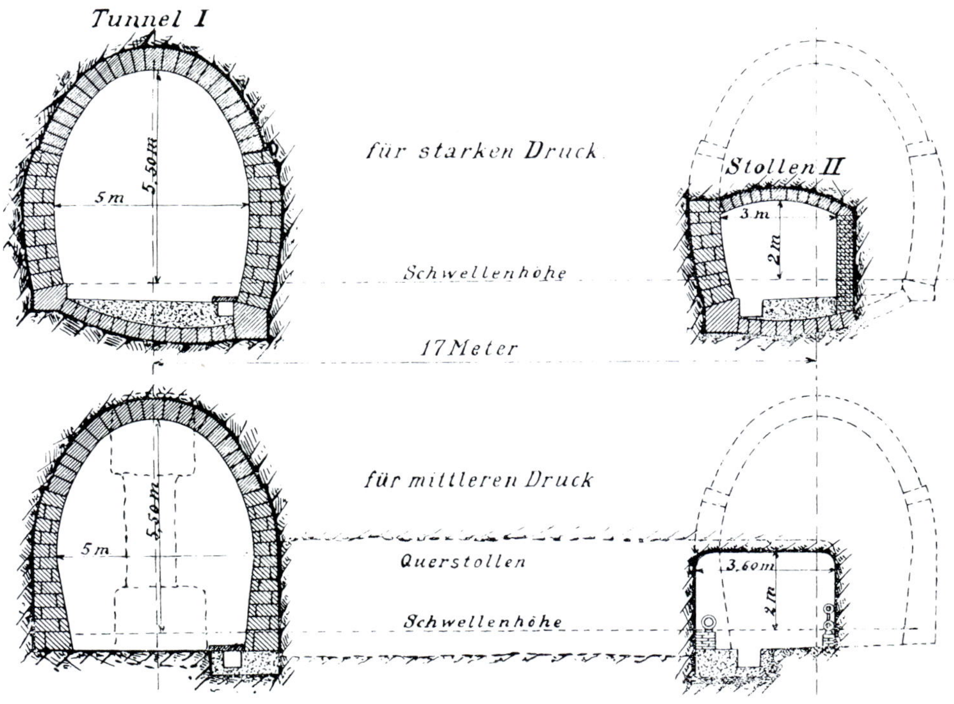

131. Eine Brandt-Bohrmaschine vor Ort; Heißwasser-Einbruch; First-Durchschlag

132. Großer «Bahnhof» im Bahnhof Brig anläßlich der Einweihungsfeier

133. C 4/5 Dampflok auf dem Weg nach Süden

BUFFET
TOILETTE
LAVABOS PAYANTS
CABINE
PUBLI
MESSIEU

10914
1 9 2 1

134. *Fb 3/5 beim Nordportal in Brig*

135. *Ae 4/7 verläßt mit Schnellzug den Tunnel II*

136. *TEE «Cisalpin» beim Nordportal in Brig*

137. Die beiden Staatsgrenzen im Tunnel

138. Die Station in der Tunnelmitte

139. Südportal und Simplonstraße bei Iselle

140. Ae 6/6 mit Autotransportzug im Bahnhof Iselle

141. Ein Simplon-Expreß auf dem Viadukt von Preglia

142. TEE «Lemano» kreuzt Güterzug im Bahnhof Preglia

143. Blick auf Toce-Ebene und Domodossola

144. Der große Viadukt über den Toce bei Bèura

145. Sommerreiseverkehr im Bahnhof Domodossola

146. Eine E 636 führt schweren Simplon-Expreß südwärts

147. Lombardisches Charakterbild in der Toce-Ebene

148. Dampflok 640.017 führt den Personenzug Novara–Domodossola

149. E 444 mit dem «Milano–Paris» nordwärts bei Cuzzago

428 107

150. *Eine E 428 mit Leerzug bei Mergozzo*

151. *Personenzug nach Arona auf dem Viadukt von Baveno*

152. *E 646 mit schwerem Expreß südwärts bei Sesto-Calende*

153. Die Eisenbahn- und Straßenbrücke bei Sesto-Calende

Geo Chavez – erster Alpenflug am Simplon

Vom ersten Motorflug zum ersten Alpenflug

Das noch junge Automobil, technisch bereits auf beachtlichem Stand, war eben im Begriffe, auf den Straßen eine dominierende Rolle zu übernehmen, da versuchten wagemutige Männer auch schon, den Luftraum mittels Motorkraft zu erobern. Der erste zweifelsfrei bewiesene Motorflug der Geschichte glückte am 14. August 1901 in Bridgeport im US-Staate Connecticut, ausgeführt vom Deutsch-Amerikaner Gustav Weißkopf, der sich später dann Whitehead nannte. Der erste gelenkte Motorflug hingegen erfolgte am 17. Dezember 1903 in den Sanddünen bei Kitty Hawk an der Küste Nord-Carolinas mit einem «Flyer»-Doppeldecker, gebaut von den Gebrüdern Orville und Wilbur Wright. Orville Wrights historischer Flug dauerte zwölf Sekunden und die «Flugstrecke» erreichte ganze 36 m. Ein am gleichen Tag ausgeführter dritter Flug dauerte 59 Sekunden und erreichte immerhin schon 260 m. In Europa nahm man indessen diese Meldung gelassen entgegen und glaubte, die Amerikaner hätten wieder einmal etwas übertrieben. Doch Wilbur Wrights Flüge mit einem verbesserten «Flyer»-Doppeldekker im August 1905 bei Le Mans in Frankreich brachten Schlagzeiten in der Weltpresse und zeigten zugleich recht eindrucksvoll, wieviel Europa seit dem Tode Otto Lilienthals an fliegerischem Vorsprung eingebüßt hatte. Nun war plötzlich auch der Alte Kontinent erwacht, und rasch machte die Motorfliegerei bemerkenswerte Fortschritte. Am 13. September 1906 gelang dem in Frankreich ansässigen Brasilianer Alberto Santos Dumont mit einem von ihm konstruierten Kasten-Doppeldecker in Bagatelle bei Paris ein «Luftsprung» von sieben m, der in der Folge der erste kontrollierte Motorflug in Europa wurde. Am 13. Januar 1908 überflog Henri Farman auf seinem von ihm gebauten Doppeldecker die Ziellinie in Issy-les-Moulineaux und gewann somit den Preis für den ersten Freiflug von einem km, und Louis Blériot flog am 25. Juli 1909 in einem ebenfalls von ihm konstruierten Eindecker von Sangatte bei Calais an der französischen Kanalküste in 27 Minuten über den Ärmelkanal nach dem englischen Dover. Dieser rund 41 km lange Flug, der eigentlich hinsichtlich Dauer, Höhe und Strecke keinen Rekord darstellte, zeigte jedoch eindrücklich, daß das Flugzeug im Begriffe stand, auch geographische Hindernisse zu überwinden. Blériots Leistung bewies aber auch deutlich, daß das mit Motorkraft und Propeller angetriebene Flugzeug die Kinderjahre hinter sich gebracht hatte. Unterstrichen wurde diese Tatsache durch die erste große Flugveranstaltung in Europa, die «Große Flugwoche von Reims» in der Champagne vom 22. bis 29. August 1909, wo in wenigen Tagen bemerkenswerte Flugrekorde aufgestellt worden waren. Mitbestimmend für die Erfolge von Reims waren vor allem der neue Propeller von Lucien Chauvière sowie der richtungweisende luftgekühlte Gnôme-Rotations-Sternmotor der Gebrüder Séguin. Frankreich hatte in der Luftfahrt in Europa, ebenso wie im Automobilbau, deutlich die Führungsrolle übernommen und sollte sie übrigens bis zum Ausbruch des Ersten Weltkrieges behalten.
Auch das Jahr 1910 brachte Neues in der Luftfahrt, wobei die verschiedenen Flugtage für neue Leistungen mitbestimmend und fördernd waren. Neben anderen fanden in diesem Jahre zwei große Flugveranstaltungen statt, einmal das «Meeting d'Aviation» in Nizza vom 10. bis 25. April sowie der «Circuito Aero Internationale» in Milano vom 24. September bis 3. Oktober, dessen Auftakt, die «Briger Flugwoche», dann noch auf tragische Art von sich reden machen sollte. In der Schweiz war man in den Jahren des Flugerfolges in Europa, vor allem hinsichtlich jenen im westlichen Nachbarland, nicht untätig geblieben, wenn auch vorerst noch erfolglos. Doch war gerade 1910 für die Motorfliegerei in unserem Lande ein denkwürdiges Jahr, gelang doch anläßlich des Internationalen Flugmeetings in Genf-Viry mit dem von den Gebrüdern Armand und Henri Dufaux aus Genf konstruierten Doppeldecker ein erfolgreicher Flug (Pilot war Armand Dufaux) von 31½ Minuten. Es war zugleich der erste größere Flug eines Schweizerpiloten mit einem in der Schweiz gebauten Flugzeug. Am 28. August 1910 startete Armand Dufaux in Noville, bei der Rhonemündung in den Genfersee, zu seinem eindrucksvollen Flug, der ihn in 56 Minuten, die ganze Länge des Genfersees überfliegend (66 km Luftlinie; 80 km Fluglinie) nach Genf brachte. Es war dies die längste Strecke, die bisher ein Flugzeug über Wasser zurückgelegt hatte, doppelt so lang wie jene Strecke, die Blériot beim Überflug des Ärmelkanals bewältigte. Der «Dufaux-Biplan» wurde in der Folge das erste erfolgreiche Flugzeug in der Schweiz. Es blieb glücklicherweise der Nachwelt erhalten und ist heute im Verkehrshaus der Schweiz in Luzern in der Halle Luftfahrt ausgestellt.

Die «Briger Flugwoche»

Im Anschluß an die Internationale Flugwoche in Luzern vom 10. bis 15. September 1910 rückte bereits die «Briger Flugwoche» vom 18. bis 23. September ins Blickfeld, die mit einem erstmals im Motorflugzeug durchgeführten Alpenflug als besondere Attraktion den Auftakt zum großem internationalen Mailänder Flugmeeting darstellen sollte. Die Idee, den Alpenwall im «Aeroplan», wie man das Flugzeug damals auch nannte, zu überfliegen, entstammte dem italienischen Journalisten Luigi Barzini, der sie anläßlich der Flugwoche in Reims flugbegeistert zum Ausdruck brachte. Das Mailänder Komitee beschloß am 19. Juli 1910 die Ausschreibung eines Preises von 100000 Lire für einen «Wettflug mit Flugmaschinen über die Alpen bis Mailand». Von dieser Summe – damals noch etwa im Wert des Schweizerfrankens – sollten 70000 Lire dem Sieger, deren 20000 dem Zweiten und schließlich 10000 Lire dem Dritten gehören. Sieger sollte jener kühne Aviatiker sein, der innerhalb von 24 Stunden nach dem Start zuerst in Mailand sein Flugzeug auf dem Lan-

deplatz ausrollen ließ. Der Gedanke eines Alpenüberfluges war beim damaligen Stand des Flugzeugbaues – relativ noch schwache Motorleistung sowie Rumpf- und Flügelkonstruktionen aus Eschenholz, Stahlrohre, Baumwollstoff sowie gummierte Leinenstoffe – ebenso phantastisch wie kühn, ja in gewissem Sinne geradezu verwegen, und doch vermochte er gerade in jener Pionierzeit zahlreiche Piloten zu begeistern. Bis zum 1. September erhielt die Sportkommission in Mailand immerhin acht Anmeldungen für den geplanten Alpenflug, darunter auch jene von Georges (Geo) Chavez, einem in Paris lebenden jungen und vermögenden Peruaner, der sein Fliegerbrevet – übrigens das 23. in Frankreich – am 15. Februar 1910 in Mourmelon-le-Grand auf einem «Farman»-Doppeldecker erflog. Er kaufte sich darauf eine Blériot Typ XI mit einem 50-PS-Gnôme-Sternmotor, wobei er mit dieser Maschine am 8. September 1910 in Issy-les-Moulineaux mit 2587 m einen neuen offiziellen Höhenrekord flog.
Zur Frage der Überflugsroute standen vorerst neben dem Simplon auch die Bündnerpässe Splügen und Maloja zur Diskussion. Schließlich fiel dann die Entscheidung zugunsten des Simplons, und der Paß, der während der Saumpfadzeit ein eher wechselvolles Geschick und ein eigentlicher Durchbruch nicht erlebte, geriet im Rahmen der neueren Verkehrsgeschichte nach dem Bau der ersten Fahrstraße über die Alpen sowie dem Bau des längsten Eisenbahntunnels der Welt nun mit dem ersten Alpenüberflug der aufstrebenden Motorfliegerei erneut und ein drittes Mal ins internationale Blickfeld. Dieser definitive Entscheid bewirkte nun im sonst eher stillen Brig eine geradezu hektische Atmosphäre, und die Vorbereitungsarbeiten wurden unverzüglich aufgenommen. Die Verhandlungen mit Mailand über Organisationsfragen verliefen indessen nicht ungetrübt: Bevor die Briger überhaupt Stellung nehmen konnten, forderte das Mailänder Komitee 20 000 Fr. und hatte sie auch schon «großzügig» als 2. Preis ausgeschrieben, obwohl diese beträchtliche Summe weder gesichert noch bewilligt war. Mailand, als große und reiche Stadt, konnte aus dem Vollen schöpfen und seinem flugbegeisterten Enthusiasmus freien Lauf lassen, die Stadt Brig hingegen war nicht auf Rosen gebettet und man wollte keine finanziellen Risiken eingehen, obwohl die überall erwachte Begeisterung zum bevorstehenden großen Ereignis eine sonst kaum gekannte Großzügigkeit zu Tage treten ließ. Nach Diskussionen einigte man sich schließlich mit Zustimmung des schweizerischen Flugkomitees auf den Betrag von 10 000 Fr., der dann als 3. Preis Verwendung fand. Am 31. Juli konstituierte sich das neunköpfige Briger Flugkomitee mit Josef von Stockalper als Präsident. Die großen Vorbereitungsarbeiten beschäftigten das Komitee von Beginn weg, vor allem die beiden Sekretäre, Franz Marty, Apotheker und Josef Escher, Hotelier. Dazu sei noch eine kurze «moderne» Reminiszenz erlaubt: Der Name Marty blieb auch später mit dem Chavez-Alpenflug verbunden, denn der Zufall wollte es, daß anläßlich der mit großer internationaler Beteiligung durchgeführten Chavez-50-Jahr-Gedenkfeier am 23. September 1960 – an der übrigens auch der Bruder von Geo Chavez teilnahm – sowie des Gedächtnisfluges vom 27. September 1970 der Sohn des einstigen Sekretärs vom denkwürdigen Flug, Dr. Arnold Marty, ebenfalls Apotheker in Brig und damals gleichzeitig Präsident der «Pro Simplon», diese Veranstaltungen organisierte und auch präsidierte. Das Briger Flugkomitee fand im weiteren tatkräftige Unterstützung durch den technischen Neuerungen gegenüber stets aufgeschlossenen Briger Arzt Dr. Guglielminetti, der infolge seiner bahnbrechenden Versuche zur Staubfreimachung der Straßen mit einem Teerbelag («goudronieren») auch den Übernamen «Dr. Goudron» trug. Dominierender Punkt bei den Vorbereitungsarbeiten des Briger Komitees war zweifellos die Kostenfrage. Am 21. August stimmte die Gemeindeversammlung in Brig, trotz heftiger Opposition der Sozialdemokraten, dem erforderlichen Beitrag von 4000 Fr. zu. Die Briger Hoteliers genehmigten zusätzlich 5000 Fr. und der Walliser Staatsrat gab schließlich noch die Zustimmung für eine Subvention von 3000 Franken sowie für den Sondereinsatz von 24 Gendarmen während fünf Tagen auf der Strecke Brig–Iselle.
Für den Startplatz auf einem ideal gelegenen Plateau in Ried-Brig waren 50 000 m² Land erforderlich und außerdem mußten 5 Flughangars sowie Sitzplätze für rund 5000 Personen erstellt werden.
Im weiteren war eine 40 km lange Telefonleitung mit 8 Fernsprechstationen nach Gondo zu verlegen, wobei das Mailänder Komitee die Telefonlinie von Gondo bis zum Simplonhospiz auf eigene Kosten baute. Die schweizerischen Behörden verpflichteten sich zudem zur Organisation eines umfassenden Signal- und Rettungsdienstes entlang der Flugroute, wozu man auch Automobile einsatzbereit hatte. Die damals außerordentlich wichtige Wetterberatung leitete der Direktor der Meteorologischen Zentralanstalt in Zürich persönlich. Um weitere aviatische Darbietungen zeigen zu können, verpflichtete das Briger Komitee zudem die beiden Schweizer Flieger A. Dufaux und E. Taddeoli, um mit dem «Dufaux-Biplan» sogenannte Schauflüge vorzuführen. In Domodossola stand eine Kompanie «Alpini» auf Pikett und ein großer Ballon wartete auf die Startmeldung aus Brig, um dann, am langen Seil hochgelassen, als weitherum sichtbare Landemarke zu dienen. Die Vorbereitungen waren getroffen – die «Briger Flugwoche» konnte beginnen. Brig war indessen auf den erwarteten Massenandrang vorbereitet, und wie es damals im Oberwalliser Städtchen ausgesehen hat, schildert uns eindrücklich Willi Bierbaum: «Ein Strom von Fremden ergoß sich nach Brig; die Züge vom 17. und 18. September 1910 fuhren überfüllt und selbst die Gänge, Stiegen, Fourgons, ja die Güter- und Viehwagen waren dicht besetzt. ... Wie von einem Magneten angezogen, schnaubten von allen Seiten die Automobile – hochachsige Wagen – in endlosen Karawanen zwischen Fahrzeugen aller nur erdenklichen Art heran und erfüllten die Stadt mit Rasseln, Hupenlärm und Gestank. Hunderte von Journalisten warteten in gehässiger Ungeduld und die Weltenbummler beeilten sich, die nie mehr wiederkehrende Sensation sich nicht entgehen zu lassen! Brig glich einem Wallenstein'schen Lager. Die Sprachen aller Herren Länder schwirrten durcheinander, und eine seltsam-nervöse Stimmung lag über der sonst so beschaulichen Stadt».
Bis zum 18. September, dem offiziellen Beginn der Flugwoche, hatten sich insgesamt 10 Piloten für den Alpenflug gemeldet. Doch erschienen schließlich nur fünf (Chavez, Cattaneo, Wiencziers, Weymann und Paillette) in Brig, um die 120 km lange Strecke Brig–Milano zu überfliegen. Der

Auftakt der «Briger Flugwoche» verlief indessen recht turbulent. Wie schon zwei Monate zuvor geplant, hätte die Flugwoche am Sonntag beginnen sollen. Das Datum des 18. September fiel jedoch unglücklicherweise mit dem Eidgenössischen Bettag zusammen. Noch unglücklicher war aber der Umstand, daß man dies zuständigenorts erst fünf Tage vor Flugbeginn feststellte, worauf der Walliser Staatsrat mit Dekret ein für den Sonntagvormittag geltendes absolutes Startverbot verhängte. In Mailand und Domodossola reagierte man denn auch verärgert und mit südländischem Temperament, was sich auch in der italienischen Presse niederschlug. Die Briger hingegen, über welche damals in den italienischen Blättern nicht eben viel Lobenswertes zu lesen war, blieben kühl und betonten mit Nachdruck, «daß man die Verfügungen der Walliser Regierung zu respektieren habe». Verärgert waren selbstverständlich auch die Flieger, von denen Cattaneo, Chavez und Weymann ihre von den Mechanikern fertigmontierten Maschinen am Samstagabend flugbereit in den Hangars stehen hatten. Besonders Chavez ließ seinem Unmut freien Lauf: «Ich bin wahrhaftig nicht hergekommen, um mich hier als Volksbelustigung behandeln zu lassen, die man verbieten und gnädigst gestatten kann, wie man es mit fahrendem Zigeunervolk macht oder mit Besitzern von Jahrmarktbuden. ... Ich will ja gar keine Menschen um mich haben, ich will nur zwei Kommissäre, die als Zeugen anwesend sind, wenn ich am Sonntag früh um 6 Uhr mit meiner Maschine zum Kampf um die Alpen antrete. Man weiß ganz genau, daß der Alpenflug nur in den Morgenstunden gewagt werden kann, weil später die Gegenwinde aus dem Süden zu stark sind». Chavez hatte vor der Flugwoche zusammen mit seinem Mechaniker und einem Freund den Simplon gründlich rekognosziert und kannte sich aus. Der 18. September begann denn auch als strahlend-schöner Sonntagmorgen. Wenn Chavez nach seinem Willen frühmorgens hätte starten können, wäre vielleicht der Flug über den Simplon geglückt, und man hat dann auch nachträglich in stummer Anklage das allzu pedantisch dekretierte und gehandhabte Verbot als Mitschuld für den unglücklich verlaufenen Flug vom 23. September ins Feld geführt. So einfach war die Sache nicht. Zuweilen, damals wie heute, hat sich der Mensch Höherem zu beugen, und auch Geo Chavez' Schicksal schien bestimmt. Er mußte, zusammen mit seiner Maschine, jenen gigantischen Kampf im Reich der Lüfte ausfechten, um die Alpenwelt im historischen Flug zu bezwingen. Sein Tod wartete nicht am Seehorn, nicht in der schroffen Gondoschlucht, sondern unten im weiten grünen Tal der Tosa. Dort war der Punkt, unausweichlich, und der 23. September der vorbestimmte Tag, an dem sein kometenhafter Aufstieg am Fliegerhimmel so jäh erlöschen sollte. Doch nun zurück zur Flugwoche. Als dann um 12 Uhr mittags das Flugverbot aufgehoben wurde, weigerten sich die Piloten – trotz bestem Flugwetter und rund 2000 Zuschauern – Flüge durchzuführen. Ein Briger Hotelier stiftete 1000 Franken für einen Schauflug, vermochte aber damit die Piloten, vor allem die beiden fliegenden Millionäre Chavez und Weymann, nicht umzustimmen. Zum Ärger der Veranstalter und der Zuschauer blieb dann die nur für den Morgen vorgesehen gewesene Sonntagsruhe den ganzen Tag über bestehen.

Geo Chavez' dramatischer Simplonflug

Den ersten Anlauf zum Überflug unternahm Chavez in den frühen Morgenstunden des 19. September bei noch recht günstigem Flugwetter. Um 6.16 Uhr hob die mit einem 50-PS-Gnôme-Motor ausgerüstete zierliche Blériot vom kleinen Flugfeld in Ried-Brig ab und strebte dann nach 17 Minuten Steigflug dem Simplonpaß zu. Inzwischen war auch Weymann aufgestiegen und versuchte in weitausholendem Kurvenflug Höhe zu gewinnen. Noch während Weymann mit seiner schweren Farman über Ried-Brig kurvte, kam Chavez zurück und setzte um 6.37 Uhr seine Blériot wieder auf die Graspiste. Mißmutig entstieg er dem Pilotensitz; aufkommendes Schlechtwetter mit starkem Wind, Kälte und Nebelschwaden auf der Paßhöhe zwangen ihn zur Rückkehr. «Ma peau vaut plus que 70000 francs», bemerkte Chavez nach seinem mißglückten Flug, der ihm übrigens am Glishorn noch beinahe zum Verhängnis geworden wäre, und den anwesenden Reportern erklärte er resigniert: «Es ist ein tolles Unterfangen, und nur ein Mensch, dem nichts am Leben liegt, kann dabei den Tod als Siegespreis gewinnen». Diese düstere Vorahnung sollte sich nur allzu rasch bewahrheiten. Eine anhaltende Schlechtwetterlage mit starkem Wind und empfindlicher Kälte verunmöglichten aber dann praktisch jeden Flugbetrieb bis am Freitag, nur zwischendurch war ein kleiner Rundflug über der Rhoneebene durchführbar. Außer Chavez und Weymann hatten alle Piloten ihre Maschinen bereits wieder demontiert. Doch dann kam jener bedeutungsvolle Tag, der in die Geschichte der Luftfahrt eingehende 23. September 1910. An jenem Freitagmorgen klarte plötzlich der Himmel auf. Trotz Kälte und leichtem Wind war Chavez entschlossen, die sich nun bietende Chance auszuwerten. Er fuhr in seinem Wagen vorerst hinauf zum Hospiz, «um die Luftwirbel über dem Paß zu beobachten». Chavez war offenbar von den Windverhältnissen auf dem Paß nicht beunruhigt, doch riet man ihm bei der Rückkehr, den geplanten Flug infolge der herrschenden Windverhältnisse auf den folgenden Tag zu verschieben. Sein Konkurrent Weymann stieg inzwischen auf, konnte aber mit den erreichten 1400 m keinen Paßüberflug riskieren. Chavez war unschlüssig; nervös und gereizt erschien er schließlich um die Mittagszeit auf dem Startplatz. «Je pars! Il faut que je parte!» Der folgenschwere Entschluß war gefallen. Um 13.30 Uhr startete Chavez mit seinem Eindecker in Ried-Brig zu jenem unglücklich verlaufenen Siegesflug, der zugleich auch sein letzter Flug werden sollte. Vorerst flog er große Kreise über Brig bis seine Maschine etwa 2500 m Höhe erreicht hatte und nahm dann südlichen Kurs über Roßwald, entlang des Mäderhorns und des Kaltwassergletschers. Um 13.50 Uhr überflog Chavez in nur 150 m Höhe das Simplonpaßplateau. Geplant war der Flug weiter über Simplon-Dorf–Gstein / Gabi–Zwischbergen–Passo di Monscera und von dort parallel zum Valle die Bognanco nach Domodossola. Über Gstein / Gabi jedoch wurde Chavez vom ursprünglichen Kurs in östlicher Richtung abgetrieben, da sich am Ausgang des Laggintales die starken Fallwinde vom Weißmies her bemerkbar machten, denen der 50-PS-Motor des leichten Blériot-Eindeckers nicht gewachsen war. Chavez wurde in die Gondoschlucht abgedrängt, wobei er nur knapp einem Zusammenstoß mit der Felspyra-

154. Geo Chavez

155. Chavez' Blériot startbereit in Ried-Brig

mide des Seehorns entging. Der Flug über der wilden Gondoschlucht und dem oberen Val Divedro mit den dort herrschenden unberechenbaren Windverhältnissen machten dem Flieger schwer zu schaffen. Doch gelang wie ein Wunder der Flug nach Domodossola, wo Chavez nach genau 42 Minuten Flugzeit zur Zwischenlandung ansetzte. Aus etwa 1000 m Flughöhe peilte er in steilem Stechflug den südlich Domodossolas liegenden Landeplatz an, wo sich bereits eine große Menschenmenge zu seinem triumphalen Empfang versammelt hatte. In etwa 20 m Höhe hat Chavez dann seine Maschine vermutlich etwas brüsk aufgerichtet, worauf beim nochmaligen Vollgasgeben mit gleichzeitigem Abfangen in die Horizontale plötzlich beide Tragflächen nach oben wegbrachen. Der flügellose Rumpf sackte ab und schlug hart am Boden auf. Entsetzen zeichnete die eben noch kurz zuvor vor Begeisterung freudigen Gesichter der Zuschauer – der Sieg hatte sich zur Katastrophe gewandelt. Bewußtlos und mittelschwer verletzt – es waren keine lebensgefährlichen Verletzungen – zog man Geo Chavez aus den Trümmern der Blériot heraus, und als er dann für kurze Zeit das Bewußtsein wieder erlangte, wollte man ihm Mut zusprechen. Doch Chavez erwiderte fast gekränkt: «Oh mes amis, j'ai eu du courage!» Als man dann anschließend noch etwas über den Flug erfahren wollte, rief Chavez ärgerlich: «Taisez-vous! – c'était terrible, vraiment terrible!» Dieser Flug sollte denn auch sein Geheimnis bleiben, da über den Verlauf nie jemand etwas erfahren hat, weil Chavez bis zu seinem Tode das klare Bewußtsein nicht mehr erlangte. Sowohl in Brig wie in Mailand wirkte die Hiobsbotschaft wie eine Bombe, und Telegraf und Telefon brachten die traurige Kunde hinaus in alle Welt. Chavez lag mit gebrochenen Beinen, Prellungen und Schürfungen sowie einem schweren Schock in Domodossola im Spital, wo sich die besten Ärzte um ihn bemühten. Trotzdem verschlechterte sich sein gesundheitlicher Zustand zunehmend. Zu groß waren die physische Beanspruchung und die psychische Belastung während dieses 42minütigen Alpenfluges. Wie es ein damaliger italienischer Arzt darlegte, wäre Chavez wohl auch mit leichteren Verletzungen nicht am Leben geblieben: «Er überwand alle Schwierigkeiten, aber auf Kosten seines Lebens, dessen Kraft in den 42 Minuten seines Fluges ebenso vollständig wie in langen Jahren ordentlicher Lebensführung ausgegeben wurde ... Chavez wäre sehr wahrscheinlich auch ohne den Sturz und die dadurch verursachten Verletzungen gestorben, weil sein ganzer Organismus bereits durch einen titanischen Kampf und eine Furcht im physiologischen Sinne, welche die wichtigsten Lebenselemente zum Stillstand bringt, erschöpft war. ... Die vorhergegangene Nervenanspannung war so stark und vielfältig, daß auch ein völlig gestählter Organismus hätte unterliegen müssen».

Doch Chavez' Lebenswille war ungebrochen und mit dem kleinen verbliebenen Rest seiner Energie kämpfte er während fünf Tagen hart und verbissen um sein Leben. In den Fieberträumen der Agonie durchlebte er nochmals diesen von Kampf und Tragik gekennzeichneten Flug: «La hauteur

... la hauteur!», rief er verzweifelt. «Quel vent! Quel vent! – Il faut ajouter deux centimètres ... d'essence ... – Le moteur ... le moteur ... je dois m'abaisser – Atterrir – atterrir». Am 28. September starb Geo Chavez 23jährig im Spital zu Domodossola. «Je meurs! Je ne veux pas mourir! – Non, non ... je ne meurs pas ... ne meurs pas», waren seine letzten Worte. Der Tod, der ihm während des Fluges oft so nahe stand, blieb Sieger. Der tote Chavez wurde durch das Simplonmassiv, das er wenige Tage zuvor dem stolzen Adler gleich überwunden hatte, nach Brig zurückgeführt, wo ihm eine Delegation des Briger Komitees und die Bevölkerung die letzte Ehre erwiesen. Der Sarg wurde anschließend nach Paris überführt, wo er im Friedhof Père Lachaise im Beisein hoher Persönlichkeiten beigesetzt worden ist. Später dann erfolgte die Überführung der sterblichen Hülle nach Lima in Peru, der Heimat von Geo Chavez.

Das Erbe von Geo Chavez

Geo Chavez war tot, sein Pioniergeist aber blieb lebendig, und sein kühner, wagemutiger Alpenflug war Ansporn und Verpflichtung zugleich für die noch junge Aviatik. Kurz nach Oskar Biders Pyrenäenüberflug startete am 25. Januar 1913 in Ried-Brig der Peruaner Bielovucic auf einem 130-PS «Hanriot»-Eindecker und flog in 29 Minuten nach Domodossola, wo er an der gleichen Stelle landete, an welcher sein unglücklicher Landsmann als gebrochener Sieger aufschlug. «Gloire à Chavez», waren seine ersten Worte nach der Landung. Geo Chavez war gerächt. Trotz des wesentlich stärkeren Motors und der moderneren Maschine blieb auch der Flug Bielovucics, der zeitweilig in 3500 m Höhe und bei Temperaturen um minus 5 Grad verlief, nicht ohne Tücken. Bielovucic bekam während des Überfluges bereits über das Paßhöhe heftige Windböen zu spüren, so daß er sich im Flugzeug festhalten mußte. Er bemerkte denn auch nach der Landung: «Nie zuvor hatte ich mich in so zweifelhafter Lage befunden. Ich hatte das Gefühl über dem Meere zu fliegen, die Gipfel und Felskuppen wirkten wie Wellen in der weißen Unendlichkeit des Schnees». Im Gegensatz zu Chavez hatte Bielovucic nach Simplon-Dorf ruhige Luft und flog programmgemäß über Zwischbergen–Monscerapaß nach Domodossola. Als Navigationshilfsmittel dienten wie bei Chavez Feuerzeichen, Tücher und Flaggen. Auch Oskar Bider setzte am 13. Juli 1913 anläßlich seines denkwürdigen Alpenfluges mit einem 80-PS-Blériot-Eindecker von Bern nach Mailand an Chavez' Absturzstelle in Domodossola zur Zwischenlandung auf. Im Jahre 1914 gelang dem Italiener Landini erstmals ein Passagierflug mit einem Doppeldecker von Sesto-Calende über den Monte Rosa nach Sierre. Der Mythos war gebrochen – die Alpenflüge wurden langsam zur Selbstverständlichkeit. Noch einmal, im Jahre 1935, ließ eine bedeutende Leistung aufhorchen, als der Schweizer Pilot Hermann Schreiber anläßlich des internationalen hochalpinen Segelfliegerlagers

auf dem Jungfraujoch mit einer deutschen «Condor» vom Joch über das Simplonmassiv nach Domodossola und anschließend über das Centovalli nach Bellinzona flog. Diese eindrucksvolle Leistung brachte dem erfolgreichen Piloten an der Berliner Olympiade 1936 nachträglich noch die Goldmedaille. Die erste wirkliche Alpenüberquerung im Segelflugzeug gelang Hermann Schreiber am 6. August 1937 mit einer schweizerischen «S 18» von den Rochers de Naye über das Wallis und den Simplon nach Domodossola und schließlich nach Palagnedra im Centovalli. Wie seinen Vorgängern machte der Simplon mit seinen Windböen auch Schreiber zu schaffen. In seinem Flugbericht schreibt er vom Simplon folgendes: «Hier änderten sich die Luftverhältnisse fast schlagartig. Die Walliser Luft liegt hinter mir. In trüben, undurchsichtigen Luftschwaden schwimmen vereinzelte Wolkenfetzen herum. Es riecht nach Kohlenrauch. Kurze, harte Böen greifen nach meinem Vogel. Es scheint, als wolle der Berg uns nochmals zu Leibe rücken. Tief im Dunklen, am Fuße unheimlicher Felswände, erkenne ich die Dächer von Gondo und Iselle. Mein Flug führt in gerader Richtung am Camozellhorn vorbei nach Domodossola. Die eben noch unheimlich böige Luft beruhigt sich, und in weichem leisem Gleitflug erreiche ich in über 2500 m das weite Tal von Domodossola». 27 Jahre nach Geo Chavez' unvergeßlichem, glorreichen und tragischen Flug war die Bezwingung der Alpen sogar im Segelflugzeug Tatsache geworden, und anläßlich des Chavez-Gedächtnisfluges im Jahre 1950 überquerte der Italienerpilot Bellivia die Alpen mit dem Helikopter. Geo Cha-

156. Chavez-Denkmal in Ried-Brig und Chavez-Brunnen in Brig

157. Die Trümmer des Blériot-Eindeckers bei Domodossola

158. Chavez-Denkmal an der Absturzstelle bei Domodossola ▷

vez' Vermächtnis war richtungweisend – mutige Männer hatten es zielbewußt zum Erfolg gebracht.

Man hatte Geo Chavez nicht vergessen. Nach seinem Todesflug entstanden zu seinen Ehren in Brig vor der Sebastianskapelle der Chavez-Brunnen und beim Startplatz in Ried-Brig der mit einem Adler gekrönte Gedenkstein. Auch in Domodossola wurde an der Absturzstelle ein Monument aus Granit errichtet. Zur Erinnerung an die kühne Tat fanden in den Jahren 1950, 1960 (50-Jahr-Jubiläumsflug) und 1970 Gedenkflüge statt, verbunden mit Feierlichkeiten in Brig und Domodossola.

Innerhalb weniger Jahrzehnte entwickelte sich das Flugzeug zum komfortablen, schnellen und sicheren Transportmittel für Menschen und Güter. Die «Straße der Luft» schuf neben Wasserweg, Landstraße und Eisenbahn die vierte Dimension in der Verkehrsgeschichte. Zwei Weltkriege brachten zudem neben dem kontinuierlichen Fortschritt dem Flugzeug eine beschleunigte technische Entwicklung, gestalteten es aber auch zur todbringenden Waffe um. Doch gerade heute in unserem hochtechnisierten Zeitalter, wo die bis 300 Tonnen schweren Jets des modernen Linienverkehrs die Alpenkette täglich dutzendemale und kaum mehr beachtet in großer Höhe überfliegen und die Distanz zwischen Ländern und Kontinenten auf relativ wenige Flugstunden zusammengeschrumpft sind, erscheint uns der wagemutige Flug von Geo Chavez auf seinem zierlichen Eindecker der Pionierzeit als die wirklich große, bahnbrechende Leistung.

CHAVEZ
1950

Die Simplon-Autostraße

Von der Postkutsche zur «Benzinkutsche»

Der Titel «Autostraße» kennzeichnet, als Unterschied zum Kapitel «Simplonstraße» mit Kutschen- und Fuhrwerkverkehr, die Zeit des motorisierten Verkehrs zwischen 1906 und 1960, also jenem Jahr, als die Simplonstraße Teil des schweizerischen Nationalstraßennetzes wurde. Mit dem Beginn des motorisierten Verkehrs am Simplon begann auf dieser Paßstraße jene neue Epoche, die nun während Jahrzehnten nicht nur in Volkswirtschaft und Politik, in Straßenbautechnik und Tourismus neue Akzente schuf und setzte, sondern ebenso eine interessante Entwicklung des motorisierten Handels- und Reiseverkehrs mit all seinen Aspekten aufzeigt. Das Zeitalter des Automobils brachte aber neben wirtschaftlichen Vorteilen und touristischen Reisefreuden auch den Automobilisten selbst sowie verschiedenen Ämtern, Behörden, Organisationen und Verbänden, ja sogar gelegentlich ebenfalls den kantonalen Parlamenten und den eidgenössischen Räten manche Sorgen und Probleme, von denen einige heute noch nicht gelöst sind, und überdies infolge gewandelten Zeitdenkens und veränderter wirtschaftlicher Strukturlage noch neue dazu gekommen sind. Die 1802/05 erbaute Kunststraße über den Simplonpaß galt nach ihrer Fertigstellung als richtungweisendes und vorbildliches Werk und besaß dank ihrer großzügigen Konzeption bereits mehrheitlich alle Voraussetzungen zur Bewältigung eines motorisierten Verkehrs. Den hohen Wert der Simplonstraße als vorzügliches bautechnisches Werk würdigte als kompetenter Fachmann auch Franz Wallack, der Erbauer der berühmten österreichischen Großglocknerstraße (1930/35): «Wer heute (1950) über die Simplonstraße fährt, kommt zu der Überzeugung, daß ihr Bau auch in unserer Zeit keine leicht zu bewältigende, sondern eine überaus schwierige Aufgabe wäre, und daß ihre Anlage richtunggebend für den Bau späterer Alpenstraßen geworden ist».

Als Carl Benz 1886 mit seiner dreirädrigen «Benzinkutsche» auf Probefahrt durch die Straßen Mannheims fuhr, ahnte er nicht, welch motorisierte «Blechlawine» er damit später ins Rollen gebracht hat, denn der erste Benz gilt als Urahn der modernen Automobilindustrie. Wenn auch damals noch die von Pferden gezogenen verschiedenen Kutschentypen, Omnibusse und schweren Fuhrwerke mehrheitlich die Straßen belebten, so erwuchs ihnen doch langsam vom aufkommenden Automobil ernsthafte Konkurrenz. In die ersten Jahre des 20. Jahrhunderts fällt denn auch die erste Überquerung des Simplons mit einem Automobil, die übrigens nachts – mit den damals üblichen Karbid- oder Petroleum-Scheinwerfern eine recht waghalsige Sache – und polizeiwidrig unter Täuschung des Briger Stadtpolizisten stattfand. Pilot des Wagens war ein Franzose, der sich – auf «napoleonischer» Fahrbahn – offenbar zu dieser «Ehre» verpflichtet sah. Die erste offiziell erlaubte Fahrt unternahmen im Jahre 1905 die beiden Herren Chessex und Faure vom ACS in Begleitung des Briger Stadtpräsidenten Seiler, was damals als Ereignis galt, denn außer der Südseite des Gotthardpasses, die seit jeher mit Motorfahrzeugen befahren werden konnte, blieben sämtliche übrigen schweizerischen Alpenstraßen für den Motorfahrzeugverkehr gesperrt. Weitsichtige Männer in den Kantonen Wallis, Tessin und Uri öffneten dem Automobiltourismus auf unseren Alpenstraßen den Weg. Durch Dekret des Walliser Staatsrates wurde am 12. Juni 1906 die Simplonstraße als erster durchgehend befahrbarer Alpenpaß der Schweiz an drei Tagen pro Woche für Motorfahrzeuge freigegeben. Im gleichen Jahre folgte auch die Nordrampe des Gotthards und der Brünig. Die vorliegenden guten Erfahrungen am Simplon brachten dann zunächst eine auf sechs Tage erweiterte Fahrmöglichkeit, wobei die Straße jeweils Donnerstags gesperrt und dem Alpvieh vorbehalten blieb. Ab 1909 fiel dann auch diese Einschränkung. Pro Fahrzeug wurde eine Taxe von 5 Fr. erhoben, und die erlaubte Höchstgeschwindigkeit betrug 10 km/h – in Kurven und Wendeplatten nur deren drei. Für die 42 km lange Strecke Brig–Gondo durfte die Fahrzeit 4½ Stunden nicht unterschreiten, später wurde sie dann auf 2½ Stunden herabgesetzt. Wer den Paß nachts überqueren wollte, brauchte eine Sonderbewilligung. Außer drohender hoher Bußen (bis 500 Fr.) bei Nichteinhalten der Fahrvorschriften blieb der Paß jedoch von weiteren Schikanen befreit, und Lenker sowie Insassen konnten sich dem Reiz der Paßfahrt und der Schönheit der Bergwelt widmen, was damals leider nicht etwa dem Regelfall entsprach.

Das Automobil erobert die Alpenpässe

Die Frühzeit des Automobiltourismus hatte indessen seine Probleme, besonders deshalb, weil man dem Auto feindselig gegenüberstand, vor allem aus dem Gewerbe der Pferde- und Fuhrhalter, dann aber auch in weiten Kreisen der Bevölkerung. Hauptgrund dazu mochten beim Bürger wohl die großen Staubfahnen gewesen sein, die sich auf den für einen solchen Fahrverkehr völlig ungeeigneten Naturstraßen trotz mäßiger Geschwindigkeit oft kilometerlang hinter einem Auto herzogen. Allerdings hätte man in der Schweiz für dieses Problem damals schon den Fachmann und damit die Chancen zur Behebung gehabt, denn der Erfinder bzw. Wiedererfinder der Straßenteerung (goudronieren) war der Briger Arzt Dr. Guglielminetti – er trug daher den Übernamen «Dr. Goudron» –, welcher 1901 erstmals in größerem Versuch in Monaco ein längeres Straßenstück mit einem Teerbelag erfolgreich staubfrei machte. Die ersten Versuche mit der Straßenteerung in der Schweiz erfolgten in den beiden Kantonen Genf und Waadt, wo 1906 im Rahmen größerer Versuche 44 000 m² (Genf) und 123 500 m² (Waadt) öffentlicher Straßen mit dem Teerbindemittel staubfrei gemacht wurden. Dabei blieb es vorerst, und als Dr. Guglielminetti 1914 dem Verein «Schweizerischer Straßenfachmänner» ein Programm zur Staubfreimachung von 2000 km schweizerischer Hauptstraßen vorschlug, wunderte man sich ob solch «un-

vernünftiger Utopie». Es dauerte dann bis in die zweite Hälfte der zwanziger Jahre, bis endlich die wichtigsten der damals schon rege befahrenen Hauptstraßen – der schweizerische Motorwagenbestand betrug 1928 bereits 63311 Einheiten, davon 50168 Personenwagen – den Asphaltbelag bekamen und die Alpenstraßen blieben bis Ende der vierziger, ja teilweise bis weit in die fünfziger Jahre hinein nicht ohne Staubwolken. Es war aber nicht nur der Staub, der damals das Autofahren beeinträchtigte. Eine Autofahrt war damals eher ein «Spießrutenlaufen», «gewürzt» mit Dutzenden verschiedener kantonaler Vorschriften, geballten Fäusten und Schimpfwörtern, Steinwürfen, Nägelstreuen sowie Beschädigungen an Motorwagen und gar tätlichen Ausschreitungen. Es klingt heute fast unglaublich, daß einzelne ACS-Sektionen ihren Mitgliedern empfahlen, die Sonntagsfahrt in den Vorarlberg, in den Schwarzwald oder nach dem Elsaß zu verlegen, weil man dort wenigstens unbehindert auf den Straßen zirkulieren konnte. Die vorgeschriebenen Maximalgeschwindigkeiten in der Schweiz betrugen teilweise 15, 10, 8 und gar nur 6 km/h, dazu noch verbunden mit unverhältnismäßig hohen Bußen und Strafen bei Übertretungen. Dies alles wurde denn auch bald in der Auslandpresse mit Namen wie «Strauchdiebe» und «Wegelagerer» – und das waren noch die mildesten – entsprechend quittiert und führte schließlich 1905 zum Boykott der Schweiz durch den FIA (Fédération Internationale des Automobilistes), der dann dank energischer Bemühungen des Automobilclubs der Schweiz sowie dem Goodwill der Deutschen ein Jahr später provisorisch, aber erst 1911 definitiv aufgehoben wurde. Zu den erwähnten Schwierigkeiten gesellten sich im weiteren noch sehr oft technische Probleme, denn die damaligen Motoren waren, obwohl sie die Kinderkrankenheiten im allgemeinen bereits hinter sich hatten, noch immer eine verhältnismäßig störanfällige Mechanik, besonders wenn sie, ebenso wie Bremsen und Kupplungen, bei Fahrten auf Paßstraßen überfordert wurden. Es war die Zeit, wo man in Illustrierten und Witzblättern ein Automobil kaum anders darstellen konnte als mit dem darunterliegenden reparierenden Chauffeur oder mit ratlos vor geöffneter Motorhaube stehendem Lenker und besorgten Mitfahrern. Auch am Simplon wußte man sich daher bei etwas lebhaftem Verkehr an den «anfälligen» Stellen oder in deren Nähe zu postieren, um dann gegebenenfalls mit «Abschleppdienst» oder mit sonstiger Hilfeleistung dem «echauffierten» und streikenden Benzinvehikel sowie seinen Insassen weiterzuhelfen. Am Simplon war eine solche Hilfe immer möglich, Siedlungen und Weiler waren nicht allzu weit voneinander entfernt und infolge eines täglich weiterhin verkehrenden Postkutschenkurses (s. Kapitel Simplonstraße) und des Pferdeschlittenbetriebes im Winter waren im Simplongebiet noch zahlreiche Pferde stationiert, die dann willkommene Helfer waren und zudem noch zusätzlichen Verdienst einbrachten. Neben dem finanziellen Zustupf lernte man aber auch die Touristen, und ab und zu wohl auch die unter polierter Motorhaube verborgene «Mechanik» etwas besser kennen, was gerade damals von großem Nutzen war und mithalf, gewisse Vorurteile abzubauen.
Trotz aller Hindernisse erfreuten sich die drei für Automobile freigegebenen Paßstraßen Gotthard, Simplon und Brünig – im Sommer 1914 folgten dann zusätzlich noch Furka- und Grimselpaß – zunehmender Verkehrsfrequenzen. Infolge der Maienfelder- (1907) und Zizerser-Initiative (1910) blieben Graubündens traditionelle Paßstraßen zum Nutzen der österreichischen und italienischen Pässe für den privaten Motorfahrzeugverkehr bis 1923 bzw. 1927 gesperrt. Welche Vorteile der inzwischen auf der Simplonstraße angewachsene Automobilverkehr brachte, zeigt eindrücklich ein Bericht des Walliser Staatsrats Kuntschen, worin er erwähnt, daß der Paß im Sommer 1913 von 1453 Motorfahrzeugen befahren worden sei, gegenüber 1177 im Vorjahr, wobei zudem nicht eine einzige Buße habe verhängt werden müssen. Die Gasthäuser an der Simplonroute, die sich nach der Eisenbahntunneleröffnung kaum mehr hätten erhalten können, gehörten nun zu den meistbesuchten in den Walliser Alpen. Es ist wenig bekannt, daß 1913 immerhin schon 10596 ausländische Motorfahrzeuge in unser Land einreisten, wovon kein geringer Teil die freigegebenen Pässe befahren hat, und der helvetische Fahrzeugpark umfaßte damals 5416 Motorfahrzeuge, davon 4665 Personenwagen. Der Ausbruch des Ersten Weltkrieges im August 1914 unterbrach dann diese erfreuliche Entwicklung abrupt. In den Jahren nach Kriegsende wehte indessen auch für den Automobiltourismus auf den Alpenstraßen vermehrt ein frischer Wind. Geblieben auf den befahrbaren Paßstraßen waren hingegen die von den betreffenden Kantonen erhobenen Straßentaxen, was ein eindeutiger Verstoß gegen Art. 30 der Bundesverfassung darstellte, vom Bundesrat aber bis zur erstmaligen Ausrichtung des Benzinzollviertels im Jahre 1929 geduldet wurde. Die Straßentaxe am Simplon, der von 5 Uhr bis 20 Uhr (im Oktober bis 15 Uhr) geöffnet war, betrug für drei Tage 5 Fr.; die gleichen Bestimmungen galten übrigens auch für den Großen St. Bernhard. Wer beispielsweise von Bellinzona über Gotthard, Furka, Grimsel und Brünig nach Luzern fahren wollte, wurde unterwegs nicht weniger als dreizehnmal kontrolliert und insgesamt fünfmal zur Kasse gebeten. An die hohen Unterhaltskosten der Alpenstraßen, die infolge der Motorisierung erheblich angestiegen waren und zum Teil aus den Straßentaxen finanziert wurden, bezahlte der Bund den Alpenstraßen-Kantonen lediglich den Beitrag von 530000 Fr. jährlich, der dann 1929 mit dem Benzinzollanteil entfiel, ebenso wie die Straßentaxen. Aus den Treibstoff-Importzöllen bezog der Bund in den Jahren 1901 bis 1910 gesamthaft 17000 Fr.; sie stiegen jedoch bereits 1926 auf 12,5 Mio., 1934 auf 47 Mio. und 1955 schließlich auf 156,6 Mio. Fr. (Als Vergleich dazu 1964: 461 Mio. und 1976: 1946,8 Mio., wovon 1108,2 Mio. Treibstoff-Grundzoll und 838,6 Mio. Fr. Zollzuschlag.) Zu diesen Einnahmen kamen noch die Erträge der Einfuhrzölle auf Motorfahrzeugen, die bereits 1926 rund 12,7 Mio., 1934 19,5 Mio., 1955 68 Mio. und 1964 rund 155,4 Mio. Fr. einbrachten. (Als Vergleich dazu 1972: 243,9 Mio. und 1976: 141,2 Mio. Fr.). Der Bund hätte demnach damals schon etwas tiefer in die Tasche greifen können, um den Alpenstraßenkantonen eine größere finanzielle Unterstützung an die Unterhaltskosten der Paßstraßen zu leisten, doch war man Ende der zwanziger Jahre noch nicht so weit, und mit dem Benzinzollviertel war immerhin ein vielversprechender Anfang gemacht.

159. Die gefällsstarken Kurven im Riederwald

160. Die alte Simplonstraße beim Hospiz

Verkehrsaufschwung und große Zeit des Reisens

Da der private Automobilverkehr auf den Alpenstraßen infolge der bereits geschilderten Maßnahmen nicht gerade attraktiv war oder eben gar verunmöglicht wurde, blieb es dann dem ab 1919 auf den Paßstraßen erscheinenden gelben «Car alpin» der Fahrpost vorbehalten, den eigentlichen Reiseverkehr auf den Bergstraßen einzuleiten und populär zu machen. Die eidgenössische Postverwaltung konnte damals dank der Bundeshoheit über das kantonale Automobilverbot hinweg ihre Linie einrichten, was allerdings auch dort nicht ohne Schwierigkeiten abging. Im Jahre 1919 fuhr das Postautomobil erstmals von Reichenau über Waldhaus nach Flims und als reiner Saison-Sommerkurs auf der Paßstrecke Brig–Simplon–Gondo. Schon im ersten Betriebsjahr benützten 1990 Reisende den noch etwas holperigen Postcar über den Simplonpaß, und 1921, als der motorisierte Postwagen auch über Grimsel, Furka, Oberalp und San Bernardino fuhr, beförderte man am Simplon bereits 2278 Personen. Waren diese ersten «Car alpins» für heutige Begriffe eher spartanisch ausgerüstet – Militärlastwagenchassis mit Vollgummibereifung und robuste wenig komfortable Karrosserie mit Holzbänken und Segeltuchverdeck – so zeigten sich doch die sich vermehrt einstellenden Fahrgäste – 1926 bereits deren 3588 – von einer motorisierten Paßfahrt begeistert. Weniger begeistert war man indessen beim kantonalen Baudepartement, da die schweren Postcars eine wesentlich höhere Beanspruchung der Paßstraße brachte. Die Simplonstraße aus dem Jahre 1805, die ja praktisch unverändert nun dem Motorfahrzeugverkehr zu dienen hatte, war für die damals zu erwartenden Beanspruchungen gebaut worden und das war neben dem üblichen Kutschen- und Fuhrwerkverkehr vor allem die Benutzung der von Pferden gezogenen schweren Artillerie. Später dann bildete der trabende Fünferpferdezug auf seinen 20 flinken Hufen und die vier Räder der nachfolgenden schweren Postkutsche, also ein Gewicht von etwa 40 Zentnern, das im 12-km-Tempo über die Straße rasselte, die maximale Straßenbeanspruchung. Die Staubentwicklung war auch bei regem Kutschenverkehr eher mäßig, und mehr als die damals verkehrenden Fahrzeuge machten Temperaturstürze, Regen, Hitze, Schnee und Eis sowie das auftretende Schmelzwasser der Straße zu schaffen. Das änderte sich jedoch mit den Motorfahrzeugen; der neue «Car alpin» der Postverwaltung hatte in den zwanziger und dreißiger Jahren immerhin ein Gewicht zwischen 8 und 10 t und fuhr mindestens im 30-km-Tempo in die Kurven, und der in jenen Jahren stärker aufkommende private Automobil-Touristikverkehr befuhr sie noch wesentlich schneller. In bezug auf die großzügig konzipierte Fahrbahnbreite von durchschnittlich 7 m vermochte die Simplonstraße den damaligen Verkehr spielend zu meistern, der Straßenbelag hingegen bekam vor allem in Kurven und Wendeplatten erhebliche Schäden. Auch auf dem nur teilweise mit staubfreiem Belag versehenen Zufahrtstraßen zum Simplon stiegen die Unterhaltskosten sprunghaft an. So mußte bereits 1931 der Kanton Waadt – als «Teilhaber» am Simplonverkehr – für 2114 km Kantonsstraßen 8,1 Mio. und der Kantons Wallis für 371 km Kantonsstraßen 2,9 Mio. Fr. aufwenden. Mit dem Alpenstraßenprogramm vom 4. April 1935 bestand dann endlich auch für die betreffenden Kantone eine gesetzlich verankerte Möglichkeit, die teilweise erheblich mitgenommenen Paßstraßen mit Bundeshilfe großzügiger als bisher ausbauen und dem angestiegenen Motorfahrzeugverkehr anpassen zu können. Mit Bundesbeschluß vom 6. April 1939 wurden dann aus den sogenannten Arbeitsbeschaffungskrediten zusätzliche Mittel für den Alpenstraßenausbau bereitgestellt.

Der private Motorfahrzeugverkehr begann sich trotz dem Postcar und seinen Vorrechten – es sei an das bis 1953 üblich gewesene unpopuläre Bergseitskreuzen erinnert – ab etwa 1923 auch auf den Alpenstraßen recht gut zu entwickeln. Im Jahre 1924 sind bereits 2852 private Autos über den Paß gefahren. Gestützt auf verschiedene Ermittlungen und einer vorsichtig berechneten Schätzung darf man annehmen, daß von Juni bis September 1928 etwa 3700 Automobile über den Paß gereist sind. An einem schönen Sommertag in der Ferienreisezeit des Jahres 1932 zählte ein Straßenmeister bereits ein Spitzenergebnis von 80 Fahrzeugen am Simplonpaß. Im Jahre 1936 erreichte der mittlere Tagesverkehr im Saisonmittel (Zählstelle Ried-Brig) 123 Motorfahrzeuge, davon 80 Personenwagen und 13 Lastwagen. In jenem Jahre fuhren im Reiseverkehr 262 455 ausländische Motorfahrzeuge über unsere Landesgrenze und unterstrichen damit die Stellung der Schweiz als bevorzugtes europäisches Ferien- und Reiseland. Damals, wie übrigens noch heute, besaßen die traditionellen Ferienwege über den Alpenkamm nach dem sonnigen Süden eine beinahe magische Anziehungskraft und die Schweiz mit ihren berühmten internationalen Alpen-Transitrouten war als «Tor zum Süden» geradezu prädestiniert, wobei seit jeher der eindrückliche Wechsel von der großartigen Szenerie der Bergwelt hinunter zu den zauberhaften Landschaften des Südens – wie er doch über den Simplonpaß so prägnant zum Ausdruck kommt – seine Reize nicht verloren hat. Die endzwanziger und die dreißiger Jahre waren die Zeit des großen Reisens, und die Verkehrsmittel erlebten in jenen Jahren eine ebenso schwungvolle wie eindrückliche Entwicklung. Auf der Schiene verkehrten neben Luxuszügen und Stromlinienloks die berühmt gewordenen Diesel- und Elektrotriebwagen, zu Wasser kämpften die damals ebenso berühmten Ozeanriesen um die begehrte Trophäe des «Blauen Bandes» und in der Luft begannen in der Glanzzeit der Zeppeline die Viermotorigen im Linienverkehr ein ernsthaftes Wort mitzureden. Aber auch die Straße – und mit ihr der Automobilismus – hatte ihre großen Zeiten, und das seit jeher automobilfreundliche Frankreich prägte dafür den richtigen Begriff: «Le grand Temps des Automobilistes» – eine Zeit, die nie wieder zurückkehrt. Es war die Epoche der robusten Vier- und Sechszylinder, der solide gebauten mittelschweren und schweren Limousinen, der sportlichen Roadsters, Coupés und Cabriolets sowie schließlich der ersten brauchbaren Kleinwagen, sie alle mit Namen bekannter Marken, die damals auf den blitzenden Chromrahmen ihrer Kühler prangten und größtenteils auch heute noch im modernen Straßenbild mit dabei sind. Es war aber auch die große Zeit der Acht- und Zwölfzylinder und jener schweren, geräumigen und luxuriös-repräsentativen Reisewagen mit großen und klangvollen Namen, die schon fast Legende geworden sind, und deren Automobilwerke längst nicht mehr bestehen. Auch der Simplon hatte damals seine großen Tage und eine

Paßfahrt in jenen Jahren, als die engen Galerien in den «Kalten Wassern» und die hohen Felswände der Gondoschlucht widerhallten vom kraftvollen ehernen Lied der «Langhub»-Motoren, blieb trotz der Staubwolken und einem noch nicht ins Detail perfektionierten Fahrkomfort ein unvergeßliches Erlebnis. Trotz den Auswirkungen der Weltwirtschaftskrise war die Reisefreudigkeit nicht eben groß beeinträchtigt – es war eine glückliche, unbeschwerte und weltoffene Reisezeit, und wer kein Automobil oder Motorrad besaß, wem die Bahn- oder Flugreise zu teuer war, der reiste eben damals per Fahrrad oder gar auf Schusters Rappen. Im Jahre 1938, trotz «Österreich-Anschluß» und Sudetenkrise die letzte ungetrübte Reisesaison vor dem Zweiten Weltkrieg, reisten im Fernverkehr über 430 000 ausländische Motorfahrzeuge in die Schweiz ein, davon 388 645 Personenwagen, 11 388 Cars und 15 845 Motorräder (Bestand Schweiz 1938: 97 395 Motorfahrzeuge, davon 74 923 PW) und in jenem Reisesommer dürften in den vier Monaten von Juni bis September täglich durchschnittlich 164 Motorfahrzeuge den Simplonpaß überquert haben. Obwohl der Verkehr nun auch am Simplon stark zugenommen hatte, bewältigte die aus dem Jahre 1805 stammende Straße – sie hatte auch damals noch keinen Asphaltbelag – den Verkehr mühelos, und noch 1939 erklärte Ingenieur Parvez vom «Service des Ponts, Chaussées, Chemins de fer et Mines» in Sitten von der Paßstraße folgendes: «La route du Simplon n'a donné lieu encore à aucune étude et aucun travail. Nous nous bornons pour le moment à assurer un entretien convenable.» – Ein vorzügliches Zeugnis des kantonalen Baudepartementes für die solide Ausführung der Straße. Aus anderer Perspektive sah es hingegen die ein Jahr zuvor gegründete Vereinigung «Pro Simplon», welche von Beginn weg für einen großzügigen Ausbau der Simplonstraße eintrat, und dieses Postulat bis zur beginnenden Realisierung im Jahre 1950 periodisch stets mit Nachdruck immer wieder vertrat. Der am 1. September 1939 ausgebrochene Zweite Weltkrieg ließ dann vorerst neben anderem auch die Ausbauwünsche in den Hintergrund treten, und die gesperrten Grenzen, die Benzinrationierung und die unterbundenen Reisefahrten setzten zugleich den Schlußpunkt hinter eine bedeutende Epoche der Reise- und Verkehrsgeschichte. Der Simplon sah, wie andere Pässe auch, seiner militärischen Bedeutung entsprechend, über 5½ Jahre lang vorwiegend «Feldgrau», wobei dann allerdings die Beanspruchung der Straße durch die schweren Motorwagen und Waffen der Armee erheblich gestiegen war.

Nachkriegs-Verkehrsaufschwung und Straßenausbau

Nach 1945 begann sich der private Automobilverkehr über den Paß, zunächst zögernd, dann vermehrt wieder etwas lebhafter zu entwickeln. Bereits 1948 betrug der durchschnittliche Tagesverkehr (Saisonmittel) wieder 248 Fahrzeuge. Der Paß besaß außer den drei aus der Mitte des vorigen Jahrhunderts stammenden Galerien in den «Kalten Wassern» keine Schutzbauten, somit war er jeden Winter während etwa vier Monaten für den Motorfahrzeugverkehr geschlossen. Da man die Straße jeweils im Herbst möglichst lange offen halten und im Frühjahr so rasch als möglich dem Verkehr wieder freigeben wollte, machte die Schneeräumung stets einen erheblichen finanziellen Aufwand erforderlich. Der Simplonwinter ist hart, ebenso schnee- wie tückenreich und läßt nicht mit sich spaßen. Besonders gefürchtet sind neben den unberechenbaren Lawinenzügen vor allem die plötzlich auftretenden heftigen Winde mit den heimtückischen Schneeverwehungen. Immerhin war die Simplonstraße im Zeitraum von 1948 bis 1968 im jährlichen Mittel während 223 Tagen für Motorfahrzeuge befahrbar, womit er zu den zeitlich am längsten befahrbaren Alpenstraßen gehörte. Bis zum Winter 1953/54 versah der Pferdepostschlitten (s. Kapitel Simplonstraße) den winterlichen Personen- und Gepäckverkehr, wobei die Postsendungen den Hauptanteil des Transportgutes stellten. Die im Winter 1931 am Simplon mit einem 7plätzigen Citroen-Kegresse-Postwagen mit Raupenbandantrieb durchgeführten Versuchsfahrten waren zwar erfolgreich, doch zum nach wie vor riskanten regelmäßigen Winterpostbetrieb konnte sich die Postverwaltung trotzdem nicht entschließen. Es blieb beim Versuch – der Simplonwinter war schließlich doch Sieger.

Im Jahre 1953 stieg der Fahrzeugverkehr am Simplon im täglichen Durchschnitt (Saisonmittel) auf 745 Einheiten an. Im gleichen Jahre wurde im August während vier Tagen eine Erhebung durchgeführt, die eine aufschlußreiche Aufteilung des Automobilverkehrs nach europäischen Ländern und schweizerischen Kantonen ergab. In den vier Tagen fuhren in beiden Richtungen gesamthaft 3311 Fahrzeuge über den Paß, davon 1963 ausländische und 1348 mit schweizerischen Kontrollschildern. Bei den Ausländern stammten die Fahrzeuge aus Frankreich (849), Italien (536), Deutschland (199), Großbritannien (159), Benelux-Staaten (202) und aus skandinavischen Staaten deren 18. Aus der Schweiz stellten die Autos aus den Kantonen Wallis (504), Waadt (223), Genf (167], Bern (130), Tessin (40) und Neuenburg (38) den Löwenanteil. Interessanterweise hat sich bis heute – außer kleinen Verschiebungen (s. Kapitel N9) und den natürlich wesentlich höheren Frequenzzahlen – in der Struktur der Zusammensetzung praktisch kaum etwas geändert. Ab 1953 begann die Zeit des Massentourismus und der hektischen Entwicklung des Straßenverkehrs. Es kam nun die zweite «große» Zeit des Reisens mit verstopften Straßen, im Dunst der Auspuffgase eingehüllten, kilometerlangen Fahrzeugkolonnen, Straßenbaustellen, steigenden Unfallzahlen, überfüllten Parkfeldern und Campingplätzen sowie mit abfallgesäumten Straßenrändern. Im Jahre 1955 stieg der tägliche Durchschnitt der durchfahrenden Motorfahrzeuge am Simplon (Zählstelle Gondo) auf 932 Fahrzeuge, und in jenem Jahre betrug die Einreise ausländischer Motorfahrzeuge in die Schweiz im Fernverkehr 1 682 665 Personenwagen, 47 941 Cars und 191 609 Motorräder. Der schweizerische Fahrzeugbestand, von dem sich zur Ferienzeit ebenfalls ein erheblicher Teil unterwegs befand, hatte sich auf 327 890 Motorwagen, davon 270 821 PW erhöht. Dementsprechend veränderten auch die Straßenrechnungen infolge Unterhalts- und Korrektionsarbeiten ihre Zahlen nach oben. So hatte beispielsweise der Kanton Waadt im Jahre 1955 für 2089 km Kantonsstraßen Aufwendungen von rund 23,7 Mio. und der Kanton Wallis für 1091 km Kantonsstraßen ganze 16 Mio. Fr. aufzubringen. Gestützt auf den Bundesbeschluß von 1935 bzw. 1947 galt

161. *Alt-Brig mit seiner berühmten Wegscheide*

die Simplonstraße als subventionsberechtigte Bergstraße (im Hauptstraßennetz) und wurde vorerst mit 54, später mit 65 Prozent Bundesanteil unterstützt. Sie war übrigens die einzige Paßstraße mit einer ursprünglichen durchschnittlichen Straßenbreite zwischen 7 und 8 m (als Vergleich: Gotthard, zwischen 5,7 und 7,7 m; Julier, Splügen, San Bernardino und Großer St. Bernhard rund 6 m; Klausen und Grimsel zwischen 4,8 und 5 m; Furka, Lukmanier und Flüela 4,2 m), und dies mag mit ein Grund gewesen sein, daß man sich an der Simplonstraße lange Zeit nur auf die dringend notwendig gewordenen Unterhaltsarbeiten konzentrierte. Das Walliser kantonale Baudepartement befaßte sich jedoch Ende der vierziger Jahre mit größeren Ausbau- und Korrektionsprojekten, die dann 1949 im Rahmen eines Dreistufenprogrammes zur Realisierung vorlagen. Der Große Rat bewilligte anschließend den dafür erforderlichen 20-Mio.-Kredit und im März 1954 gaben auch die Walliser Stimmbürger ihre Zustimmung. Für den Ausbau waren folgende Prioritäten vorgesehen: Im Verlaufe einer ersten Phase war geplant, die Gondoschlucht mit dem Erstellen von Lawinengalerien wintersicher auszubauen, damit Simplon-Dorf nach der bereits beschlossenen Aufhebung der Pferdeschlittenpost über Iselle einen ganzjährigen Anschluß nach Brig und dem Rhonetal bekam. Die zweite Phase umfaßte den Bau von Lawinengalerien, um den Verkehr vor großen Lawinenzügen zwischen Rothwald und Simplonkulm zu schützen, und daß die Straße im Herbst länger befahrbar blieb und im Frühling früher geöffnet werden konnte. Die dritte Phase konzentrierte sich auf die restliche Korrektion der Straße und erforderliche Trasseeänderungen sowie zusätzliche Lawinenverbauungen und Schutzbauten, um der Straße eine höhere Leistungsfähigkeit und größtmögliche Wintersicherheit geben zu können.

Beim Beginn dieser Arbeiten im Jahre 1950 waren von den 42 km zwischen Brig und Gondo nur 5 km asphaltiert, die übrigen 37,5 km präsentierten sich noch im «paradiesischen» Zustand der ehemaligen Kunststraße mit Naturbelag mit all den bekannten und im Verlaufe dieses Kapitels erwähnten Unzulänglichkeiten. Zwischen 1950 und 1960 wurden auf der Nordseite die Straßenabschnitte Brig bis Ried-Brig, Schallberg–Brunnen und Ganterbrücke–Rothwald sowie auf der Südseite Niederalp–Engeloch, Maschenhüs-

162. Der Simplon-Postcar oberhalb von Brig

163. Die Simplonstraße im Gantertal

164. Die Bleiken-Kapelle beim «Point Commandé»

165. Zwei Zeitalter begegnen sich beim Kapfloch

166. Postcar um 1919 vor der Alten Galerie

167. Nordportal der Kaltwasser-Galerie um 1939

168. Die Alte Galerie und einstige Fahrstraße heute

169. *Das Simplonhospiz im Winter*

Eggen, Simplon-Dorf–Gstein/Gaby–Casermetta und Gondo–Landesgrenze auf 7 m Fahrbahnbreite ausgebaut und asphaltiert. Zusätzlich zum Straßenausbau entstanden in der Gondoschlucht unter nicht immer günstigen Arbeitsvoraussetzungen 800 m Lawinengalerien und 300 m Brücken. Die Paßstrecke war bereits ab 1957 praktisch durchgehend mit Belag versehen – davon 18,5 km provisorisch staubfrei – und auf 19 km dem modernen Verkehr entsprechend korrigiert und ausgebaut, was sich auch im Hinblick auf den Straßenunterhalt positiv auswirkte, und die Gesamtausbaukosten zusammen mit den aufwendigen Kunstbauten betrugen rund 23 Mio. Franken. Doch das Geld war gut investiert, denn die Verkehrszunahme am Simplon rechtfertigte den großzügigen Ausbau. Im Jahre 1960 passierten immerhin im täglichen Durchschnitt 2177 Motorfahrzeuge (Saisonmittel) diese wichtige Alpen-Transitroute. Der in jenen Jahren der Hochkonjunktur allgemein rasch zunehmende Motorfahrzeugverkehr belastete aber auch in zunehmendem Maße das übrige Hauptstraßennetz, also auch die Zufahrten zum Simplonpaß. So baute der Kanton Waadt mit erheblichem finanziellem

170. Früher Automobilverkehr beim Simplonhospiz

171. Der Adler am Simplon

Aufwand Ende der fünfziger und im Verlaufe der sechziger Jahre zwischen Lausanne und der Kantonsgrenze bei St. Maurice verschiedene Straßenstücke aus, unter anderen die «Correction du Dézaley» für 6,7 Mio. Fr., wobei auch großzügige Umfahrungen (z. B. jene von Cully zwischen Lausanne und Vevey und die Umfahrung von Aigle) ausgeführt worden sind. Der Kanton Wallis widmete sich im gleichen Zeitraum vor allem dem zeitgemäßen Ausbau der Kantonsstraße (s. Kapitel N9) zwischen Martigny und Brig, die bis zur Fertigstellung der Autobahn N9 im Rhonetal als bedeutendste Zu- und Wegfahrt des Simplonpasses weiterhin diese wichtige Aufgabe zu erfüllen hat. Im Jahre 1960 verzeichneten in der Straßenrechnung der Kanton Waadt mit 2371 km Kantonsstraßen Aufwendungen von 37,7 Mio. und der Kanton Wallis mit nun 1109 km Kantonsstraßen solche von 22,1 Mio. Fr. Mit der Aufnahme der Simplonpaßstraße ins schweizerische Nationalstraßennetz im Jahre 1960 bekam auch der traditionelle Paß in den Westalpen im Rahmen des modernen Straßenverkehrs erneut mehr Gewicht, und wurde in der Folge zur praktisch ganzjährig befahrbaren internationalen Transitstraße ausgebaut.

GEBIRGS
1939-1945

172. Die Simplonstraße in den zwanziger Jahren

173. Vier Denkmäler berühmter Männer am Simplon

MAGNO
VIAM ISTAM

MDCCCV
NAP. IMP.

ZUM EHRENDEN ANDENKEN

174. Die alte Simplonstraße unterhalb Engiloch

175. Simplon-Dorf in den zwanziger Jahren

176. Französischer Meilenstein und Walliser Kilometerstein

HÔTEL DE LA POS
SIMPLON

BRIGUE
9
LIEUES
A. DOMO
5

BIS
BRIG
KIL. 31
BIS
DOMO
DOSSOLA
KIL. 31

177. Schutzhaus Nr. 9 Casermette und gleichnamige Brücke in der Gondoschlucht

178. Südportal der alten Gondogalerie

179. Postcar um 1930 in der unteren Gondoschlucht

180. Die Simplonstraße im Val Divedro bei Varzo

181. Alt-Domodossola mit Simplonstraße

182. Die Simplonstraße am Langensee bei Belgirate

Die Simplon-Nationalstraße N9

Die N9 und das schweizerische Nationalstraßennetz

Befaßte sich das vorangegangene Kapitel «Simplon-Autostraße» im wesentlichen nur mit Geschichte, Ausbau und Verkehrsentwicklung auf der Kantonsstraße (heute Hauptstraße T9) bis 1960, so behandelt dieses Kapitel ausschließlich die Nationalstraße und ihre Aspekte ab 1960. Die einst im Endausbau rund 230 km lange Nationalstraße N9 von Vallorbe bis Gondo folgt in verkehrsgeographischer Richtung und mehrheitlich auch im Streckenverlauf – wie einst die erste Fahrstraße und später die Kantonsstraße – dem Handelsweg des Mittelalters. Bis zum Herbst 1977 standen von der gesamten Nationalstraßenstrecke 87,4 km in Betrieb, davon 47,7 km vierspurige Autobahn (Lausanne–Aigle) und 39,7 km zweispurige Straße (Brig–Gondo) für Gemischtverkehr. Die Nordwest-Südost-Transversale N9 ist nicht nur ein wichtiger Teil des schweizerischen Nationalstraßennetzes, sondern zugleich auch ein bedeutender Bestandteil der europäischen Fernverkehrsstraße E2, die aus dem nebligen Nordwesten Europas von London und dann auf dem Festland ab Calais über Reims–Dijon–Pontarlier–Vallorbe–Lausanne–Sion–Brig–Simplon–Domodossola–Arona – Milano – Bologna–Ancona–Pescara nach Brindisi unter dem blauen, sonnigen Himmel Süditaliens führt. Die N9 führt vorerst als zweispurige Straße für Gemischtverkehr von Vallorbe bis Orbe (13,4 km) und dann von dort bis zum Anschluß Chavorney über 3 km als vierspurige Autobahn. Ab Chavorney verläuft dann die N9 zusammen mit der N1 auf eine Länge von 18,5 km trasseegleich bis zum Verteiler Villars-Ste-Croix (Umfahrung Lausanne), wo sich die beiden Autobahnen wieder trennen und die N9 auf eigenem Trassee ihre Richtung nimmt. Vom Verteiler Villars-Ste-Croix bis Brig (148,5 km) verläuft dann die N9 durchgehend vierspurig, wobei die Simplon-N9 beim Anschluß Gamsen vor Glis die Vollautobahn ablöst und die 46 km lange eigentliche Paßstrecke bis Gondo als zwei- und teilweise dreispurige (Kriechspur)Straße für Gemischtverkehr den Verkehr südwärts leitet. Auf italienischer Seite beginnt die Autobahn E2 – und das wird voraussichtlich auch noch einige Zeit so bleiben – erst drei km südlich von Sesto-Calende bei Vergiate und die 92 km lange Simplonstraße in Italien ist ab Landesgrenze bei Gondo über Domodossola–Vogogna-Cuzzago–Gravellona-Stresa-Arona bis Sesto-Calende mit der italienischen Staatsstraße Nr. 33 identisch.

Das in der Projektierung festgelegte schweizerische Nationalstraßennetz wurde anläßlich der Sommersession des Jahres 1960 durch National- und Ständerat genehmigt. Es ist in drei Hauptkategorien eingeteilt: 1. Die Überlandstrecken im Mittelland und Jura als Verbindungen der zentralen Orte hoher Stufe und damit auch ganzer Landesteile; 2. die Verbindungen der einzelnen auf eine Stadt ausgerichteten Äste der Nationalstraßen innerhalb des eigentlichen Stadtgebietes als sogenannte Expreßstraßen oder vollwertige Stadtautobahnen; 3. die Transitverbindungen über die Alpen. Im Jahre 1966 umfaßte das Nationalstraßennetz (1., 2. und 3. Klasse) insgesamt 1770 km, wovon damals 162 km (20%) Straßen 1. Klasse, 98 km (19%) Straßen 2. Klasse und 105 km (24%) Straßen 3. Klasse gebaut waren. Ende 1976 betrug die bereinigte Gesamtlänge des Nationalstraßennetzes 1838,7 km, die sich wie folgt aufteilen: 82,1 km sechsspurige Autobahnen, 1389,9 km vierspurige Autobahnen, 306,8 km zweispurige Autostraßen und 59,5 km Gemischtverkehrsstraßen. Zum gleichen Zeitpunkt umfaßten die genehmigten generellen Projekte 1593,7 km oder 86,7 Prozent des gesamten Netzes. In Betrieb standen Ende 1976 insgesamt 975,4 km (53%), die sich verteilen auf 65,8 km sechsspurige und 614,7 km vierspurige Autobahnen, sowie auf 197,9 km zweispurige Autostraßen und 97 km Gemischtverkehrsstraßen. Vom einst zügigen Baurhythmus der sechziger Jahre ist man indessen heute weit entfernt. Bremsend im Nationalstraßenbau wirkte bereits zu Beginn der siebziger Jahre die allgemeine Finanzklemme des Bundes sowie die plötzlich nach einer beinahe euphorischen Straßenbauperiode erkannten Probleme im Rahmen des Umwelt- und Immissionsschutzes und schließlich die veränderten wirtschaftlichen Strukturverhältnisse mit ihren Auswirkungen wie Sparmaßnahmen des Bundes, die auch Abstriche im Budget des Nationalstraßen-Bauprogramms bewirkten. Noch 1974 konnten trotzdem 62 km Nationalstraßen dem Verkehr übergeben werden; 1975 sank dann das Ergebnis auf eine Strecke von 40 km und erreichte schließlich 1976 einen Tiefststand von ganzen 23 km. Ende 1976 befanden sich gesamthaft 344,6 km Nationalstraßen im Bau (18,7% des ganzen Netzes) die sich auf 10,8 km Autobahnen mit sechs und 256,2 km mit vier Fahrspuren sowie 73,3 km zweispurige Autostraßen (davon 17,4 km im Umbau auf vier Spuren) und 4,3 km Gemischtverkehrsstraßen aufteilten. 1977 konnten 26 km neue Nationalstraßen dem Verkehr übergeben werden, darunter auch die 2,7 km lange Umfahrung von Simplon-Dorf auf der N9. Seit Beginn der Nationalstraßenrechnung im Jahre 1959 hat der Bund für den Bau dieser modernen Straßen rund 13 Mia. Franken (Stand Ende 1975) ausgegeben. Das im Jahre 1976 beschlossene dritte langfristige Nationalstraßen-Bauprogramm enthält, den neuesten Bedürfnissen entsprechend, eine neue vierstufige Prioritätenordnung. Im Rahmen dieses neuen langfristigen Ausbauprogramms sind auch zwei wichtige Abschnitte der N9 in die erste Prioritätsstufe eingeteilt worden: Der Abschnitt Lausanne–Yverdon der N1, welcher vom Verteiler Villars-Ste-Croix (Umfahrung Lausanne) bis Chavorney (Abzweigung Orbe–Vallorbe) auf eine Länge von 18,5 km von der N9 mitbenützt wird, und die Umfahrung Brig–Glis von der Abzweigung ab Kantonsstraße südöstlich Gamsergrund bis zur 1975 eröffneten Umfahrung Ried-Brig–Schallberg.

Der Frage der Transitrouten über die Alpen wurde bei der Projektierung der Nationalstraßen im Alpengebiet ganz besondere Aufmerksamkeit geschenkt, besitzt doch der schweizerische Alpenraum die bedeutendsten Nord/Süd-Paßübergänge an verkehrsgeographisch zentraler Lage Europas. Fast alle diese Alpenübergänge besitzen einen hohen Kulminationspunkt, so daß diese Paßstraßen im Jahr durchschnittlich während 5–6 Monaten gesperrt sind und vom Motorfahrzeugverkehr nicht benützt werden können. Zwei der wichtigsten internationalen Transitverbindungen in Europa, der St. Gotthard und – zusammen mit dem Lötschberg – der Simplon, werden auch von internationalen Eisenbahnlinien durchquert, wo in den Wintermonaten bei geschlossener Paßstraße ein Verladedienst für Automobile bereits seit Jahrzehnten vorzüglich funktioniert. Inzwischen – ich greife hier etwas vor – haben der Große St. Bernhard und der San Bernardino ihre Straßentunnel erhalten (ab 1980 auch der St. Gotthard) und der Simplon bekam seinen wintersicheren Ausbau. Allerdings, bis es soweit war, brauchte es neben unzähligen Debatten, Diskussionen, neuen Projektvorschlägen und Abänderungen auch Weitsicht, Zielstrebigkeit und vor allem Verständnis aller beteiligten Kreise, da doch etliche Male regionale und auch kantonale Interessen zugunsten einer gesamtschweizerischen Lösung geopfert werden mußten. Zur Frage der ganzjährig funktionierenden Straßenverbindungen in den Alpen im Rahmen des Nationalstraßennetzes einigte man sich seinerzeit bei der Planung auf folgende drei alpine Transitrouten: den Gotthard als Nationalstraße 1. Klasse vom Aare-, Reuß- und Limmatgebiet nach dem Tessin und Italien, den San Bernardino als Nationalstraße 3. Klasse (dank guten Verkehrsfrequenzen in den vergangenen Jahren auf Neubaustrecken zum Teil als Nationalstraße 2. Klasse ausgebaut) vom Rheingebiet nach dem Tessin und Italien und den Simplon als Nationalstraße 3. Klasse vom Rhonegebiet nach Italien.

Die Simplon-Nationalstraße N9

Bereits während der Planung des schweizerischen Nationalstraßennetzes bestand für den San Bernardino, der keine Bahnlinie besitzt, definitiv ein Straßentunnelprojekt von 6,6 km Länge und für den St. Gotthard, dessen Straßen- und Bahnverladekapazität in den siebziger Jahren als erschöpft galt, war der 16 km lange Straßentunnel als Ergänzung ebenfalls beschlossene Sache. Der Simplon hingegen, mit 2005 m. ü. M. der tiefstgelegene der Hauptpässe, kam daher in der Tunnelfrage weniger gut weg. Was man mit dem Simplon als ausgebaute Nationalstraße 3. Klasse vorhatte, stand im «Schlußbericht über die Planung des schweizerischen Nationalstraßennetzes» 4. Teil (Straßenverbindungen über die Alpen): «Der Motorfahrzeugtransport durch den Simplonbahntunnel soll zur winterlichen Ergänzung der für verlängerte Offenhaltung auszubauenden Paßstraße nach dem Vorbild des Gotthards verbessert werden, da für diese günstige Winterverbindung ein echtes Verkehrsbedürfnis besteht. In enger Zusammenarbeit der zuständigen italienischen und schweizerischen Instanzen kann dem Verladedienst am Simplon eine Kapazität verliehen werden, die dem über die Rhonetalroute gesamthaft bis 1980 zu erwartenden Verkehr in angemessener Weise selbst dann zu genügen vermag, wenn weder der Mont-Blanc- noch der Große St. Bernhardtunnel gebaut werden sollte. ... Die Vorteile eines Tunnels genügen indessen nicht, um eine so kostspielige und touristisch wenig interessante Variante zu rechtfertigen. Die durchgeführten Untersuchungen haben mit Deutlichkeit gezeigt, daß sogar einer bedingten winterlichen Offenhaltung der Simplonstraße erhebliche Hindernisse im Wege stehen». Im Schlußbericht gelangte man zum zusammenfassenden Resultat, «daß am Simplon lediglich der moderne Ausbau der vorhandenen Straße für den Sommerverkehr auszuführen ist, wobei überall, soweit unter vernünftigem Aufwand, die Möglichkeit besteht, auch den Bedürfnissen des Winterverkehrs Rechnung getragen werden soll». Man war der Auffassung, eine derart ausgebaute Simplonstraße könnte im Durchschnitt der Jahre bis gegen Ende Dezember offengehalten werden können, und sie sei dann frühestens für den Osterverkehr wieder befahrbar. Während der dazwischenliegenden Verkehrssperre sei die Verbindung von und nach Süden (Anschluß Simplon-Dorf und Gondo nach Brig in dieser Zeit über Iselle) ohne Schwierigkeiten und unter zumutbaren Bedingungen durch den Bahnverlad sichergestellt.

Der nun vorgesehene Ausbau zur Nationalstraße 3. Klasse entsprach indessen ungefähr jenem Ausbauprojekt, welches das Walliser Baudepartement Ende der fünfziger Jahre (s. Kapitel «Autostraße») für die damals noch im Haupt- und Kantonsstraßennetz integrierte Simplonstraße ausgearbeitet hatte. Da sich nun die Paßstraße zur Nationalstraße gewandelt hatte, war anstelle der einst 54 Prozent ein Bundesanteil von 92 Prozent an die künftigen Baukosten zu erwarten, was sich vorerst einmal im Ausbautempo bemerkbar machte, dann aber auch im Hinblick auf einen großzügigeren Ausbau der erforderlichen Schutzbauten und des Trassees ganz allgemein. Bei den Ausbauarbeiten zur N9 konnte praktisch durchwegs – mit Ausnahme notwendig gewordener Straßenbegradigungen – das bestehende Trassee der unter Napoleon gebauten Straße (Breite zwischen 7 und 8 m) aus dem ersten Jahrzehnt des 19. Jahrhunderts verwendet werden, immerhin eine beachtliche Tatsache, die zeigt, wie großzügig damals die französischen und italienischen Straßenbauingenieure geplant hatten. Die vorzügliche Linienführung sowie das beinahe ideale Längenprofil der bestehenden Straße, das eine Steigung von acht Prozent fast nirgends überschritt, hat man gemäß den Normen im Nationalstraßenbau (7,5 m Breite, mit Kriechspur 10,5 m; verbesserte Kurvenradien und ein Maximalgefälle von 8 Prozent) entsprechend ausgebaut. Außer den Wendeplatten, die Radien von 14,06 m aufweisen, besitzen die Kurven Minimalradien von 120 m und sind, entsprechend den Anforderungen des heutigen Straßenverkehrs, als Klothoiden (Übergangsbogen mit stetig kleiner werdendem Krümmungsradius von Geraden in Kurven) ausgebaut. Der Straßenunterbau wurde ebenfalls den neuen Normen angepaßt. So besteht nun die Kofferstärke der Straße aus frostbeständigem Kiesmaterial von 32 bis 55 cm Schichtdicke (vor 1960 ein 20 cm dickes Grobschotterbett), und darauf wurde die sogenannte Heißmisch-Tragschicht (HMT) von 11 cm sowie eine Ausgleichsschicht von 4 cm eingebaut. Als eigentliche beanspruchte Fahrbahndecke folgte dann die 3 cm starke Verschleißschicht. Bis 1960 bestand der Fahrbahnbelag aus einer 8 cm dicken Bruchschotterdecke und sogenannter Bitumentränkung (3 kg/m²). Den Fahrbahnabschluß bilden beidseitig Beton- oder Granitrandsteine.

Infolge dieser Arbeiten – hauptsächlich durch Erstellen von Lawinenschutzbauten – wurden einzelne Strecken der Simplonstraße zu Großbaustellen, besonders im Bereich der «Kalten Wassern» und in der Gondoschlucht, was natürlich auch auf den Paßverkehr behindernd wirkte. Die Ausbauarbeiten kamen jedoch trotz der teilweise recht hoch gelegenen Baustellen, wo man nur während 8 Monaten des Jahres arbeiten konnte, und den arbeitsaufwendigen Kunstbauten recht gut voran, wenn es auch – wie anderswo in gleichem Maße – gewissen Leuten zu langsam vorwärts ging. Der Motorfahrzeugverkehr nahm in jenen Jahren, vor allem ab Mitte der sechziger Jahre, trotz behindernder Baustellen auch am Simplon stark zu, wohl einer der Hauptgründe zur Forderung eines beschleunigten Ausbaues. Im Jahre 1965 passierten im Reiseverkehr 21188000 Personenwagen, 71000 Cars und 1443000 Motorräder die Schweizergrenze, von denen viele auch unsere Paßstraßen befuhren. Rasch erhöht hatte sich auch der Motorfahrzeugbestand in unserem Lande, der im gleichen Jahre mit 1024808 Einheiten, davon rund 845000 PW, erstmals die Millionengrenze überschritten hatte. Der durchschnittliche Tagesverkehr am Simplon – gemessen an der automatischen Zählstation in Gondo – erreichte im Jahre 1965 die recht eindrückliche Zahl von 1627 Motorfahrzeugen, wobei aber damals schon Verkehrsspitzen mit fast 6000 Fahrzeugen erreicht wurden. Das Jahrestotal am Paß betrug 1965 insgesamt 593855 Einheiten, wobei der Paß in jenem Jahre während den Wintermonaten gesamthaft 131 Tage geschlossen war. Der Hauptanteil der durchreisenden Automobile stammte – wie ein Jahrzehnt zuvor – aus Frankreich, Italien, Deutschland, England, den Benelux- und den Skandinavischen Staaten, sowie aus den Westschweizer Kantonen, Wallis, Bern und Zürich. Bis heute ergab sich keine wesentlich Verschiebung, wenn auch der Anteil der Automobile mit britischen und französischen Kennzeichen (St. Bernhard- und Mont-Blanctunnel) in letzter Zeit etwas zurückgegangen ist. Die relativ guten Verkehrsfrequenzen am Paß bewirkten denn auch, daß das Problem des wintersicheren Ausbaues, den man ja gemäß des Bauprogrammes «den Möglichkeiten entsprechend» realisierte, um die Mitte der sechziger Jahre nochmals geprüft und zur Diskussion gestellt wurde.

Die wintersichere Simplonstraße

Schon Céard befaßte sich seinerzeit beim Bau der Fahrstraße mit der Idee der wintersicheren Straße. Als bauleitender Ingenieur kannte er den Simplonpaß auch zur Winterzeit gut, und somit wußte er auch, wovon er sprach. In Paris hatte man indessen kein Gehör für die Wünsche von Zivilisten; der napoleonische Zeitgeist war beherrscht von Strategie und Taktik, den Vorrang genossen die Belange von Artillerie und Kavallerie. Mit dem modernen Ausbau der Straße bekam diese Idee wiederum vermehrt Gewicht, und die als Nachfolgerin der «Pro Sempione» im Jahre 1965 neugegründete Vereinigung «Pro Simplon» war dann eine initiative Verfechterin der Wintersicherheit. Die neue «Pro Simplon» fühlte sich ihrem Namen verpflichtet und unter ihrem Präsidenten, Dr. Arnold Marty, Apotheker in Brig, leistete die Vereinigung aktive und zielgerichtete Arbeit. Am 14. Dezember 1965 empfing Bundespräsident Dr. H. P. Tschudi im Beisein des damaligen Direktors des Eidg. Amtes für Straßen- und Flußbau, Dr. R. Ruckli, eine Walliser Delegation zu einer umfassenden Aussprache. Neben den Nationalräten Moritz Kämpfen (Stadtpräsident von Brig) und Leo Stoffel sowie Ständerat Leo Guntern reisten ebenfalls Dr. A. Marty (Präsident der «Pro Simplon»), Sekretär A. Sieber, Dr. Gregor Escher (Gemeindepräsident Simplon-Dorf), der Briger Unternehmer Clemens Fux und Forstingenieur Max Peter nach Bern. Hauptthema der Gesprächsrunde war der wintersichere Ausbau der Simplonstraße, begründet mit den Fakten einer ganzjährig befahrbaren Straßenverbindung zwischen den Bewohnern am Südhang des Simplons und jenen im Rhonetal sowie der touristischen Erschließung des ganzen Simplongebietes für den Wintersport. Im weiteren wünschte man intensivere Verhandlungen mit den italienischen Behörden zwecks Straßenverbesserungen auf der südlichen Zufahrt zum Paß. An der Vorsprache wurde der Delegation die ganzjährige Befahrbarkeit der Simplonstraße zugesichert, und es entstanden in der Folge zusätzlich weitere Lawinengalerien oder Verlängerungen bestehender Schutzbauten.

Bereits 1968 war – gemäß dem schon 1960 festgelegten Ausbauprogramm – ein großer Teil der Straße sowie der Kunstbauten, vor allem im Bereich Kapfloch–Schallbett–Simplon-Kulm und auch in der Gondoschlucht, fertiggestellt. Im gleichen Jahre benützten insgesamt 567416 Motorfahrzeuge den Paß. Das Jahr 1968 gilt auch inoffiziell als der Beginn des ganzjährigen Betriebes am Paß, doch blieb er im Winter 1968/69 während 14, im Winter 1969/70 während 23 und im Winter 1970/71 während 16 Tagen geschlossen. War der Paß noch im Jahre 1957 während 207 Tagen befahrbar, so erweiterte sich die Offenhaltung zehn Jahre später dank des bereits recht forgeschrittenen Ausbaues um immerhin 56 Tage auf 263 Tage. Im Winter 1967/68 wurde der Paß vom 6. Januar bis zum 28. März (81 Tage) letztmals für den Automobilverkehr gesperrt. Die Fahrbarmachung im Frühjahr 1968 erforderte immerhin noch einen Aufwand von rund 82000 Fr. Der Winterbetrieb wurde dann offiziell im Jahre 1970 beschlossen, was auch die Eidg. Postverwaltung und die Kreisdirektion in Brig bewog, ab 9. Juli 1970 den ganzjährigen fahrplanmäßigen Autopostdienst über den Simplon aufzunehmen. Was einst nur dem Postschlitten vorbehalten blieb, machte die moderne Bautechnik nun auch dem Postcar möglich. Allerdings ist die Wintersicherheit einer über den Berg geführten Paßstraße trotz aller Schutzbauten infolge zeitweilig heftiger Schneefälle und den oft plötzlich auftretenden großen Schneeverwehungen stets relativ. So war auch nach 1970 die Simplonstraße, die trotz des verhältnismäßig niederen Kulminationspunktes von 2005 m eine echte Hochgebirgsstraße ist, – bisher jeden Winter zwischen 15 und 25 Tagen geschlossen. 1970 waren von der Bergstrecke der N9 Brig/Glis–Gondo (Endausbau etwa 1980 rund 46 km) 36 km mit einem Gesamtkostenaufwand (1960–1970) von 87 Mio. Fr. fertiggestellt worden. 30,1 km vollausgebaute Straße, 830 m Tunnelstrecke, 4,3 km Lawinengalerien und 625 m Brücken waren die eindrucksvolle Bilanz bewältigter großer Arbeit. Die verkehrsbehindernden Großbaustellen entlang der Paßstrecke waren praktisch verschwunden und der Simplonpaßverkehr konnte sich nun entfalten. Der Moto-

risierungsgrad in der Schweiz hatte sich inzwischen beträchtlich erhöht, zählte man doch im Jahre 1970 total 1524036 Motorfahrzeuge, davon über 1,2 Mio. PW. Aus dem Auslande reisten im gleichen Jahre im Reiseverkehr 30113000 Personenwagen, 89337 Cars und 1,125 Mio. Motorräder in die Schweiz ein, wo sie unserem Straßennetz zusätzliche Frequenzen brachten. 1970 passierten total 650399 Motorfahrzeuge den Paß. Den bisherigen Höchststand am Simplon erreichte der Automobilverkehr im Jahre 1972 mit 785965 Einheiten. Zu Beginn der siebziger Jahre erfolgte der Ausbau weiterer projektierter Teilstrecken, so vor allem die seit 1969 geplante neue 7,4 km lange Straße entlang des Riederwaldes nach Schallberg, die Ried-Brig und die alte, kurvenreiche und gefällsstarke Strecke im Riederwald umfährt. Sie konnte am 6. November 1975 dem Verkehr übergeben werden. Die 2,7 km lange Umfahrung von Simplon-Dorf, die nach langwierigen Verhandlungen und etlichen Projektvorschlägen endlich ab 1971 in der heute vorliegenden Ausführung realisiert werden konnte, wurde im Herbst 1977 termingemäß dem Verkehr geöffnet.
Die nach modernsten Gesichtspunkten – auch in bezug auf den Landschaftsschutz – ausgebaute Simplonstraße N9 ist nicht nur eine wichtige internationale Transitroute, sondern ebenso eine in der Linienführung vorbildliche und an landschaftlichen Eindrücken besonders attraktive Touristenstraße, die leider für die Automobilisten aus der Nordwest- und Mittelschweiz noch etwas im «Dornröschenschlaf» zu liegen scheint. Auch im Hinblick auf Ingenieurleistung und bautechnische Aspekte darf die neue Simplonstraße als ein gelungenes Meisterwerk betrachtet werden, und sie ist wohl in der heutigen Ausführung die kunstbautenreichste Alpenstraße in der Schweiz und auch unserer Nachbarstaaten im Alpenraum, Frankreich, Österreich und Italien. Von den heute (Stand Herbst 1977) in Betrieb stehenden rund 40 km ausgebauter Straße entfallen 4,1 km auf Brücken, 5,5 km auf Schutzgalerien und 1,5 km auf Tunnelstrecken. Von den rund 40 km verlaufen also 11,194 km Straße in oder auf Kunstbauten. Die heutige Simplon-N9 beginnt in Brig an der verkehrsbelebten Kreuzung bei der Saltina-Brücke, wo sich drei wichtige Wege trennen: westwärts in Richtung Sion–Genfersee, ostwärts nach dem Goms und den Pässen Grimsel und Furka (Interlaken, Andermatt/Gotthard und Oberalp/Chur) sowie südwärts nach dem Tessin und der Lombardei. Der Saltina entlangführend erreicht die Straße in der Kurve bei der Saltinabrücke (ehemals Napoleonsbrücke) oberhalb Brig das von Glis kommende ursprüngliche Trassee, das dann bei der Abzweigung vor Ried-Brig wieder verlassen wird, wo die neue 7,4 km lange Umfahrungsstraße nach Schallberg beginnt. Die neue Straße holt weit nach Osten aus, um dann nach einer Wendeplatte oberhalb Termen entlang des Riederwaldes in westlicher Richtung auf brücken- und tunnelreicher Strecke bei Schallberg wieder in die bestehende Straße einzumünden. Von diesem mehrheitlich mit Kriechspur versehenen Straßenstück, das übrigens einen ideal gelegenen und gut ausgebauten Rastplatz aufweist, genießt man prachtvolle Tiefblicke in das obere Rhonetal. Nach Schallberg, wo man durch das einst vom Saumpfad benutzte Tafernatal hinauf das markante Hübschhorn und Simplonkulm fast in «Griffnähe» erblickt, verläuft die Straße entlang des rechten Hanges praktisch auf ebener Strecke ostwärts weit ins Gantertal hinein, wo sie dann nach der berühmten Ganterbrücke – sie wird durch ein modernes Bauwerk ersetzt – wieder zu steigen beginnt. Vom einst berühmten Weiler Berisal verläuft die Straße mehrheitlich inmitten prächtiger Lärchenwälder bis hinauf nach Rothwald, wo beim ehemaligen Schutzhaus Nr. 4 über dem inzwischen etwas näher gerückten Paßsattel das imposante Fletschhorn erstmals sichtbar wird. Ab Rothwald, wo die Lärchen etwas spärlicher werden, treten nun vermehrt Schutzgalerien auf (weitere Einzelheiten s. Bildertexte im Anhang) welche der Straße, – die ja von einigen Straßenkorrekturen abgesehen, modern ausgebaut mehrheitlich dem alten Trassee folgt – bis hinauf zum Paßsattel das Gepräge geben und dabei gleichzeitig auf harte Winter hinweisen. Die beiden längsten sind die Mittenbäch- und die Meggerigalerie mit 146 und 472 m Länge. Kurz darauf passiert man das ausgeweitete ehemalige Kapfloch von 34 m Länge und den anschließenden durch eine Galerie verbundenen, neu geschaffenen Kapftunnel von 76 m Länge. Beiden Tunnels sind außerdem Lawinengalerien vorgelagert. Die imposanten Galerien folgen jedoch bei km 19,6 auf bereits 1900 m Höhe bei Schallbett. Die Galerie gleichen Namens besitzt eine Länge von 630 m. Danach folgen aneinander gebaut die Kaltwasser-, Hohe-Brücke- und Alte Galerie mit zusammen nochmals 600 m Länge, wovon die letztere den lückenlosen Übergang zum 440 m langen sogenannten Scheiteltunnel darstellt. Genau genommen ist es eigentlich kein Scheiteltunnel sondern eine durch den westlichen Ausläufer des Hübschhorns hindurchgetriebene Verbindung zur eindrucksvollen 266 m langen neuen Josefsgalerie. Vom Hotel Kulm, das von der neuen Straße ebenso umfahren wird wie das Hospiz, verläuft die Straße zunächst praktisch gefällslos über das Paßplateau, senkt sich anschließend – auf einzelnen Strekken neu verlegt – in elegantem Kurvenverlauf und dem hügeligen Paßgelände angepaßt, hinunter zum ehemaligen Schutzhaus Nr. 7 im Engiloch, stets dominiert von der gewaltigen mit Schnee und Eis bedeckten Felspyramide des Fletschhorns. Unterhalb des Engilochs quert die Straße auf einem neuen Teilstück den Bereich stark lawinengefährdeten Gebietes und verläuft daher auf einer Länge von rund 430 m in den beiden nunmehr miteinander verbundenen Engilochgalerien. Nach dem Weiler Eggen, gegenüber dem gewaltigen Trümmergelände des Berg- und Gletschersturzes von 1901, zweigt die neue Straße über die Brunnenbrücke zur 2,7 km langen Umfahrung von Simplon-Dorf ab. Das Dorf wird nun vom Verkehr umfahren, ist aber durch einen sinnvoll geplanten Anschluß gut mit der Umfahrungsstraße verbunden. Diese Straße verläuft am linken sonnigen Talhang und bietet einen reizvollen Blick hinüber zum bereits recht südländisch wirkenden Dorf, das nun seinen Gästen wieder etwas ruhigere Aufenthalte bieten kann. Die neue N9 führt südlich des Dorfes mit einer imposanten kombinierten Pfeiler- und Bogenbrücke von 621 m Länge über den Talgrund und Krummbach wieder zum rechten Talhang hinüber, wo sie dann in der rund 563 m langen Hofstättengalerie geschützt verläuft. Nach dem Weiler Gstein/Gabi und dem kurz darauf folgenden 70 m langen Tunnel – auch er bestand bereits während der alten Fahrstraße und wurde für den modernen Verkehr ausgeweitet – senkt sich die Straße nun mit mäßigem Gefälle in die wilde

Gondoschlucht, dem straßenbautechnisch schwierigsten, landschaftlich aber eine der eindrucksvollsten und großartigsten Partien an der Simplonstraße. Kurz nach Napoleons alter Kaserne folgen die beiden nun miteinander verbundenen und verlängerten Seitenbrunnengalerien von rund 299 m Länge. Dann führt die Straße über den neben der alten Bogenbrücke errichteten neuen «Ponte Alto» oder zu deutsch «Hohsteg»-Brücke, die mit 25 m Spannweite die dort nicht eben viel breitere tiefe Felsenkluft überwindet. Danach folgt eine 557 m lange Galeriestrecke, unterbrochen von der 23 m langen neuen Casermettabrücke – ihre Vorgängerin steht noch ebenso stolz wie einst zu ihren Glanzzeiten nebenan – nach welcher die Straße im 285 m langen gleichnamigen Tunnel verschwindet, der die ebenfalls noch bestehende alte Gondogalerie umfährt. An das südliche Tunnelportal angebaut ist die 327 m lange Alpiengalerie, die nun in die eigentliche untere Gondoschlucht überleitet. Über einen schroffen Felskessel führt dann die 76 m lange Bajikrachenbrücke zu den im eleganten S angelegten Ramsernakehren – übrigens die einzigen in der Gondoschlucht und am Paß überhaupt – und den Abschluß der kunstbautenreichen Strecke bilden schließlich die Obere- und Untere Gondogalerie mit 151 und 186 m Länge. Die N9 führt dann durch den kleinen und alten Paß- und Grenzort Gondo – zu deutsch heißt das Dörfchen Ruden – und findet nach dem Schweizer Zoll und dem Passieren von zwei letzten Brücken von zusammen 204 m Länge an der schweizerisch-italienischen Grenze bei Iselle ihren Abschluß. Dies war in kurzen Zügen der «technisch» beleuchtete Streckenverlauf; die vielfältigen und wahrhaft großartigen landschaftlichen Eindrücke lassen sich hingegen schwer oder überhaupt nicht treffend beschreiben, sie muß man erleben und genießen können.
Dank dem großzügigen und vorbildlich ausgeführten Straßenausbau konnte sich der Simplon die Verkehrsfrequenzen sichern, doch zeichnete sich seit 1973 ein langsam fortschreitender Rückgang ab, wobei der Motorfahrzeugverkehr von 705 158 Einheiten im Jahre 1973 auf 508 605 im Jahre 1974 sank. Mit einem Jahrestotal von 475 466 Motorfahrzeugen im Jahre 1975 verminderte sich die Frequenz abermals. Im Jahre 1976 fuhren insgesamt 540 216 Automobile über den Paß, was eine leichte Zunahme repräsentiert. Obwohl sich das Tempo der Motorisierung in der Schweiz als Folge der veränderten wirtschaftlichen Verhältnisse etwas verlangsamt hatte, stieg doch der Motorfahrzeugbestand der Schweiz Ende 1976 auf 2 201 221 Einheiten, davon über 1,8 Mio. Personenwagen. Die Einreise ausländischer Motorfahrzeuge erreichte 1976 im Reiseverkehr 29 575 000 PW, 88 434 Cars und 1 079 000 Motorräder, wobei sich gegenüber dem Vorjahr eine leicht rückläufige Tendenz abzeichnet. Die Gründe für die verminderten Verkehrsfrequenzen am Simplon sind verschiedener Art, doch dürften in erster Linie die allgemeine Wirtschaftslage sowie währungspolitische Fragen und die Auswirkungen auf Tourismus und Fremdenverkehr ihre Einflüsse geltend gemacht haben. Ein wichtiger Punkt zur Frequenzfrage eines Alpenpasses sind aber auch – und ich möchte sagen nach wie vor – die Zufahrten, die den Paß alimentieren. Dieses Thema möchte ich im folgenden Abschnitt noch etwas näher behandeln.

Die Simplon-Zufahrtsstraßen

Die für den Simplon seit jeher wichtigste Zufahrt und eigentliche verkehrsgeographische Lebens- und Pulsader ist und bleibt die Straße vom Genfersee über St. Maurice–Sion–Sierre nach Brig. Die vierspurige Autobahn von Lausanne bis nach Aigle wurde in Teilstücken zwischen 1970 und 1976 eröffnet, und die Fortsetzung bis zur Kantonsgrenze Waadt/Wallis bei St. Maurice dürfte bis 1978 Tatsache werden. Außer der bereits in Betrieb stehenden vierspurig angelegten Umfahrung von St. Maurice ist von der schnellen Vierspur im Wallis noch nicht viel zu sehen. Die Projektierung konzentriert sich bei der Niederschrift des Manuskripts vor allem auf den Abschnitt St. Maurice–Martigny, was natürlich eindeutig dem Großen St. Bernhard zugute kommt. Bis die Autobahn von St. Maurice bis Brig einmal fertiggestellt sein wird – und da dürfte noch einiges Wasser die Rhone hinunter fließen – hat die bisherige Hauptstraße Nr. 9 St. Maurice–Brig sowohl den gesamten internationalen Transitverkehr vom und zum Simplon, den Touristenverkehr (Lötschberg) ab Gampel-Steg sowie den nicht geringen Ziel- und Quellverkehr von und zu den bekannten Walliser Ferienorten zu übernehmen. Zu diesem Punkt sei aber hinzugefügt, daß die heutige Haupt- und Kantonsstraße einen vorzüglichen und verkehrsgerechten, ja geradezu vorbildlichen Ausbauzustand besitzt, von drei oder vier oftmals den Verkehrsfluß störenden Engpässen die noch bestehen, abgesehen. Mit den turnusmäßig eingebauten Überholstrecken auf den verbreiterten geraden Strecken zwischen Martigny und Brig sowie der unzählige Male beobachteten disziplinierten Fahrweise auf diesen Strecken vermag diese Straße einen flüssigen Verkehrsablauf immer noch zu gewährleisten, selbst an Sonntagen in der Hauptreisezeit. Ausgebaut wird in allernächster Zukunft ebenfalls die Kantonsstraße St. Gingolph–St. Maurice als wichtiger Zubringer aus dem Chablais. Im Rahmen der Zufahrten muß auch der Große St. Bernhard betrachtet werden, der seit jeher ein großer Konkurrent des Simplons war, und damit auch ein nicht unerheblicher Teil des Verkehrs absorbiert. Verschärft hat sich diese Konkurrenz ganz eindeutig mit der Inbetriebnahme des in italienisch-schweizerischer Gemeinschaftsarbeit erstellten 5,9 km langen Straßentunnels, der am 19. März 1964 eröffnet werden konnte. Der Tunnel verkürzt die Paßstrecke um ganze 10 km und ist dank der fast 15 km langen gedeckten Zufahrtsrampen praktisch wintersicher. Von großer Bedeutung ist aber auch die südliche Fortsetzung bzw. Zufahrt, denn unmittelbar nach Aosta beginnt bereits die italienische Autobahn, die entweder direkt nach Turin und Mailand oder aber nach Savona an der Riviera di Ponente führt. Im Jahre 1976 fuhren 534 087 Motorfahrzeuge durch den Großen St. Bernhardtunnel, das beste Jahresergebnis seit der Eröffnung.
Noch keine Autobahn hat indessen der Simplon auf der italienischen Weg- und Zufahrt und das ist weniger erfreulich, schon deshalb, weil sich wiederholt zuständige schweizerische Instanzen um eine Fortsetzung der Autobahn von Vergiate bei Sesto-Calende vorerst bis Gravellona-Toce bemüht haben, bis heute leider erfolglos. Einiges zu wünschen übrig läßt auch der Ausbaustand der italienischen Staatsstraße Nr. 33, die ja den ganzen Verkehr vom und zum Simplon zu

übernehmen hat. Die eigentliche «Bergstrecke» von Preglia bis Iselle und zum italienischen Zoll ist, von wenigen Korrekturen abgesehen, kaum ausgebaut, dazu kommen verkehrsbehindernde Engpässe vor allem bei Varzo vor der Cherasca-Brücke und dann jene berühmte enge und zugleich im starken Gefälle liegende Kurve beim Friedhof Crèvola, wo zugleich noch die Straßen aus dem Antigorio- und dem Vigezzo-Tal in die Simplonstraße einmünden. Noch heute muß der gesamte Simplonverkehr die Stadt Domodossola passieren, was ab und zu am berühmten Geduldsfaden reißt. In gutem Zustand präsentieren sich die geraden Strecken zwischen Villa d'Ossola und Vogogna, Vogogna–Premosello–Cuzzago und zwischen Ornavasso und Gravellona sowie die Straße entlang des Lago Maggiore. Aber auch dort sind bei starkem Ferienverkehr Kolonnen hinter den oft zahlreich zirkulierenden Lastwagen nicht zu vermeiden. Trotzdem – zur Ehre der Italiener sei's an dieser Stelle gesagt – einen Verkehrszusammenbruch, ja nicht einmal Ansätze dazu, habe ich in den letzten Jahren auch während den Hauptreisezeiten nie erlebt, weder auf der Strecke noch in Städten wie Domodossola und Arona. Vielleicht vermag hier das beinahe sprichwörtliche südländische Temperament und der damit verbundene etwas spritzigere Verkehrsablauf, aber auch das gegenüber Ausländern sehr oft gezeigte tolerante und verständnisvolle Fahrverhalten dazu beitragen, daß es nicht soweit kommt. Im weiteren wiegt der Reiz der Landschaft und der Siedlungen am südlichen Simplonweg, besonders die anmutige Gegend am Langensee, ein etwas weniger rasches Vorwärtskommen auf, denn der Simplon – als kürzeste gebührenfreie Verbindung zwischen Paris und Mailand – ist ja neben Handelsweg auch eine attraktive Touristenstraße und eben diese Touristen sollten es nicht immer so eilig haben. Wer Zeit hat zu reisen, der kann sich heute noch getrost seine Südlandreise über den Simplon leisten – bereuen wird er es jedenfalls nicht.

Die nördliche Simplon-Zufahrt

Ein großer Nachteil für die Simplonstraße ist die noch immer fehlende Straßenverbindung aus dem Norden, das heißt aus den wichtigen Einzugsgebieten der Nordwest-, Nord- und Mittelschweiz, was dem Paß zweifellos höhere Frequenzen bringen würde. Außer dem Bahnverladedienst für Automobile der Lötschbergbahn zwischen Kandersteg und Goppenstein/Brig, der sogenannten «Rollenden Straße», besteht auf der gesamten Länge von 145 km (Straßenlänge) zwischen dem Grimselpaß und St. Maurice keine Straßenverbindung durch den das Wallis nach Norden abschirmenden steinernen Wall der Berner Alpen. Offenbar empfand man das Fehlen einer Straßenverbindung schon im vergangenen Jahrhundert als Handicap, denn ein erstes Projekt für eine Gemmi–Simplon-Route stammt aus dem Jahre 1833 und wurde vom Jurassier J. A. Watt angeregt, wobei ein 6 bis 7 km langer Straßentunnel vorgesehen war. Im Jahre 1841 befaßte sich Hauptmann Immer aus Thun mit dem Projekt einer internationalen Handelsroute zwischen Thun und Mailand mit einem Lötschberg-Straßentunnel als Kernstück. Für solch kühne Projekte war allerdings die Zeit noch nicht reif. Zusammen mit der Alpenbahnfrage geriet dann eine künftige Straßenverbindung durch die Berner Alpen etwas ins Hintertreffen, um so mehr, als dann später der Bau der Lötschbergbahn Tatsache wurde und vorerst eine Eisenbahnverbindung schuf. Trotzdem wurden die Straßenprojekte nicht aufgegeben. Ein neues Gemmistraßen-Projekt stammt aus dem Jahre 1948/49, verfaßt von Ingenieur W. Minder, Interlaken, und besaß mit zwei Scheiteltunnels oder einem Basistunnel zwei Planvarianten. Im Zusammenhang mit der Planung des schweizerischen Nationalstraßennetzes wurde dann die Verbindung Bern–Wallis, um die es seit 1949 wieder still geworden war, erneut aktuell. Interesse an einer solchen Verbindung bekundeten nicht nur verschiedene regionale Interessengruppen sowie Wirtschaftskreise beider Kantone, sondern ebenso die beiden Kantonsregierungen. Infolge geographischer und topographischer Aspekte reduzierte sich die ursprüngliche Zahl der Projektstudien von sieben auf drei (Gsteig–Sanetsch–Sion, Lenk–Rawil–Montana–Sierre/Ayent–Sion und Kandersteg–Gemmi–Leukerbad). Eine weitere Variante, Kandersteg–Gasterntal–Lötschental–Goppenstein, war ebenfalls vorhanden, hatte aber trotz guter Linienführung infolge eines seinerzeit im Gasterntal geplant gewesenen Stausees keine Chancen und wurde nicht weiterverfolgt. Nicht besser erging es dem Mitte der sechziger Jahre von einer privaten Interessengruppe lancierten und zweifellos interessanten Projekt eines Breithorn-Basistunnels von 26,4 km Länge zwischen Stechelberg im Lauterbrunnental und Naters (860 m und 700 m. ü. M.) im Rhonetal. Mit einer Distanz von nur 98 km zwischen Bern und Brig (via Spiez–Interlaken–Lauterbrunnen–Breithorntunnel) wäre es die wohl kürzeste wintersichere Straßenverbindung mit Basistunnel durch die Berner Alpen gewesen. Für den Betrieb bestanden zwei Varianten: als doppelspurige «Rollende Straße» oder als belüfteter Straßentunnel mit Baukosten (Preisbasis 1967) von 300 bzw. 520 Mio. Fr.
Man legte sich schließlich auf den Plan der Rawilroute fest, wobei vorerst ein 4,4 km langer Scheiteltunnel vorgesehen war. Das Projekt wurde dann aber überarbeitet und abgeändert, und man einigte sich auf die Lösung eines längeren Tunnels von 9700 m mit Nordportal auf 1284 und Südportal auf 1180 m. ü. M. Diese Route ist als Teilstück der N6 – die ihrerseits die Verbindung zwischen der N1 und der N9 via Berner Alpen darstellt – im Nationalstraßennetz verankert. Die Straße ist eine kurze und rasche Verbindung zwischen Bern und dem schweizerischen Mittelland und den beiden wirtschaftlichen und kulturellen Zentren – Sitten zudem als Kantonshauptstadt – des Mittelwallis. Als direkter Zubringer zum Simplon verläuft sie allerdings etwas abseits. Zu Beginn der siebziger Jahre geriet indessen das Rawilprojekt in verschiedenen Kreisen vermehrt unter Beschuß, trotzdem hat man auf der Walliserseite im Rahmen des Nationalstraßenprogrammes und der damit zusammen bewilligten Kredite 1976 mit den Arbeiten am Sondierstollen begonnen.
Im Verlaufe der Frühjahrs- und Sommersessionen stimmten National- und Ständerat einer Motion zu, welche die Neuüberprüfung von 6 Abschnitten des Nationalstraßen-Netzes verlangt, darunter auch jener der N6 Wimmis–Zweisimmen–Lenk–Rawil-Tunnel–Uvrier. Dieser parlamentarische Vorstoß bewirkt nun eine Denkpause von etwa 3–4 Jahren, womit Gelegenheit geboten wird, das umstrittene Projekt zu

überarbeiten. Die bereits aufgenommenen Arbeiten am Sondierstollen – sie sind übrigens maßgebend für die Bestimmung der endgültigen Lage des Tunnels – werden indessen durch diese Motion nicht beeinträchtigt.
Im Wallis, wo man die Entwicklung stets aufmerksam verfolgt, besteht mit dem im Sommer 1976 von der «Pro Simplon» vorsorglich diskutierten Möglichkeit eines Gratistransportes von Motorfahrzeugen durch den Lötschberg eine zusätzliche Lösung, die im Hinblick auf bestehende analoge gebührenfreie Durchfahrten am San Bernardino- und ab 1981 ebenfalls am St. Gotthard-Straßentunnel eine gleichwertige Stufe in der Verbindung zwischen dem Wallis und den übrigen Regionen der Schweiz darstellt. Ende 1976 wurde dann auch von einer BLS/SBB-Arbeitsgruppe ein Gratisverlad von Motorfahrzeugen am Lötschberg als verkehrspolitische Alternative zum Bau der Rawilstraße in Erwägung gezogen. Man schätzt die Kosten des Gratisverlades auf rund 25 Mio. Fr. jährlich, die von der öffentlichen Hand aufzubringen wären. Die Inbetriebnahme der Rawilstraße würde bei BLS und SBB – so die Arbeitsgruppe – im Reise- und Güterverkehr sowie im Bereiche des Autoverlades Ertragsverluste zwischen 35 und 42 Mio. Fr. im Jahr bewirken. Die bisherigen Berechnungen ergaben, daß ein eventueller Gratistransport die Öffentlichkeit weniger belasten würde, als Bau und Unterhalt der Rawilstraße. Soweit also der Bericht der Arbeitsgruppe. In nächster Zukunft wird die «Rollende Straße» durch den Lötschberg wohl der schnellste und bequemste Weg von der Deutschschweiz direkt ins Wallis sein. Am 11. November 1976 konnte die BLS ihre neuen Verladerampen in Kandersteg und Goppenstein in Betrieb nehmen und damit die Kapazität fast verdoppeln. Auch die Zufahrtsstraßen nach Kandersteg und Goppenstein – vor allem vor Kandersteg (Bühlstutz-Kehren und Umfahrung des Dorfes) und im oberen Teil der Lonzaschlucht – wurden in den Jahren 1974 bis 1977 an besonders kritischen Stellen großzügig ausgebaut, Engpässe bestehen noch in der unteren Lonzaschlucht vor Gampel, die jedoch in allernächster Zukunft durch den Bau eines Tunnels eliminiert werden. Ein Anreiz mehr für die Automobilisten aus der Nordwest- und Mittelschweiz, auch einmal den Simplon in die Ferienreise einzubeziehen, sei es auf der Hin- oder Rückfahrt.

Ausblicke

Noch immer rollt der Verkehr in allen Richtungen durch Brig und Glis und die dabei entstandenen vermehrten Immissionen durch Lärm und Abgase machten schließlich eine Umfahrung der einst selbständigen aber heute zusammengeschlossenen Gemeinden erforderlich. Eine solche Umfahrung war bereits geplant und genehmigt, der Baubeginn hingegen erst für 1984 terminiert. Gestützt auf das Dringlichkeitsbegehren seitens der Gemeinde Brig-Glis sowie infolge massiver Intervention durch den Chef des kantonalen Baudepartementes veranlaßte das Eidg. Amt für Straßen- und Flußbau in Bern, den Baubeginn dieser N9-Strecke auf 1977 vorzuverlegen. Dieses neue Straßenstück beginnt unweit des künftigen Autobahnanschlusses Gamsen, umfährt mit mäßiger Steigung Glis und führt dann südlich und oberhalb der einstigen Napoleonsstraße den Hang am Fuße des Glishorns hinauf zur Saltinaschlucht, die sie mit einer neuen Brücke überquert und dann bei Ried-Brig in die bestehende neue Umfahrungsstraße einmündet. Dieses etwa 4 km lange Straßenstück wird durchgehend drei Fahrbahnen tragen, davon eine als sogenannte Kriechspur. Bis etwa 1980 fertiggestellt sein wird auch die im Bau stehende neue Ganterbrücke, ein 15-Mio.-Projekt, das als 678 m lange Spannbetonbrücke in einer eleganten und weitgezogenen S-Kurve das Gantertal in einer Höhe von 150 m überspannen wird. Diese Brücke bringt nicht nur eine Wegverkürzung von etwa 2 km, sondern umfährt auch ein besonders steinschlaggefährdetes Straßenstück im Ganter. Die Brücke beginnt unmittelbar davor und führt direkt an den gegenüberliegenden Hang zur Wendeplatte unterhalb von Berisal. Der 10 m breite Fahrbahnträger (zwei Fahrspuren und zwei Trottoirs von je 1,25 m) ruht auf 7 Pfeilern mit Spannweiten von 35, 50, 127, 174, 127, 80, 50, 35 m. Die sich kühn über das Gantertal hinwegschwingende große Brücke wird zweifellos das Prunkstück aller Kunstbauten am Simplon darstellen. Wenn auch sie fertiggestellt sein wird, so hat man seit Beginn des Nationalstraßenbaues am Simplon – inklusive die Umfahrungsstraße Gamsen–Glis–Brig – den eindrücklichen Betrag von rund 350 Mio. Fr. (Projektierung und Landerwerb inbegriffen) aufgewendet.

183. Die N9 oberhalb von Montreux

184. Die Autobahn N9 bei St. Maurice

185. N9-Viadukt bei Riddes

186. Rhonetal bei Sitten mit Bahn und Simplonstraße

187. Ausgebaute Kantonsstraße mit Pappelallee bei Raron

188. Der Bächgraben-Viadukt im Riederwald

189. Die N9 bei Gstein-Gabi am Eingang zur Gondoschlucht

190. Brigs Wahrzeichen bei Nacht

191. Die N9 im Riederwald

192. Lehnenviadukt im Riederwald

193. Die N9 bei Rothwald mit Lawinengalerien

194. Schutzhaus Nr. 5 Schallbett heute

195. Ausblick gegen Norden und Talgrund bei Simplonkulm

196. Die neue Kaltwasser-Galerie

197. Hochwinter in den «Kalten Wassern»

198. Blick auf Simplonkulm und Paßplateau

199. Die neue imposante Josefs-Galerie vor Simplonkulm

200. *Simplon-Dorf heute*

201. *Der Krummbach-Viadukt bei Simplon-Dorf*

202. Die neue Hohsteg-Brücke – der «Ponte Alto» der N9

203. Lawinengalerie in der Gondoschlucht

204. *Felsromantik in der wilden Gondoschlucht*

205. *Natur und Technik*

206. Die Bajikrachen-Brücke im engen Felskessel vor Gondo *207. Harmonie von Beton und Fels*

208. Die N9 in Gondo unmittelbar an der Landesgrenze

Bildertexte

Das Simplon-Massiv

1.
Der 3553 Meter hohe Monte Leone (das Bild zeigt eine Flugaufnahme von Westen) ist der Hauptgipfel des Monte-Leone- oder Simplon-Massivs sowie der ebenfalls nach ihm benannten penninischen Decke. Der Gipfel einer rund 30 km langen nordöstlich verlaufenden Gneiszone steht auf der Landesgrenze zu Italien und ist zugleich das Ende eines von West nach Ost verlaufenden schmalen Bergkammes, welcher die beiden großen Gletscher, die den Monte Leone flankieren – im Süden der Alpjen- und im Westen der Kaltwassergletscher – voneinander trennt. Der in nordwestlicher Richtung zum Kaltwasserpaß verlaufende kleinere Seitengrat trennt den Kaltwassergletscher vom rund 300 Meter tiefer liegenden Auronagletscher. Gegen Osten und Südosten fällt der Monte Leone mit mächtigen Steilwänden zur Alpe di Veglia und zum kleinen Lago d'Avino ab, unter dem übrigens 1541 Meter tiefer in den beiden Tunnelröhren die Geleise der Simplonbahn durchführen. Der Monte Leone ist ein recht populäres Bergsteigerziel, und soll 1859 von Offizieren der schweizerischen Landesaufnahme erstmals bestiegen worden sein.

2.
Blick von Montana talaufwärts ins winterliche Oberwallis mit einem Teil der «Noble Contrée», der Weinbauzone von Sierre, sowie den ostwärts anschließenden ausgedehnten Rebgebieten entlang der rechten sonnigen Talflanke von Salgesch über Varen nach Leuk. Im Hintergrund, im mittleren Bereich der Horizontlinie, heben sich die markanten Gipfel des Bortelhorns, Furggenbaumhorns und Wasenhorns, gefolgt von der breiten Gebirgskuppe mit dem gletschergeflankten Monte Leone dem Breithorn und der bereits beschatteten Pyramide des Hübschhorns vom klaren Winterhimmel ab. Im leichten Dunst des Talkessels, am Fuße des gut erkennbaren Glishorns, befindet sich Brig-Glis am Aufgang zum Simplonpaß. Im Bildmittelgrund, entlang der Rarner Schattenberge, die verschneite Ebene zwischen Visp und Susten, welcher sich westlich, halb im Schatten des von Bachrunsen durchzogenen Gorwetschgrates, der gewaltige Schwemmfächer des Illgrabens anschließt, der mit einem Radius von rund 2,5 km in die ursprüngliche Talebene hinausstößt und den Rotten ganz an die rechte Talflanke abdrängt. Die östliche Hälfte des Schwemmfächers ist eine eigenartige Heckenlandschaft, wo zahlreiche Steinmäuerchen und Buschhecken Wiesland und Obstgärten voneinander trennen und jenem Bereich ein ganz besonderes Gepräge geben. Der im Bild sichtbare westliche Teil des vom Illgraben geschaffenen Talriegels ist ganz von prächtigem Föhrenwald und verschiedenen Trockengebiet-Buschpflanzen besetzt und bildet auf diesem Teil des Schwemmschutt-Kegels ein Biotop ganz besonderer Art. Es ist der unter Schutz stehende Pfynwald, welcher bereits mehrmals durch Waldbrände, neuerdings nun auch durch Luftverschmutzung Schaden genommen hat. Der Pfynwald hat im Kanton Wallis seine ganz besondere Bedeutung, bildet er doch die alte Grenze

zwischen deutschem Ober- und welschem Unterwallis, die Trennlinie zwischen alemannischem und romanischem Sprach-, Lebens- und Kulturraum. Noch heute verläuft westlich des Pfynwaldes die Grenze zwischen den Bezirken Leuk und Sierre, und jener Bereich war oft Schauplatz kriegerischer Auseinandersetzungen, so letztmals 1799, als die Oberwalliser nach einem mißglückten Aufstand mit dem Mute der Verzweiflung gegen die französischen Unterdrücker kämpften. Ein weitherum sichtbarer Obelisk im Pfynwald erinnert an den heldenhaften Kampf. Der Bereich des Schwemmfächers ist aber auch Klimascheide, wo sich der Übergang von der hochintensiv bewirtschafteten Gartenbaulandschaft des Mittel- und Unterwallis zum Wirtschaftsraum der Wiesen- und Acker-Alpbetriebe des Oberwallis vollzieht. Hier wie dort ist infolge des trockenen Talklimas mit relativ geringen Niederschlagsmengen mit durchschnittlichen Werten zwischen 60 und 80 cm pro Jahr (Martigny 72 cm, Sitten 65 cm, Sierre 58 cm, Brig 72 cm, Fiesch 97 cm und Oberwald 150 cm – als Vergleich Zürich mit 120 cm) die Bewässerung des Kulturlandes eine der wichtigsten Bedingungen für ertragreiche Ernten. Sind es in der Ebene vorwiegend Bewässerungsgräben und Kanäle sowie demontable Rohrleitungen mit Wasserwerfern, so nehmen an den sonnigen und trockenen Hängen die berühmten Wasserfuhren ihre Stelle ein. Die «Suonen» oder «Bisses» beginnen weit hinten in den wasserreichen Nebentälern und führen das kostbare Naß in Strecken von teilweise beachtlicher Länge (beispielsweise Saxon und Visperterminen mit 26 und 25 km Länge) oft entlang steiler Felswände zum Kulturland der hochliegenden Roggen- und Kartoffeläkker. Ein Kulturingenieur schätzte 1924 die Gesamtlänge der 300 «Bisses» auf 2000 km mit einem Kapitalwert von ca. 20 Mio. Franken und jährlichen Unterhaltskosten von rund 2 Mio. Franken. Noch 1956 zählte man 200 solche Wasserfuhren mit einer Gesamtlänge von rund 1750 km. Bau und Unterhalt dieser Wasserfuhren, die man auch die «heiligen Wasser» nennt, haben früher viele Menschenleben gekostet. Ursprünglich floß das Wasser durch Lärchenholzkennel, die an schwer zugänglichen Stellen mit langen Seilen auf vorbereitete Fundamente gesetzt wurden, oder in Felsrinnen; später leitete man das Wasser durch Betonkanäle oder an gefährlichen Stellen durch Stollen.

Das Bild zeigt – ohne das Goms – praktisch das ganze Oberwallis, das ein Gebiet von rund 2926 km² umfaßt, verteilt auf 89 Gemeinden, die in den Bezirken Goms (Münster), Brig, Visp, Leuk sowie den beiden Halbbezirken Östlich- und Westlich-Raron zusammengeschlossen sind. Westlich davon folgt das Mittelwallis zwischen Sierre und Martigny mit einem Areal von 2148 km², verteilt auf 42 Gemeinden und die Bezirke Sierre, Hérens (Evolène), Sion, und Conthey und schließlich das Unterwallis, das sogenannte Rhonequertal mit den vier Bezirken Martigny, Entremont (Bagnes), Saint Maurice und Monthey, gebildet von 37 Gemeinden und einer Gesamtfläche von rund 913 km². Diese Darstellung entspricht der offiziellen geographischen Einteilung von Ober-, Mittel- und Unterwallis, wobei ich bei meiner Arbeit den großen Schwemmfächer der Losentse bei Chamoson als Grenze, oder doch zumindest als Grenzbereich zwischen Mittel- und Unterwallis betrachtet habe. Die gesamthaft 13 Bezirke – «les 13 étoiles du Valais» – sind die Sterne im Kantonswappen.

Der Kanton Wallis besteht, neben seinen wichtigen Seitentälern, vorwiegend aus dem inneralpinen Längstal, das zwischen Furka und Rhoneknie bei Martigny – 120 km mißt, und dann von Martigny bis Le Bouveret am See-Ende des Léman nochmals 36 km. Der Kanton Wallis besitzt eine Gesamtfläche von 5225,9 Quadratkilometer, wovon 2820,3 km² produktives und 2405,3 km² unproduktives Land. Die Wohnbevölkerung des Alpenkantons betrug Ende 1976 rund 211600 Personen – 40 Personen pro km² (als Vergleich: Waadt 162, Aargau 316 und Zürich 647) – davon ca. 83000 Beschäftigte, die in Land- und Forstwirtschaft (4980 Personen), in Gewerbe und Industrie (35690 Personen) und im Bereich von Dienstleistungen, Verwaltung, Versicherungen und Tourismus (42330 Personen) beschäftigt sind. Diese Zahlen zeigen eindrücklich den Strukturwandel von der einst agrar-orientierten Alpenrepublik zum modernen, wirtschaftlich aufgefächerten Kanton.

3.
Die Flugaufnahme zeigt den Gipfel des Monte Leone mit Blick südwärts gegen die in östlicher Richtung verlaufende rechte Talflanke des Val Divedro. Das im Dunst liegende Längstal am oberen Bildrand ist das südlich verlaufende Val d'Ossola, das beim gut erkennbaren Abhang des Pizzo delle Pecore bei Vogogna nochmals nach Osten abbiegt und dann erst zwischen Cuzzago und Ornavasso endgültig die südliche Richtung zum Langensee einnimmt.

4.
Das Simplonmassiv aus der Vogelschau mit Tessiner- und südlichen Bündneralpen im Hintergrund. Links im Bild, oberhalb dem hellen Band der Simplonstraße in den «Kalten Wassern», der Abhang des Mäderhorns, dahinter das schneebedeckte Wasenhorn, dann in der Bildmitte der von Kaltwasser- und Alpjengletscher umflankte Monte Leone und das Breithorn, davor der Gneisstock des Hübschhorns mit Simplonkulm, und dem Hospiz auf der Bergalp. Oberhalb der Spitalmatte mit dem alten Stockalper-Hospiz und dem langgestreckten Barral-Haus senkt sich die Simplonstraße entlang der «Chalberweid» südwärts gegen die Niederalp. Die durch glaziale Einwirkung und nachfolgende Erosion erweiterte und ausgewaschene tektonisch nicht resistente Zone der Paßmulde trennt die Monte Rosa- von der Monte Leone-Gruppe, und die Einsenkung wurde schließlich zum bedeutenden verkehrsgeographischen Faktor, der als relativ niedriger Paßübergang von 2005 m ü. M. die Voraussetzung zum bedeutenden internationalen Verkehrs- und Handelsweg bildete.

5.
Blick vom idyllisch zwischen Rundhöckerhügeln, kleinen Sümpfen und Hochmooren und Alpweiden gelegenen Hopschensee gegen Monte Leone, Kaltwassergletscher und Breithorn sowie gegen die eindrucksvolle, von einem dunklen Serpentinband durchzogene Gneispyramide des Hübschhorns, wo sich von Süden her die dunkle Wolkenwand einer nahenden Schlechtwetterfront aufschiebt. Der Hopschensee und der oberhalb des Hospizes liegende Rotelsee sind die beiden größten der verbliebenen kleinen Bergseen, die frü-

her auf dem Paßplateau zahlreicher vorhanden waren, aber im Laufe der Zeit vertorften und nun überall kleine Hochmoore bilden.

6.
Das Bild zeigt die typische Paßlandschaft der Bergalp südlich des Hospizes, wo zwischen Alpweiden kleine Sümpfchen und Moore bestehen und wo sich neben Polster- und Stachelspitzensegge auch das Wollgras findet, dessen Blüten später zu langen schneeweißen Wollhaaren auswachsen und der Pflanze das «wattebausch»ähnliche Aussehen geben. Die gesamte Bergalp zeigt unverkennbar die Spuren glazialer Einwirkung und ist, abgesehen von einem kleinen Lärchenbestand beim Hospiz, völlig baumlos, was einesteils auf die Benutzung des Geländes als Alpweide, anderseits auf die praktisch stets – zeitweilig jedoch besonders stark – über die Paßsenke hinwegwehenden Winde zurückzuführen ist, was besonders für den «Simpeler» zutrifft, der Nordwind am Paß, der aber meistens klares Wetter bringt. Graue Wolkenvorhänge, Regenschauer und trübe Nebelschwaden bringt hingegen der «Fehne», der Südwind – der andere der beiden ältesten «Burger» am Simplon. Auf der Nordseite des Passes reichen lockere Lärchenbestände bis unmittelbar an die Paßhöhe bei Simplonkulm heran, südwärts tritt der Baum erst bei der Niederalp auf 1820 Meter wieder in Erscheinung. Die durchschnittliche Jahrestemperatur beim Hospiz (1997 Meter) liegt bei 1,2 Grad, die Niederschlagsmenge bei 1674 mm. Als Vergleich dazu besitzt Brig (678 Meter) eine mittlere Jahrestemperatur von 9,1 Grad und Niederschlagsmengen zwischen 710 und 725 mm und Domodossola (270 Meter) besitzt Werte von 11,4 Grad und 1492 mm. Hinter dem großen Rundhöckerhügel erheben sich im Süden des Passes das 3996 Meter hohe Fletschhorn und das 3268 Meter hohe Bös- oder Rauthorn. Das Fletschhorn gilt als einer der eindrucksvollsten und schönsten Gipfel der Schweizeralpen, aber auch – in topographischer Hinsicht – als einer der kompliziertesten, denn er bildet mit seinen mächtigen, nach allen Himmelsrichtungen verlaufenden Graten und Kämmen fast ein Bergmassiv für sich allein. Am schönsten präsentiert sich der gewaltige Bergriese beim ehemaligen Schutzhaus 4 (Rothwald) und auf der Bergalp beim Hospiz.

Der Simplon-Saumpfad

7.
Die Place de la Palud in der Altstadt von Lausanne mit Kathedrale zur Saumpfadzeit. Lausanne verdankt seine Entstehung der Topographie des dortigen Geländes, wo auf einem strategisch günstig gelegenen Molassehügel am Südabhang des Jorat-Plateaus ein helvetisches Oppidum entstand. Dieser Hügel wurde durch die einst kleinen aber verhältnismäßig tief eingeschnittenen Bachtäler des Flon und der Louve – die beiden Bäche flossen südlich des Hügels zusammen und mündeten bei Vidy in den See – von den zwei weiteren benachbarten und vorspringenden Geländeerhebungen getrennt. Bei Vidy befand sich auch der Hafen «Vicus Lousanna», der vor allem in römischer Zeit besonders aufblühte und das ehemalige Oppidum, das jedoch nie ganz verlassen wurde, in den Hintergrund drängte. Der feste Platz auf dem Hügel wurde dann jedoch im 4. und 5. Jahrhundert während der Barbareneinfälle wieder aktuell und in der Folge zum römischen Castrum ausgebaut. Besondere Bedeutung erhielt Lausanne, als der Bischof im 6. Jahrhundert von der früheren helvetischen Hauptstadt Aventicum in den befestigten Platz am Verkehrsknotenpunkt am Genfersee zog und die Stadt zum Hauptsitz des Bistums machte. Die bereits im Verlaufe des 12. Jahrhunderts begonnene Kathedrale – sie gilt als der schönste frühgotische Sakralbau dieser Art in der Schweiz – wurde am 20. Oktober 1275 von Papst Gregor X. geweiht. Als weiterer markanter Punkt der Cité jener Zeit gilt das alte bischöfliche Schloß St. Maire, das vermutlich bereits im 11. Jahrhundert entstand, in seiner heutigen Form jedoch aus dem Ende des 14. Jahrhunderts stammt, und im Verlaufe der Zeit, besonders unter bernischer Herrschaft, mehrfach baulich verändert worden ist. Südlich der Cité entstand im Verlaufe des 10. Jahrhunderts auf dem zweiten vorgelagerten Hügel vorerst die Stadt Bourg und später auf jenem westlich des Louve-Baches und durch das kleine Tal des Flon vom Bourg getrennt, der Stadtteil St. Laurent, womit sich nun die Stadt, jeder Teil für sich getrennt, auf alle drei Hügel ausdehnte. Diese drei Teilstädte vereinigten sich aber bereits im Verlaufe des 15. Jahrhunderts, wobei sich die Stadt später (s. Bildtext 43) mit vorortsähnlichen Siedlungen vergrößerte. Nachdem die Waadt und Lausanne 1536 «bernische Provinz» geworden war, überwog der protestantische Einfluß und der Bischof übersiedelte nach Freiburg, womit die Stadt etwas an Bedeutung verlor. Die Berner errichteten jedoch 1579/87 die Akademie (aus der später die Universität hervorging), dank welcher die Cité geistiger Mittelpunkt der Stadt aber auch des Landes blieb. Der Stadtteil Bourg wurde von Gastwirten, Kaufleuten, Advokaten, Bankleuten und Notaren bewohnt, die Handwerker wohnten im St. Laurent oder unten am Louve-Bach, wo zwischen dem 10. und 12. Jahrhundert ebenfalls ein neuer Stadtteil außerhalb der damaligen Stadtmauer entstanden war. Bereits 1291 hatte Lausanne 7000 Einwohner, eine Zahl die sich lange Zeit nicht wesentlich nach oben veränderte. Im Jahre 1434 wurde Lausanne freie Reichsstadt, ein Privileg, das sie dann 1536 verlor. Be-

reits damals zeigte Lausanne ein Stadtbild, das die drei Hauptteile Cité, Bourg und St. Laurent zusammen mit den an den Bächen entstandenen Quartieren La Palud und Le Pont in die erweiterten Stadtmauern einbezog. Es blieb das Stadtbild bis ins 19. Jahrhundert, jedoch mehrheitlich mit Steinbauten, die nach den großen Bränden von 1219, 1235 und 1240 anstelle der früher üblichen Holzhäuser errichtet wurden. Mitten auf der im Bild gezeigten Place de la Palud steht der schöne Gerechtigkeitsbrunnen, wo auch der Markt abgehalten wurde. Am Platz steht ebenfalls das 1454 erbaute Rathaus, das 1675 baulich verändert und vergrößert wurde. Das Quartier Palud war seit jeher mit der Rue de la Mercerie und den – früher noch ungedeckten – Escaliers du marché mit der höher gelegenen Cité verbunden.

8.
Der natürliche Engpaß zwischen See und dem steilen Abhang am südwestlichen Ausläufer der Rochers de Naye bildete seit jeher ein strategisch wichtiger Punkt am Weg von und zu den beiden Alpenpässen Großer St. Bernhard und Simplon. Die im See inselartig vorspringenden Felsklippen waren denn auch massive Fundamente für einen Wehrbau, der vermutlich schon in römischer Zeit bestanden hat, aber erst vom 11. bis 13. Jahrhundert zur größeren Burganlage ausgebaut worden ist. Um die Mitte des 13. Jahrhunderts kam Chillon, zusammen mit der Waadt, unter den Einfluß des Hauses Savoyen, wobei vor allem Peter II. von 1255–1268 die Burganlage zum mittelalterlichen Bollwerk in der heute noch bestehenden Größe und Form ausbauen ließ. 1536 kam Chillon, das sich übrigens kampflos ergab, in bernischen Besitz und diente bis 1733 als Sitz des Landvogtes, zugleich aber auch als Zeughaus und Gefängnis. 1798 kam die unbewohnbar gewordene Anlage vorerst zum Kanton Léman der Helvetik, ab 1803 zum neu entstandenen Kanton Waadt. Die während Jahrzehnten vernachlässigt gewesene eindrucksvolle Burganlage wurde ab 1897 restauriert und teilweise rekonstruiert. Der trutzige Wehrbau, eine der besterhaltenen Anlagen in Europa, mißt 109 Meter in der Längsachse und ist 44 Meter breit, und der markante rechteckige Bergfried ist 26 Meter hoch. Durch Victor Hugo, vor allem aber mit Lord Byrons Gedicht «The prisonner of Chillon» – eine historisch-dramatische Elegie über den in der Burg eingekerkert gewesen François Bonivard – fand Chillon Eingang in die Literatur, was mithalf, die geheimnisumwitterte Burg am oberen Genfersee weltberühmt zu machen.

9.
Wasserwege waren zusammen mit den Straßen – die sich teilweise in bedenklichem Zustande befanden und somit oft den Transport auf Seen und Flüssen begünstigte – in Mittelalter und Neuzeit die beiden wichtigsten Verkehrsträger. Große Genferseebarken brachten die Handelsgüter nach den wichtigen Häfen Ouchy, Vevey, Villeneuve und Le Bouveret, wo auf Fuhrwerke und Saumpferde umgeladen wurde.

10.
Das Wallis, dieses von hohen Bergketten eingerahmte inneralpine Längstal, beginnt oder endet – je nach Fahrrichtung – an den Gestaden des Genfersees bei Le Bouveret und St. Gingolph. Der im Bild gezeigte «Canal Stockalper», der bei Le Bouveret in die blauen Fluten des Léman mündet, trägt wohl den Namen des großen Handelsherrn, doch wurde dieser Teil nicht von Stockalper, sondern viel später vom Kanton Wallis gebaut. Der eigentliche «Canal Stockalper» wurde als 14 km langer schiffbarer Kanal zwischen Collombey und Vouvry – bis zu diesem Ort war früher die Rhone schiffbar – von 1651–1659 gebaut. Der Kanal verlor mit Stockalpers Sturz seine Funktion und blieb lange Zeit ein von der Vegetation üppig überwucherter breiter Wassergraben. In den dreißiger Jahren kam dann dem «Canal Stockalper» eine neue Funktion zu, als man ihn vorerst im bestehenden Teil in Etappen zum Entwässerungskanal ausbaute, wobei zwischen 1931 und 1935 die Verlängerung von Vouvry bis Le Bouveret fertiggestellt worden ist. Der heutige «Canal Stockalper» ist das Gegenstück zum «Grand Canal» auf der Waadtländer Seite des Rhonequertales, der im Gebiet von «Les Grangettes», das oft auch «Camargue vaudoise» genannte unter Naturschutz stehende üppig bewachsene Schwemmland im Bereich der Rhonemündung, in den See fließt.

11.
Das Bild zeigt den aus dem Ende des 15. Jahrhunderts stammenden Turm und ein Teil der alten Kirche des um 1236 durch Aymon von Savoyen gegründeten ehemaligen Pilgerspitals in Villeneuve. Das Spital hatte im Mittelalter große Bedeutung, denn der Überlieferung nach sind zeitweilig täglich bis 1100 Kranke verpflegt und bis zu 600 Pfund Brot verteilt worden. Auch unter bernischer Regierung (ab 1536) wurden die Freistellen im Spital sowie die Verteilung von Brot an die Bedürftigen beibehalten, was in einem speziellen Reglement von 1640 festgelegt war. Die Kirche scheint man indessen profaniert und als Speicher verwendet zu haben. Das Spital wurde 1806 aufgehoben und der Stadt verkauft, die in der Folge einen Teil der Gebäulichkeiten als Schulhaus verwendete. Die ehemalige Kirche ist nach Restaurierung und neugotischem Umbau seit 1876 Rathaus. Das ehemalige Spitalgebäude entstand im Jahre 1919 vollständig neu. Die Umgebung Villeneuves war bereits in prähistorischer Zeit besiedelt, doch brachte erst die Römerzeit einen gewissen Aufschwung. Als wichtiger Platz am großen Römerweg vom Großen St. Bernhard nach Vevey und Avenches war Pennelocus – so hieß der Ort damals – in der Peutingerschen Tafel, dem «römischen Hauptstraßenverzeichnis», eingetragen, 14 Meilen von Tarnaiae (Massongex) und 9 Meilen von Vibiscum (Vevey) entfernt. Der Ort wurde später vermutlich durch Kriegseinwirkung zerstört, seine ehemalige Bedeutung ist indessen durch zahlreiche römische Funde in der Umgebung Villeneuves belegt. Erst 1005 erscheint ein neuer Ort mit dem Namen Compengie, der infolge des Handelsaufschwunges über die beiden Alpenpässe Großer St. Bernhard und Simplon sowie auch der strategisch wichtigen Schlüsselstellung von Schloß Chillon zunehmend an Bedeutung gewann. Der Ort erhielt 1214 Stadtrecht und feste Mauern und trug den stolzen Namen «La Ville-Neuve de Chillon», die in der Folge rasch zum wichtigen Zoll- und Handelsplatz, als Garnisonsstadt für die Besatzungen für Chillon und als wichtiger Stützpunkt der savoyischen Genferseeflotte aufrückte. Villeneuve besaß bereits 1332 rund 1500 Einwohner und war einflußrei-

cher als die benachbarte und ältere Stadt Aigle. Bereits 1278 bezog der Graf von Savoyen 50 Pfund an gewöhnlichen Einkünften und 500 Pfund an Zollgebühren. Damals passierten jährlich 4000 bis 6000 Warenballen die Zollstelle, was einen täglichen Durchschnitt von 20 beladenen Pferden ergibt. Im Jahre 1286 wurden in 213 Tagen 2211½ Ballen französischen und lombardischen Tuches, 1448 Ballen Wolle und Häute, 2568 Ladungen Salz und 810 Ladungen «Merceriewaren» am Zoll von Villeneuve kontrolliert. Mit dem Niedergang der Messen in der Champagne verlor auch die Stadt mit dem Rückgang des Handelsverkehrs an Bedeutung. Ende des 14. Jahrhunderts verzeichnete man den Durchgang von nur noch 400 Warenballen. Im Verlaufe der Burgunderkriege wurde Villeneuve im März 1476 von den Oberwallisern geplündert und gebrandschatzt. Nach der Eroberung durch die Berner im Jahre 1536 sank Villeneuve zum kleinen Provinzstädtchen ab, und dabei blieb es denn auch, selbst die Simplonbahn brachte keinen neuen Aufschwung mehr. Die Stadt besitzt noch heute ein geschlossenes Ortsbild – leider ohne Stadttore – wo die aus dem 12. Jahrhundert stammende Pfarrkirche den markanten Akzent setzt. Villeneuve hat sich dann in anderer Richtung entwickelt, als Zentrum eines bedeutenden waadtländischen Rebgebietes und als Fremdenort mit Kleingewerbe und Fischerei.

12.
Der wuchtige Bau des Schlosses von St. Maurice steht an strategisch vorzüglicher Lage im Felsengpaß. Das von der Natur geschaffene «Tor zum Wallis» war vermutlich schon im Altertum befestigt. Aus den Ruinen des savoyischen Schlosses, das von den Oberwallisern 1475 in Besitz genommen wurde, entstand unter Bischof Jost von Silenen (1482–96) ein neuer Wehrbau, der auch dem Oberwalliser Landvogt als Sitz diente. Das Schloß wurde 1523 durch den bekannten Walliser Baumeister Ulrich Ruffiner umgebaut und zugleich vergrößert. Zwischen Rhone und Schloß entstand 1618 eine neue Straße, die mit neuen Befestigungswerken (talauswärts mit Zugbrücke und demontablem Holzsteg gegen die Stadtseite) gesichert worden ist. Das Schloß fiel am 23. Februar 1693 während des Stadtbrandes von St. Maurice infolge Funkenwurfs ebenfalls dem Feuer zum Opfer, wobei noch ein Pulvermagazin explodierte und den Bau schwer beschädigte. Vier Jahre später war der Wiederaufbau vollendet. Die Rhonebrücke, die damals noch ganz dem Wallis gehörte, wurde 1491 von Baumeister Jean Paniot gebaut und 1523 durch Ulrich Ruffiner ausgebessert und verstärkt. Beide Brückenköpfe waren durch massive Tortürme geschützt. Der Turm am rechten Ufer – es war seit 1803 waadtländisches Kantonsgebiet – der im oberen Stockwerk eine Kapelle enthielt (s. Bild) wurde 1847 abgebrochen, und das große Vorwerk am linken Walliser-Ufer hatte man bereits 1815/16 abgebrochen. Der im Bild sichtbare kleine Rundturm an der Westseite erinnert an G. H. Dufour, den späteren General.

13.
St. Maurice war einst als Agaunum Hauptort der keltischen Nantuaten und später, in römischer Zeit, eine wichtige Militär- und Zollstation. Dort hat der Überlieferung zufolge unter Maximilian eine Thebäerlegion, die sich zum christlichen Glauben bekannte, den Märtyrertod erlitten. Hundert Jahre später sammelte Bischof Theodor von Octodurus (Martigny) die Gebeine der Märtyrer, bestattete sie in großen rechteckigen Gräbern und baute darüber 360/70 die erste Grabkapelle, woraus sich in der Folge das älteste kirchliche Zentrum der Schweiz entwickelte. Der Grabkapelle folgte die erste Basilika (5. Jahrhundert), dann die St. Sigismund-Basilika (515–520), die Guntram-Basilika (nach 574), die karolingische (Ende 8. Jahrhundert) und schließlich die frühromanische Basilika des 11. Jahrhunderts. Sie war mit 65 Metern in der Längsachse ein der größten unseres Landes und blieb in den Grundlinien neben einigen Umbauten und Ausbesserungen jahrhundertelang erhalten, wurde aber doch durch mehrere Feuersbrünste zwischen 1148 und 1560 sowie das Erdbeben von 1584 und den Felssturz von 1595 jeweils mehr oder weniger stark beschädigt. Im 13. Jahrhundert wurde der Turm erhöht und bekam sein heutiges Aussehen. Die Basilika des 17. Jahrhunderts (1614–1627) war praktisch ein Neubau unter Einbezug bestehender Bauteile, wobei die dreischiffige Kirche nun quer zum Felsabhang stand und nur noch über vier Joche verfügte. Der Stadtbrand von 1693 verwüstete auch Abtei und Kirche; bei ihrer Wiederherstellung bekam die Kirche eine barocke Ausstattung, doch später, im Verlaufe des 19. Jahrhunderts, auch störende stilfremde Ergänzungen und Veränderungen. Ein Felssturz zerstörte im März 1942 Teile des Glockenturms und der Kirche, was zwischen 1946 und 1949 zu Wiederaufbau und Restauration, gleichzeitig aber auch zum Erweiterungsbau der Abteikirche führte, wobei dem Schiff fünf weitere Joche angefügt wurden. Das Bild zeigt einen Teil dieses Erweiterungsbaues mit dem in die Ostflanke verlegten Haupteingang gegenüber dem alten Glockenturm.

14.
Winterliche Landschaft bei Martigny mit Blick gegen Val d'Entremont, wo der alte Verkehrsweg zum Großen St. Bernhard-Paß führt. Auf dem Felssporn am Talausgang der Drance erhebt sich die turmbewehrte Ruine des ehemaligen bischöflichen Schlosses La Bâtiaz. Die von hohen Pappeln überragte gepflegte Obstbaum-Plantage im Vordergrund wird nun ab Martigny zu einem charakteristischen Akzent im Kulturland der Talebene rhoneaufwärts. Aus dem Oppidum der keltischen Veragrer entwickelte sich in römischer Zeit zwischen dem heutigen Martigny-Bourg und Martigny-Ville der kaiserliche Marktflecken «Vicus Octodurus» (später Forum Claudii Vallensium), wichtiger Etappenplatz des Handels und strategische Schlüsselstellung an der großen Römerstraße über den Großen St. Bernhard, aber auch am Weg talaufwärts nach Sitten und Simplon. Anläßlich von Ausgrabungen freigelegte Grundmauern großer öffentlicher Bauten, Säulenhallen, Amphitheater und Fragmente monumentaler Standbilder – sie zählen zu den schönsten Römerfunden in der Schweiz und sind im Valeria-Museum in Sitten untergebracht – zeugen von der einstigen Bedeutung von Octodurus. Um 300 n. Chr. wurde der Ort – er lag nun offenbar etwas weiter talaufwärts und bildete den Kern des späteren Martigny-Bourg – die Hauptstadt der «Civitas Vallensium» (Gemeinde der Walliser). Bereits vor 381 war Martigny (der Name Martinie entstand im 12. Jahrhundert) Sitz

des Hl. Theodor, des ersten bekannten Walliser-Bischofs, doch bewirkten dann verschiedene Gründe, vor allem Langobarden-Einfälle und auch Überschwemmungen der Drance, die Verlegung des Sitzes nach Sitten. Martigny und seine Umgebung blieben vorerst bischöflicher Besitz, doch gelangte das Gebiet während des Streites Peters II. von Savoyen mit Bischof Heinrich von Raron 1260 erstmals zum Hause Savoyen und dann nochmals von 1384–1475. Danach war auch Martigny bis 1798 Untertanenland der sieben Zenden des Oberwallis und dem Gubernator in St. Maurice unterstellt. Als Ersatz für den früheren mehr taleinwärts gelegenen und später zerstörten burgähnlichen Bischofssitz Saint-Jean ließ Bischof Heinrich I. von Raron vor 1259 die Burg La Bâtiaz errichten, die auf dem Felsvorsprung am Rhoneknie eine talbeherrschende Position besaß. Von 1260–68 war sie als Pfand in savoyischem Besitz, und in dieser Zeit ließ Graf Peter II., den man auch gerne «le petit Charlemagne» nannte, den wuchtigen Rundturm als Bergfried erbauen, der auch heute noch die Burgruine dominiert. Wiederum in bischöflichem Besitz, ließ Bischof Peter von Oron umfangreiche Ausbesserungen an der Burganlage ausführen, wobei gleichzeitig auch der Bergfried um ein Stockwerk erhöht wurde. La Bâtiaz wurde während den Burgunderkriegen von den Oberwallisern 1475 verwüstet und 1518, im Verlaufe der Auseinandersetzungen zwischen Kardinal-Bischof Schiner und Georg Supersaxo (auf der Flüe) durch Brand endgültig zerstört. Die imposante Burgruine, das Wahrzeichen Martignys, wurde 1976/77 gründlich restauriert.

15.
Am östlichen Abhang eines kleinen Felsrückens, an dessen Südflanke früher die Rhone vorbeifloß, liegt das malerische, heute noch ringmauer- und torbewehrte Burgstädtchen Saillon, dominiert von der Tour de Bayart, dem 1260/61 unter savoyischer Herrschaft entstandenen starken Bergfried. Der wuchtige Turm war einst Mittelpunkt des auf dem Scheitel des Rückens liegenden Burgareals, wo heute von der ehemaligen Wohnburg – einst Sitz der Herren von Saillon und später der Kastlane – nur noch Mauerfragmente übrig sind. Saillon wurde 1052 erstmals erwähnt und gehörte damals noch zum Besitz des Bischofs von Sitten, kam dann aber im 12. Jahrhundert unter savoyische Herrschaft. Es war damals zugleich Hauptort einer Kastlanei, die auch Fully, Leytron und Riddes umfaßte und erhielt 1314 neben Freiheiten auch das Marktrecht. Graf Peter II. von Savoyen ließ den Ort bereits 1257/58 mit einer Ringmauer befestigen, welche sich hinter Wohnburg und Bergfried in westlicher Richtung fortsetzte und am steilen Westabhang rechtwinklig und mit drei halbrunden Türmen verstärkt, nach Süden abbog. Dieser Teil der Wehranlage mit den Halbtürmen ist heute noch erhalten und verleiht Burghügel und Landschaft den besonderen Akzent. Der Mauerring um Saillon, mit einigen zinnenbekrönten Türmchen bewehrt, ist erhalten geblieben, doch durch später außerhalb des alten Stadtbezirks entstandene Bauten teilweise verdeckt. Über den Dächern der eng aneinander gebauten Häuser, den gewinkelten Gäßchen mit den Toren nach Saxon, Fully und Leytron und den kleinen Plätzen erhebt sich die 1740 als Ersatz für eine ältere Kirche gebaute burgähnliche Pfarrkirche St. Laurent. Dem heute noch einheitlichen und geschlossenen Ortsbild, dessen Anlagen seit 1974 sukzessive restauriert werden, wurde 1975 im Rahmen des europäischen Jahres für Denkmalpflege und Heimatschutz nationale Bedeutung zuerkannt.

16.
Sitten war, dank seiner besonderen Topographie als Siedlungsplatz begünstigt, bereits in vorrömischer Zeit bewohnt und war Hauptort der Seduner, einem der vier keltischen Volksstämme im Wallis. Unter römischer Herrschaft scheint der Ort nicht besonders aufgeblüht zu sein, erst die Verlegung des Bischofssitzes von Martigny nach Sitten um 585 brachte den Umschwung. Durch Schenkung des Burgunderkönigs Rudolf III. gelangte die Grafschaft Wallis und somit auch die weltlichen Rechte im Jahre 999 in bischöflichen Besitz – Sitten war ab jenem Zeitpunkt praktisch kirchlicher und politischer Mittelpunkt der Alpenrepublik. Unmittelbar im Bereich der beiden Burghügel bildete sich am Westhang in geschützter Lage die ursprüngliche Stadt mit bischöflichem Bezirk, die Cité, die sich aber bald bis ans linke Bachufer der Sionne ausdehnte und mit einer Maueranlage gesichert war. Die Stadt dehnte sich in der Folge weiter westwärts aus und wurde dann von einer neuen, im 12. Jahrhundert gebauten größeren Stadtmauer umschlossen, die fünf Tore besaß: das Leuker-, Savièser-, Gundis- und Rottentor sowie den kleinen Nebenausgang zum Schießplatz unterhalb des Tourbillonhügels. Im 17. Jahrhundert wurde dann noch die «Porte Neuve» als sechstes Tor gebaut. Der Stadtbereich innerhalb der Mauer umfaßte neben der Altstadt mit dem Kern der bischöflichen Cité im Bereich des Valeria-Hügels und den Bezirken St. Paul und Petite Lombardie ebenfalls die drei Quartiere Malacuria, Glaviney und Pratifori. Hauptachse der Stadt war der «Grand Pont», der nun überdeckte Bachlauf der Sionne, wo Bürgerhäuser, kleine Handelsgeschäfte und Gasthäuser entstanden waren. Im Jahre 1560 gelangte das Vizedominat der Stadt in die Hände der Burgerschaft und bildete schließlich die Grundlage zu einem recht einflußreichen Patriziat, das sich im Verlaufe des 16. Jahrhunderts in der Stadt zu bilden vermochte. In die Stadtmauer einbezogen waren auch der markante Bau der Kathedrale Notre-Dame-du-Glarier, die, mit Ausnahme des Turms, im Verlaufe der Rarnerkriege zerstört wurde, aber unter den Bischöfen Andreas von Gualdo, Jost von Silenen und Matthäus Schiner im Zeitraum von 1418 bis 1499 als letzte mittelalterliche Kathedrale der Schweiz wieder aufgebaut wurde sowie die davorstehende kleinere St. Theodulskirche (begonnen im 16. Jh., aber erst im 17./18. Jh. beendet). Das barocke Rathaus, 1657/65 erbaut, ist auf dieser von Merian ca. 1642 gezeichneten Ansicht noch nicht abgebildet, dafür der Torturm, der einst den Zugang zum bischöflichen Bezirk bewachte und heute nicht mehr besteht. Im Verlaufe der wiederholten Auseinandersetzungen und Fehden um den Anspruch der weltlichen Rechte zwischen den Bischöfen von Sitten vorerst mit dem Hause Savoyen, dann mit dem aufstrebenden Land- und Ministerial-Adel und schließlich mit den selbstbewußter werdenden Landleuten der Zenden wurde auch die Stadt gelegentlich in Mitleidenschaft gezogen, so vor allem 1352, 1392, 1416 und 1418.

17.
Genau genommen gehört das im Bild gezeigte Quartier noch nicht zur «Petite Lombardie», es liegt jedoch unmittelbar vor jenem Altstadtteil mit den eng aneinander gemauerten, teilweise auf hohen, felsigen Fundamenten stehenden Häusern und den von Licht und Schatten geprägten winkligen, engen und romantischen Gäßchen der Rue de la Lombardie und der Rue des Tanneries, wo früher ein Teil des Handwerks und des Kleingewerbes seinen Sitz hatte. Das Bild zeigt die kleine ansteigende Rue du vieux Collège mit den markanten Bauten des Hauses de Riedmatten mit Treppenturm (erbaut 1728) und dem kleinen Bogentor mit gedecktem Übergang zum Nachbarhaus. Hinter dem Bogen, wo die enge Straße in die Rue des Châteaux einmündet, steht der wuchtige Bau der «Maison de la Diète» (ehemaliges Haus der Landratsabgeordneten), ein von Bischof Adrian V. von Riedmatten (1672–1701) errichtetes eindrucksvolles Gebäude. Im Hintergrund sind die Treppengiebel des im 15. Jahrhundert gebauten Viztumschlosses (heute Kunstgewerbeschule) und, ganz am oberen rechten Bildrand, vom Westflügel von La Majorie, dem aus dem 13. Jahrhundert stammenden Meierturm, zu sehen. Schloß Majoria (heute Kunstmuseum) war Sitz des Meiers, später dann von 1373 bis zum Brand von 1788 bischöfliche Residenz. Ehemaliger Bischofspalast war das heutige Theaterhaus östlich der Kollegiumskirche, der 1529 durch Feuer zerstört, und unter Bischof Adrian I. von Riedmatten 1536 wieder aufgebaut wurde.

18.
Auf dem nördlichen kahlen Felsrücken steht die eindrucksvolle Burgruine von Tourbillon, dem unter Bonifaz von Challant Ende des 13. Jahrhunderts erbauten bischöflichen Schloß mit äußerem und innerem Wehrbezirk. Das Bild zeigt die Ansicht von Osten aus dem baumbestandenen kleinen Plateau mit Burgkapelle und Türmchen links und die zinnengekrönten Reste des einstigen wuchtigen Bergfrieds. Tourbillon war die in Stein geprägte unmißverständliche Antwort auf die von den Savoyern zu Beginn des 13. Jahrhunderts auf ehemals bischöflichem Gebiet errichteten Burg Montorge, deren Ruinen noch heute auf dem Felsrücken zwei Kilometer westlich von Sitten stehen. Während der Rarnerkriege wurde Tourbillon 1417 teilweise zerstört, aber unter Bischof Wilhelm III. von Raron 1447 neu aufgebaut und blieb in der Folge bis 1788 Sommerresidenz der Bischöfe. Anläßlich des Stadtbrandes im gleichen Jahre ging auch das Schloß im Flammen auf, wurde zusammen mit wertvollen Kunstgegenständen zerstört und blieb Ruine. Man hat indessen die Mauern gesichert und nach Zerfallserscheinungen Ende des 19. Jahrhunderts etappenweise restauriert, was dann 1965 ein weiteres Mal durchgeführt wurde. Zusammen mit Tourbillon wurde während den Rarnerkriegen auch die Burg Montorge – der einstige ständige Zankapfel zwischen den Bischöfen von Sitten und den Grafen von Savoyen – niedergebrannt und blieb Ruine. Im gleichen Jahre (1417) ging auch die 1219 unter Bischof Landrich de Mont auf einem Felsgrat gegenüber Chandolin und im Sichtbereich von Montorge errichtete Burg Seta (La Soie) in Flammen auf und wurde nicht wieder aufgebaut. Auf dieser Burg wurde am 8. August 1375 der greise Bischof Witschard Tavelli durch die Knechte Anton von Turns von den Burgmauern in den Abgrund geworfen.

19.
Der südliche Burghügel trägt die imposante Kirchenburg Valeria, geflankt auf der Nordseite von ehemaligen Wohn- und Ökonomiegebäuden. Valeria ist nicht nur ein wertvolles und eindrückliches Baudenkmal, wo sich romanische und gotische Stilelemente glücklich verbinden, sondern, da die gesamte Anlage auf dem Felsrücken die Jahrhunderte praktisch unbeschadet überstanden hat, geradezu ein in Stein verewigtes und der Nachwelt überliefertes Stück Walliser-Geschichte. Die Kirchenburg und ihre Nebengebäude sind von einer aus dem 12. Jahrhundert stammenden, später erheblich verstärkten Ringmauer umgeben; selbst der eigentliche Hof des wehrhaften Sakralbaues ist in zwei Teile getrennt und durch die früher turmbewehrte «Porta ferrata» verbunden. Die Kirche Notre-Dame, ehemals Kathedrale und später Kapitelkirche, ist vermutlich zwischen 1100 und 1267 in vier verschiedenen Bauphasen errichtet worden. Valeria war von den Domherren bis 1798 bewohnt. Die verlassene Burgkirche wurde offenbar relativ rasch vom Zerfall bedroht, doch konnte die gesamte Anlage mit eidgenössischer und kantonaler Hilfe in den Jahren zwischen 1896 und 1903 gesichert und restauriert werden. Die Kirche verfügt über eine seltene und äußerst wertvolle Inneneinrichtung, darunter eine Orgel aus dem 15. Jahrhundert – die älteste in der Schweiz – und ein geschnitztes prächtiges barockes Chorgestühl, das 1662–1664 entstanden ist.

20.
Das Viztumschloß (Château de Vidomnes) in Sierre, das im 15. Jahrhundert von den Herren von Chevron erbaut worden ist. Das heute als Wohnhaus dienende kleine Schloß präsentiert sich als wehrhafter, turmartiger Bau mit geböschten Mauern und vier runden mit Pechnasen versehenen Erker in der Dachlinie. Ein kleines Treppentürmchen auf der Ostseite ergänzt den burgenhaften Eindruck. Der Viztum (Vicedominus) war als weltlicher Stellvertreter des Bischofs der höchste bischöfliche Beamte, wobei jenem von Sitten ein übergeordneter Rang zukam. Bischöfliche Viztume bestanden in Sitten, Sierre, Eifisch (Val d'Anniviers), Leuk, Raron, Visp, Naters, sowie in Chamoson, Martigny und Massongex. Diese Ämter waren erblich und gab den damit bestallten Adelsfamilien großen Einfluß, was schließlich nicht nur dem Bischof selbst Sorgen brachte, sondern vor allem den Landleuten ein ständiger Dorn im Auge war. An einzelnen Orten übertrugen sich die Befugnisse des Bistums auf den sogenannten Meier, der wichtigste Wirtschaftsbeamte des Grundherrn. Auch sein Amt wurde erbliches Lehen und diese Familien rückten daher in den niederen Adel auf. Mit dem wachsenden Einfluß der Zenden seit dem 15. Jahrhundert ging jedoch das Meieramt sukzessive an diese über und an die Stelle des Meiers trat mit den gleichen Befugnissen ein Kastlan.

21.
Der alte Stich zeigt das Rottental bei Varen in westlicher Richtung. Links am Bildrand das Illhorn hinter dem gewaltigen, rund 400 ha umfassenden Erosionstrichter des Illgrabens,

davor der dunkle, von zahlreichen Bachrunsen durchzogenen Nordhang des Gorwetschgrates. Dem Abhang vorgelagert die westliche Hälfte des vom Illgraben gebildeten großen Schwemmfächers, der schon damals mit Föhrenwald besetzt war. Der verwilderte Rotten rauscht ungebändigt talwärts und beansprucht praktisch die gesamte Breite des Talbodens. Die alte Abbildung zeigt den für das Wallis so bedeutsamen klimatischen, kulturellen, sprachlichen und politischen Grenzraum zur Zeit des Saumpfades, dessen Landschaft auch geomorphologisch eine Besonderheit darstellt, einerseits durch den bereits erwähnten großen Schwemmfächer, anderseits durch die weiter westlich anschließende hügelige von Grundwasserseen durchsetzte eigenartige Tomaslandschaft im Gebiet von Sierre. Es ist eine gewaltige Bergsturzdeponie aus der Nische zwischen Petit Mont Bonvin und der östlich davon gelegenen Varneralp. Rechts im Bild, auf sonniger Terrasse, liegt das Dorf Varen 157 Meter über dem vom Rotten mit stärkerem Gefälle vielarmig durchzogenen Schwemmland mit unzähligen buschbestandenen Kies- und Sandbänken. Über Varen führte einst der Saumpfad und auch die alte Landstraße (vgl. Bild 24) von Überschwemmungen geschützt nach Leuk. Die Fahrstraße durch den Pfynwald wurde erst zu Beginn des 19. Jahrhunderts gebaut.

22.
Blick vom alten Saumpfad am Hang unterhalb Schallberg gegen Tafernatal und Hübschorn. Rechts im Bild der bewaldete steile Abhang des Tochenhorns, und links der kleinen Bergföhre verläuft am rechten Talhang des Taferna-Baches im Santantoni-Wald deutlich erkennbar das Trassee des alten Saumpfades – es verläuft grundsätzlich auf jenem des alten Römerweges – gegen Mittelbäch, Taferna und Simplonkulm. Die Fahrstraße, deren Verlauf mit den Galeriebauten bei Rothwald und im Kapf am Nordwestausläufer des Wasenhorns gut erkennbar ist, folgt vorerst dem Gantertal und erreicht dann über Berisal-Rothwald-Schallbett die Paßhöhe.

23.
Auf der sogenannten Spitalmatte im südlichen Teil der Bergalp entstand im 13. Jahrhundert infolge des aufblühenden Transithandelsverkehrs über den Simplonpaß am alten Saumpfad ein Hospiz, dessen Gründungsjahr indessen nicht bekannt ist. Das Hospiz mit kleiner Kirche – die Anlage wurde offenbar später durch weitere Gebäude erweitert und ergänzt – war durch die Johanniter der Komturei Conflans (Savoyen), die ebenfalls in Salgesch eine Niederlassung hatten, gegründet. Das Hospiz war Salgesch unterstellt und wurde 1235 erstmals urkundlich erwähnt. Pilger und Bedürftige durften in der Regel 24 Stunden im Hospiz verweilen und hatten außerdem Anrecht auf unentgeltliche Verpflegung und Unterkunft. Kranke Reisende pflegte man im kleinen Spital, wo sie auch verbleiben durften, bis ihr Zustand die Weiterreise gestattete. Allen stand «Herd, Feuer und Wasser» – (focum, ignem et aquam) zur Verfügung, als Gaben wurden Brot, Käse und oft auch Wein verteilt. Der Niedergang des Simplonverkehrs im 16. Jahrhundert bedeutete auch für das Johanniter-Spital auf dem Simplon das Ende. Am 22. Februar 1590 verkauften die Malteser-Ritter das Hospiz mit den noch vorhandenen Gebäulichkeiten, Gütern und Rechten an den Meier Perrig in Brig, der den gesamten Besitz 1622 dem Antonius-Spital in Brig für 1200 Walliser Pfund verkaufte. Mangels Frequenzen und Unterhalt begann das Hospiz schließlich zu verfallen. Aus den Ruinen ließ dann Kaspar Jodok von Stockalper 1666 das im Bild gezeigte neue Stockalper-Hospiz erbauen, ein markanter 6geschossiger turmartiger Steinbau mit wuchtigem Krüppelwalm-Satteldach, überhöht vom an der Westseite leicht vorstehenden Treppenturm mit zierlichem Glockentürmchen. Die unteren beiden Geschosse standen den Reisenden zur Verfügung, die oberen vier dienten der Familie Stockalper als private Sommerresidenz. Das Gebäude, ein wertvoller Zeuge des alten Paßverkehrs, wurde 1968 vorbildlich restauriert.

24.
Die Dalabrücke mit dem zinnengekrönten Wehrturm aus dem 14. Jahrhundert vor Leuk führt die alte Landstraße inmitten von ausgedehnten Rebbergen über die enge Felsschlucht des rund 20 Meter tiefer liegenden Dalabaches. Der Turm des Mittelalters – er trägt über dem einst mit Fallgitter gesicherten Westportal noch die länglichen Öffnungen für die Hebearme der früheren Zugbrücke – steht an strategisch wichtiger Position und hatte die Funktion eines kleinen Außenforts der früher befestigten Stadt Leuk. Mit dem Bau der Fahrstraße durch den Pfynwald zu Beginn des 19. Jahrhunderts verloren alte Landstraße und Brückenturm ihre Bedeutung. Leuk war im Mittelalter eine mit Wehrbauten gesicherte Stadt (Leuca fortis) und bildete am Kreuzweg von zwei wichtigen Handelspfaden (Simplonpaß und Gemmipaß) ein wichtiger Warenumschlagsplatz. Leuk besaß bereits 1310 eine Transportordnung und eine Sust, die man nach einem Brand 1336 neu erbaute. Sie wurde in entsprechendem Abstand von umliegenden Gebäuden ganz in Stein erstellt und konnte bis 200 Ballen Wolle oder andere Kaufmannsgüter aufnehmen. Die neue Sust war zugleich Herberge.

25.
Das Bild zeigt den westlichen Teil der Burgschaft Visp mit der sogenannten Burgerkirche (Kirche Hl. Drei Könige) und dem Haus Inalbon auf dem Gräfinbiel. Die Burgerkirche, sie steht nördlich der höher gelegenen und älteren aber 1953 radikal umgebauten Pfarrkirche St. Martin (Mutterkirche der Großpfarrei), stammt offenbar aus dem 13. Jahrhundert und bekam 1710–30 ein neues barockes Kirchenschiff mit den eigenartigen, von Lukarnen überhöhten, tuffsteingerahmten Fenstern. Damals hat wohl auch der romanische Turm ein weiteres Stockwerk und den neuen Helm erhalten. Das zu Beginn des 16. Jahrhunderts gebaute schloßähnliche Haus Inalbon mit Treppengiebeln soll auf den Fundamenten des ehemaligen Biandrate-Schlosses stehen. Visp ist Hauptort einer der sieben historischen Zenden; seit 1915 der größte der fünf deutschsprachigen Bezirke des Oberwallis. Der Ort war schon in vorgeschichtlicher Zeit besiedelt, belegt durch Funde aus der Bronze- und Eisenzeit, offenbar aber nicht zu römischer Zeit. Erst im Verlaufe des 12. und 13. Jahrhunderts erscheint der Ort wieder mit dem Namen «Vesbia», seit dem 14. Jahrhundert als Vispach und Visp. Visp, zusammen mit Stalden und Saas, waren als Meiertum bischöfliches Leben der Grafen von Visp, denen später in Titel und Rechten die

Castello (1248) und 1266 die Biandrate folgten. Um 1400 entstand eine Kastlanei. Visp war wichtiger Marktort (St. Lorenzmarkt) und bedeutender Handelsplatz mit einer Sust für den Saumverkehr über die Pässe Monte-Moro und Antrona, zu dessen Förderung zwischen den Bischöfen von Sitten sowie den Städten von Mailand und Novara 1267, 1291, 1298 und 1300 Verträge abgeschlossen wurden. Visp hatte 1798 412 Einwohner. Der spätere Bezirkshauptort am Eingang zum Vispertal und somit am Weg zu Saas- und Mattertal mit überragender Bedeutung im internationalen Fremden- und Touristikverkehr (Saas-Fee und Zermatt) konnte sich in den vergangenen Jahrzehnten gut entwickeln, vor allem dank den ausgedehnten Industrie-Anlagen der Lonza-Werke und der Ansiedlung größerer Gewerbebetriebe. Aufschwung und Prosperität finden Ausdruck in den neueren Gewerbe- und Wohnbezirken im Bahnhofquartier und östlich davon mit dem von Hochhäusern dominierten Quartier im Litternagrund. Auch im Süden von Visp, an der Straße nach Visperterminen, entstanden in den vergangenen Jahren zahlreiche neue Wohnbauten. Visp verfügte im Jahre 1930 bereits über 2023 Einwohner, am 1. Januar 1977 waren es rund 6280 Personen. Erwähnenswert ist ergänzend das in rund 1350 Meter Höhe auf einer sonnigen Terrasse liegende Dorf Visperterminen, berühmt vor allem durch die in jenem Bereich hochgelegenen Rebberge (bis 1200 Meter), die «Heidenreben», wo der weiße «Heida», der sogenannte «Gletscherwein», entsteht.

26.
Die Ansicht des oberen Rottentales mit Brig, Naters, Glis und Visp (von Merian ca. 1640 gezeichnet), zeigt den damaligen Siedlungsstand. Rechts am Bildrand der frühere Zendenhauptort Naters, der diese Funktion 1518 an Brig verlor. Naters gehörte im Frühmittelalter dem Kloster St. Maurice, wurde dann aber 1079 von Kaiser Heinrich – zusammen mit Leuk – dem Bischof Ermenfried (1055–1082) geschenkt, doch kamen die beiden Orte erst nach jahrelangen Streitigkeiten im Jahre 1138 unter Bischof Garinus (1138–1150) endgültig an die Kirche von Sitten. Das Meiertum in Naters gehörte vorerst den Manegoldi, später den Biandrate, während das Vizedominat von den Augusta, später durch die Edlen von Urnavas (Ornavasso) ausgeübt wurde, deren Wohnturm heute noch existiert, allerdings zum Schulhaus umgebaut. Die ehemalige Burg Supersaxo (auf der Flüe), einst bischöfliche Residenz und oftmals auch Versammlungsort des Walliser Landrates, war der historische Schauplatz, wo 1446 die Landleute Bischof Wilhelm VI. (1437–1451) – er wurde manchmal irrtümlich auch als Wilhelm VII. bezeichnet – die sogenannten Artikel von Naters abtrotzten. Naters erlitt durch wiederholte Überschwemmungen des Rottens und des Kelchbaches mehrfach schwere Schäden. Die alte Saumstraße in Richtung Goms nach den Pässen Furka und Grimsel ging mitten durch das Dorf. 1857 wurde südlich des alten Dorfkerns die neue Furkastraße gebaut, wo in der Folge längs der Straße ein neues Viertel (vgl. Bild 122) entstand. Die alte im Bild sichtbare Rottenbrücke nach Naters ist mit der Walliser-Geschichte eng verbunden: am 3. November 1365 wurde im Bürgerkrieg der von Turn gegen den Bischof die Gräfin Biandrate zusammen mit ihrem kleinen Sohn auf der Brücke ermordet; 1495 wurde dort gegen Bischof Jost von Silenen und 1510 auch gegen Kardinal-Bischof Schiner die Mazze aufgepflanzt. Die Walliser besaßen mit der Mazze eine sonderbares Volksgericht; aus der 1415 gegen das Haus Raron geführten Erhebung bildete sich damals in Brig eine kämpferische Rotte, geschart um das Banner «von dem Hund», aus dem schließlich das fratzenhafte, bartumwallte Antlitz der Mazze in Form einer großen Holzkeule entstand. Herrschte politische Krisenzeit oder Unzufriedenheit bei der Bevölkerung, so wurde wiederholt die Mazze aufgepflanzt, und jeder, der sich am Aufstand beteiligen wollte, schlug zum Zeichen seiner Bereitschaft einen Nagel in das zähe Holz und zog anschließend mit der zornigen Schar zu jenem Ort, wo die «Strafe» zu vollstrecken war.
Links des Rottens ist Brig ersichtlich, damals, als das Bild entstand, bereits über ein Jahrhundert lang Zendenhauptort. Brig wurde urkundlich erstmals 1215 erwähnt (Briga) und war schon 1300 bischöfliche Zollstätte. Trotz der ersten Blütezeit des Paßverkehrs über den Simplon im 13. und 14. Jahrhundert blieb der Ort vorerst ohne große Bedeutung, obwohl er immer über eine gewisse Selbständigkeit verfügt hatte. Erst im Verlaufe des 17. Jahrhunderts, als der große Stockalper einen internationalen Transithandelsverkehr großen Stils über den Paß organisieren konnte, wuchs auch Bedeutung und Ansehen Brigs, das man damals «Briga dives» – das reiche Brig nannte. Brig litt oft unter den Überschwemmungen des Rottens und der Saltina und wurde durch die beiden Erdbeben von 1755 und 1855 wie andere Orte im Oberwallis beschädigt. 1799 wurde der einst einflußreiche Zendenhauptort «französisch» und die napoleonische Soldateska zog plündernd und verwüstend durch den Ort. Von 1810–13 war Brig Sitz einer französischen Unterpräfektur.

27.
Das in den Jahren 1658–78 von Kaspar Jodok von Stockalper erbaute Schloß gilt als der schönste und größte barocke Herrensitz der Schweiz, und ist gleichsam steinernes Manifest eines tatkräftig und zielbewußt organisierten und geförderten internationalen Transit-Handelsverkehrs über den Simplonpaß – einer Epoche, die zweifellos zu den bedeutendsten der Paß- und Verkehrsgeschichte zählt. Der eigentliche Palast, ein großer 5stöckiger Wohntrakt mit südlich angebautem hohem Treppenturm und kleinem Erkerturm an der Westfassade, wird durch den südlich direkt angebauten großen Hof, umfaßt von prächtigen dreigeschossigen Loggien und zwei Ecktürmen, zu einer einmaligen und eindrucksvollen Baugruppe ergänzt. Der Hof war einst belebt von Säumern und Transporttieren, die inmitten von Warenballen aus vieler Herren Länder auf dem Wege vom oder zum Paß zum Umladen oder zur Kontrolle kurze Rast machten. Alle drei Türme – sie sind nach den Namen der drei Heiligen Könige benannt – tragen auf stumpfen Zeltdächern die barocken Zwiebelhauben, die Palast und Stadtbild den besonderen Akzent geben. Der von Prismeller Baumeistern erbaute Stokkalper-Palast wurde 1948 in schlechtem Zustand und baulich teilweise verändert (die Loggien waren zugemauert und dienten zum Teil als Wohnraum) von der Stadtgemeinde Brig erworben und konnte 1954–61 dank einer Stiftung und dem verdienten Einsatz des ehemaligen Stadtpräsidenten Moritz

Kämpfen vorbildlich restauriert werden. Der Stockalper-Palast mit seinen zwei geräumigen Kellergeschossen und dem großen Innenhof als Warenumschlagsplatz ersetzte die für einen Simplonverkehr solchen Ausmaßes ungenügende alte Sust an der Simplonstraße, dem heutigen Teilerhaus. Nördlich des Stockalperschlosses steht das 1533 unter Peter Stockalper erbaute Alte Stockalperhaus, das zwischen 1640/60 – vorgängig bereits von seinem Vater – durch Kaspar Jodok erweitert worden ist.

28.
Ungehemmt rauscht der klare Ganterbach in seinem von Felsblöcken durchsetzten Bett beim Gantergrund, wo einst Römerpfad und späterer Saumweg durchführten, talwärts, wo er sich nur wenige hundert Meter von diesem Standort mit dem Taferna-Bach zur Saltina vereinigt. Dort befinden sich auch am Fuße des Glishorns rund ein Dutzend heute leerstehende Bauten schön geordnet am Hang, der Rest der einstigen Gemeinde Grund, die zusammen mit Ganter die gleichnamige Gemeinde bildete. Ihr Zentrum war Brunnen, das über Gemeindehaus, Talkapelle und Versammlungsplatz verfügte. Um 1400 waren in der Gemeinde Ganter rund 100 Familien ansässig. Die Gerichtsbarkeit wechselte vorerst die Besitzer (Grafen von Mörel, Bischof von Sitten, die Häuser Ornavasso und von Raron), kam dann 1436 von den Raron in den Besitz der Gemeinde, welche ab 1443 eigene Statuten festlegte. Gemeinde und Freigericht Ganter blieben bis 1798 selbständig; seit 1815 gehört Ganter politisch zu Ried-Brig. Im Grund betrieb Kaspar Jodok von Stockalper seine berühmten Eisengruben.

29.
Das Bild, betitelt «au Simplon», zeigt bepackte Saumtiere und durstige Säumer vor einer kleinen Taverne am alten Paßweg. Alte Schenken und Tavernen an alten Handelsstraßen haben – sofern sie noch bestehen – ihre eigenen Geschichten und Legenden, aber auch eine besondere Romantik, und gelten in gewissem Sinne als ein eigentliches Stück Kulturgeschichte überhaupt. Die wohl berühmteste Schenke am alten Simplon-Saumpfad war die legendenumwobene «Taferna» zwischen Mittelbäch und dem beschwerlichen Aufstieg zu Simplonkulm. Nach dem Bau der Simplonstraße verlor die kleine Herberge – wo die Wirtin, «Johannely fii Wasser üsgäh het fer Wii» – die Existenzgrundlage und diente schließlich den Belangen des Alpbetriebes. Das Haus steht heute noch – ein Relikt aus längst vergangener Paßgeschichte.

30.
Der alte Saumpfad im heutigen Zustand unterhalb von Simplonkulm, wo er vom Talschluß oberhalb Taferna am steilen Hang links des Hopschengrabens im Zickzack-Verlauf die Paßhöhe gewinnt. Im Hintergrund ein Teil des Kaltwassergletschers mit Monte Leone, Breithorn und Homatten- und Alpjengletscher sowie das Hübschhorn rechts im Bild. Der heute noch sichtbare und in seinen bestehenden Abschnitten als Wanderweg benutzte Saumpfad ist das mittelalterliche Trassee, das zur Zeit Stockalpers nochmals verbessert und ausgebaut worden ist. Dieser Saumpfad aus Mittelalter und Neuzeit (bis 1798) wird heute noch im Volksmund als «Römerweg» bezeichnet, vom einstigen Römerweg ist jedoch lediglich der Wegverlauf überliefert, von der relativ einfachen baulichen Anlage aus jener Zeit – es war ja bekanntlich (vgl. Haupttext) keine Militär- und Handelsstraße im Range des Großen St. Bernhards – ist so gut wie nichts übriggeblieben. Der mittelalterliche Saumpfad war auf der Nordseite vom Raume Brig bis zur Bergalp auf dem Simplonpaß praktisch mit dem früheren Römerweg identisch; im Süden umging dann der Römerweg Krummbachtal und Gondoschlucht auf einem Höhenweg entlang der linken Talseite über Homatta-Alpjerweng-Pianezza – er ist heute noch durch Alp- und Wanderwege angedeutet –, während der Saumpfad des Mittelalters durch die Gondoschlucht führte und heute dort praktisch ganz verschwunden ist. Der Saumpfad war je nach Geländebeschaffenheit zwischen 2,5 und 3 Meter breit, so daß zwei bepackte Saumtiere unbehindert kreuzen konnten. An Engpässen und gefährlichen Stellen z. B. oberhalb der Saltina- oder in der Gondoschlucht war der Handelsweg des Mittelalters und der Stockalperzeit ein eigentlicher Bergpfad.

31.
Das Bild zeigt zwei bepackte Maultiere, dem zur Saumpfadzeit zuverlässigsten Transportmittel in den Bergen. Das Maultier ist – im Gegensatz zum Maulesel – eine Kreuzung zwischen Eselhengst und Pferdestute, ist etwas größer und vor allem stärker als der Maulesel. Hervorragende Merkmale dieses einst so wichtigen Transporttieres im Gebirge sind die große Ausdauer bei der Arbeit und ganz besonders die bewundernswerte Sicherheit, mit welcher das mit großen Lasten bepackte Maultier die schwierigsten Bergpfade meistert. Ein Saum oder eine Saumlast entsprach einem Gewicht von 150 kg und wurde oft auch mit Ruben bezeichnet, wobei 21 Ruben einem Saum gleichkamen. Woll- und Tuchballen waren infolge des Volumens etwas leichter.

32.
Simplon-Dorf zur Zeit des alten Paßverkehrs; im Vordergrund der Meierturm, der lange Zeit das Wahrzeichen des Dorfes bildete. Wann die Siedlung am Südfuße des Passes entstanden ist, ist nicht bekannt, sie wird jedoch urkundlich erstmals 1240 erwähnt, kann aber schon Jahrzehnte früher bestanden haben. Interessant sind jedenfalls die Steinhäuser mit den dicken Mauern und tiefliegenden Fensternischen, die auf romanischen Ursprung schließen lassen könnten. 1291 gelangte der Ort von den Castello an den Bischof von Sitten, der sie den Biandrate zu Lehen gab. Seit 1257 hatte die Talschaft einen bischöflichen Verwalter (Meier) aus der Familie de Simplono, die im bereits erwähnten 5stöckigen Turm am nördlichen Dorfeingang ihren Sitz hatte. 1334 trat nach dem Verkauf des Turmes ein Kastlan an ihre Stelle, der von der Familie Teiler gestellt wurde, jene Familie, die den Turm im unteren Teil zur Suste umgestalten ließ und als Ballenteiler im Paßverkehr und auch im Dorf eine einflußreiche Position bekam. Nach Streitigkeiten gingen alle Funktionen zusammen mit dem turmartigen Wohn- und Sustgebäude durch Kauf an die Gemeinde und der Bau diente unter anderem als Gemeindehaus, bis er im Oktober 1892 plötzlich einstürzte. Die unteren drei Stockwerke blieben indessen erhalten und sind heute

noch bewohnt. Von Naturkatastrophen blieb das Dorf glücklicherweise weitgehend verschont, ebenso von den wiederholten schweren Auseinandersetzungen an der Südgrenze im Verlaufe des 15. Jahrhunderts. Schwer zu leiden hatte Simplon-Dorf im Jahre 1799, als nach dem Abzug der Österreicher französische Truppen das Dorf besetzten, viel zerstörten, aber jedoch kein Feuer legten. Von den damals 250 Einwohnern flohen viele vorübergehend in die Berge. Auf dem Friedhof der 1725 weitgehend neu gebauten hübschen Barockkirche ruhen neben Simplerbürgern auch die 76 Österreicher, die im Gefecht bei der Taferna (8. Juni 1799) auf der Nordseite des Passes gefallen waren. Am 13. Dezember 1813 drangen die Schneemassen eines Lawinenausläufers bis zur Kirche vor, wobei zwei Personen und 15 Pferde den Tod fanden. Im Jahre 1850 zählte Simplon-Dorf 364 Einwohner.

33.
Der «Gasthof», die im Jahre 1648 gebaute Herberge unmittelbar am alten Saumpfad, mit dem trutzigen, fast burgenhaften Charakter und dem von einer Mauer mit schönem Bogenportal umfaßten Innenhof. Im Hintergrund das 2310 Meter hohe Tschuggmatthorn.

34.
Das markante Sustgebäude mit 8stöckigem Turm an der Ostfassade entstand – vermutlich anstelle eines älteren Sustgebäudes – 1666–1680 im Auftrag von Handelsherr Kaspar Jodok von Stockalper. Das trutzig wirkende Gebäude diente in erster Linie als Sust, dann aber auch als Herberge, eine Funktion, die es noch lange beibehalten hatte. Heute steht das Gebäude außer dem Erdgeschoß praktisch leer. Ein ähnliches Gebäude wollte Stockalper am Eingang zur Gondoschlucht unterhalb von Gstein-Gabi (vgl. Bild 68) auf der Aebi am rechten Doveria-Ufer errichten. Doch weiter als bis zum Erdgeschoß – der Torpfosten der heute noch stehenden Ruine trägt die Jahrzahl 1676 – kam man nicht, denn zwei Jahre später war der große Bauherr, von seinen Landsleuten angefeindet und verkannt, in Domodossola im Exil und der Bau blieb unvollendet.

35.
Mit einem schönen, hohen Bogen führt die Saumpfad-Steinbrücke den gepflästerten alten Handelsweg im engen Val Divedro vor Crèvola über die Diveria. Sie wurde vermutlich erst im Verlaufe des 17. Jahrhunderts (im Auftrag Stockalpers?) anstelle der alten Brücke errichtet, die nur wenige Meter talabwärts stand und in zwei Steinbogen über den Bach führte. Von jener Brücke sind noch Fragmente der Widerlager sowie des auf einem mächtigen Felsblock in der Bachmitte aufgemauerten Mittelpfeilers zu sehen.

36.
Die bekannte Abbildung zeigt General Bethencourts Truppen beim Simplon-Übergang im Mai 1800. Als General Bonaparte im Mai 1800 mit 60 000 Mann und Artillerie über den Großen St. Bernhard nach der für ihn siegreichen Schlacht nach Marengo zog, sandte er gleichzeitig (27. Mai) General Bethencourt mit 1000 Mann als Flankendeckung über den Simplon, wobei der Marsch gleichzeitig der Wegerkundung zum Bau einer geplanten fahrbaren Militärstraße diente. Infolge des Niedergangs des Paßverkehrs befand sich der Saumpfad in schlechtem Zustand und bot den Truppen erhebliche Schwierigkeiten. Eine der gefährlichsten Passagen während des Marsches nach Süden – die Stelle befand sich vermutlich zwischen Gondo und Iselle – ist durch den Bericht von Quatremère-Disjonval (Bethencourts Generalstabschef) in die Paßgeschichte eingegangen: «Es war am 27 Mai 1800, als General Bethencourt den Zug begann. Die Natur hatte dieses Jahr um zwei Monate früher als gewöhnlich ein Hindernis weggeräumt, welches sonst das Schwierige dieser schmalen und rauhen Pfade außerordentlich vermehrt. Der Schnee war von den Wegen verschwunden, aber die Lawinen hatten diese selbst an mehreren Stellen hinweggerissen. Mit 1000 Mann sah sich General Bethencourt plötzlich am Rande eines Abgrundes, über welchen der Übergang nicht anders möglich gewesen war, als auf einer Art von Brücke, die nur aus einigen Balken bestand, die mit dem einen Ende in die Felswand eingehauenen Löcher eingelegt, an dem anderen freien Ende durch einen Querbalken unterstützt waren. Unglücklicherweise aber hatte ein abgestürztes Felsenstück diese Brücke in den in der Tiefe des Abgrundes mit fürchterlichem Ungestüm tobenden Strom hinabgerissen. ... Von der Brücke war nichts mehr zu sehen als die Löcher in der Felswand. – Da tritt einer der beherztesten Freiwilligen hervor, und wagt es, mit einer Hand sich anklammernd, seine Füße in die beiden ersten Löcher einzusetzen, während er mit der anderen Hand in Mannshöhe ein am Rande befestigtes Seil ausspannt; und so von Loch zu Loch fortschreitend gelingt es ihm den jenseitigen Rand des Abgrundes zu erreichen, wo er das Seil anknüpft. Hiemit ist die Brücke geschlagen. Nun ist der General der erste, der mit den Händen das Seil faßt, und so über dem Abgrunde schwebend den Übergang wagt, worauf alle 1000 Mann, einer nach dem andern, beladen mit Gewehr und Tornister, auf gleiche Weise über den bei 10 Klafter weiten Schlund setzten». Die fünf Hunde, die treu der Truppe folgten, konnten indessen das Hindernis nicht auf diese Art überqueren. Es blieb ihnen nichts anderes übrig, als in die tosenden Fluten zu springen, wobei drei in den schäumenden Wassern der Diveria ertranken; zwei davon hingegen gelang es, die Elemente zu meistern und sich der Truppe wieder anzuschließen.

37.
Die von breiten Arkaden gesäumte «Piazza del Mercato» in Domodossola ist der Mittelpunkt der Altstadt, und von einigen wenigen baulichen Veränderungen abgesehen, bietet sich auch heute noch dem Betrachter praktisch das gleiche Bild. Hier scheint die Zeit stillgestanden zu sein. Domodossola liegt am Fuße des Matterello, dem heutigen kreuzweggesäumten Kalvarienberg, und war bereits zur Römerzeit (Oscella) besiedelt. Zeitweilig von den Langobarden besetzt, gelangte Domodossola (Domus Dei), von Karl dem Großen verliehen, zum Bistum Novara und später zum Herzogtum Mailand, wo es in der ersten Blüteperiode des Simplon-Saumverkehrs eine bedeutende Rolle spielte, ebenso in der ennetbirgischen Politik der Eidgenossen und später der Walliser. Unweit des Marktplatzes in der Nähe der um 1400 erbauten Kirche La Collegiata, befindet sich der «La Motta» ge-

nannte Altstadtteil, wo neben Kleingewerbe und Herbergen auch Säumer und Kaufleute ihren Sitz hatten und in der Zunft der «Motte» – daher auch der Name des Stadtviertels – zusammengeschlossen waren. Weitere interessante Bauten sind der Palazzo Silva aus der Renaissancezeit (1519) und die Kirche Madonna della Neve aus dem 17. Jahrhundert. Domodossola war im Verlaufe der Eschentalerkriege von 1416–1425 im Besitz der Eidgenossen; 1487 wurden Stadt und oberes Val d'Ossola von den Wallisern kurzfristig erobert; sie verloren aber den Besitz wieder nach der schweren Niederlage bei Crèvola am 28. April 1487. Domodossola kam nach den Mailänder Kriegen 1535 an die spanischen Habsburger, 1714 an Österreich und 1735 an Savoyen-Piemont.

38.
Am Eingang zu Villa d'Ossola, wo der alte Handelspfad durch das Val d'Antrona zum gleichnamigen Paß führt, steht die aus dem 12. Jahrhundert stammende schöne romanische Kirche San Maurizio.

39.
Die Borromäischen Inseln zur Saumpfadzeit mit Blick gegen den Taleingang des unteren Val d'Ossola bei Fondotoce und Feriolo, im Hintergrund das Simplonmassiv mit dem weißen Gipfel des Monte Leone. Im Vordergrund der nördliche Teil der Isola Bella, die schönste und berühmteste der Inselgruppe (Isola Bella, Isola Pescatori und Isola Madre), die praktisch ganz vom Palazzo Borromeo und den üppig bewachsenen ausgedehnten Gartenanlagen – teils auf mehreren Terrassen angeordnet – eingenommen wird. Das Bild zeigt den unter Graf Carlo Borromeo III. um 1630 begonnenen und Ende des 17. Jahrhunderts beendeten großen Barock-Palast, der als Sommer- und Lustschloß diente. Das Gebäude beherbergte zahlreiche prominente Gäste, darunter auch Napoleon I. und seine erste Frau Joséphine. Die benachbarte Isola dei Pescatori, die Fischerinsel, hieß früher Insulella und war ausschließlich von Fischern besiedelt. Das kleine malerische, um die Kirche gruppierte Inseldorf konnte seinen Charakter wahren und hat mit seinen eng aneinander gebauten Häusern und den engen, winkligen und schattigen Gäßchen sein reizvolles südländisches und romantisches Bild beibehalten. Die Isola Madre (s. Bild 78) ist die größte Insel der Gruppe und beherbergt neben einem Palast aus dem 18. Jahrhundert auf fünf Terrassen einen botanischen Garten, der praktisch das gesamte Inselgelände umfaßt.

40.
Romantischer Altstadtwinkel mit dem Turm der Pfarrkirche von Sesto-Calende. Diese Gegend war schon in keltischer Zeit besiedelt, der Ortsname stammt aber vermutlich aus römischer Zeit und könnte von «Sextum calendarum» abgeleitet sein, weil damals am sechsten Tag jedes Monats ein Markt im Ort abgehalten wurde. Im mittelalterlichen Verkehr war Sesto-Calende zeitweilig Etappenort und Stützpunkt am Handelsweg nach Pavia und Mailand, ohne indessen über den Rang eines Provinzortes hinauszugelangen. Den eigentlichen Aufschwung brachten erst Postkutschenzeit und später die Eisenbahn (vgl. Bilder 79 und 153).

Die Simplon-Fahrstraße

41.
Die Ansicht von Alt-Brig gegen den Simplonpaß zeigt die Ausdehnung des einstigen Zendenhauptortes um 1830. Deutlich erkennbar sind die beiden Saltinabrücken; am westlichen Ortsausgang die zweibogige alte und torbewehrte Steinbrücke, dahinter die 1636/37 erbaute St. Sebastianskapelle, dann oben am Hang, die mit der neuen Fahrstraße zusammen gebaute gedeckte Holzkonstruktion der sogenannten Napoleonsbrücke mit dem imposanten Bogensprengwerk. Damals war der Rottenlauf im Bereiche von Brig noch nicht korrigiert, und die Häuser des Paßortes scharten sich um die von Stockalperschloß und der Kollegiumskirche (erbaut 1675–1685) dominierten Burgschaft, und boten somit die Silhouette einer kleinen Stadt. Beim Stockalperschloß ist noch der ursprüngliche Turm der St. Antoniuskapelle zu sehen, der 1851 einstürzte, dann aber durch ein neugotisches Bauwerk ersetzt worden ist. Oberhalb von Brig, entlang des Riederwaldes und bei Stuckisegg, ist der Verlauf der neuen Fahrstraße zu sehen, dann im Hintergrund nochmals bei Rothwald am Westhang des Wasenhorns. Den Bildmittelgrund dominiert die enge und tiefe rund 2 Kilometer lange Saltinaschlucht, wo seit jeher ein Weg- oder Straßenbau unmöglich war. Interessanterweise befindet sich auch am Beginn des Paßweges im Süden mit der 1,2 km langen und schroffen Crèvolaschlucht ein ebenso unwegsames Gegenstück (vgl. Bild 75).

42.
An der engsten Stelle, fast mitten in der 5 km langen Gondoschlucht, steht das eindrucksvolle Bauwerk des Ponte Alto oder der Hohstegbrücke (vgl. Bild 69). Schon zur Saumpfadzeit bestand an dieser Stelle eine Brückenkonstruktion. Wie sie ausgesehen hat, weiß man nicht, doch dürfte sich jene Brücke – da sie vermutlich auch von ihnen gebaut oder zumindest angeregt worden ist – von den entsprechenden Walserbauten am Gotthard und in Graubünden kaum wesentlich unterschieden haben. Der Mittelteil der im italienischen Streckenabschnitt der Napoleonsstraße gebauten Brücke besteht aus Holz, gemäß einem Befehl Napoleons, der aus strategischen Gründen (rascher Abbruch im Kriegsfall) diese Konstruktion anordnete. Robert Céard, der Sohn des ehemaligen Inspektors der Simplonstraße, schreibt in seinen Memoiren, daß infolge der engen Stelle in der Schlucht der Brükkenmittelteil oberhalb der Baustelle stückweise habe vorkonstruiert werden müssen, wobei dann die einzelnen Bauteile an Ort und Stelle zum Ganzen zusammengezimmert wurden.

43.
Bis zum Ende des 18. Jahrhunderts bestand Lausanne aus seinen Stadtteilen Cité, Bourg, Le Pont, La Palud und St. Laurent (vgl. Bildtext 7), die von den erweiterten Stadtmauern umfaßt waren, und das Stadtbild veränderte sich lange Zeit nicht. Die Einwohnerzahl betrug noch 1790 nur 8818 Personen. Doch dann wandelte sich das Bild der Stadt innerhalb

weniger Jahrzehnte rasch; anstelle der nun verschwundenen Stadtmauern traten die Vorstadtviertel Ale, Chêne, Etraz und Marterey, und die Stadt, die seit 1803 Hauptstadt des Kantons Waadt geworden war, wuchs langsam aber unaufhaltsam in die sie noch umgebenden Felder und Rebberge hinein. Zwischen 1815 und 1830 wurde das Tal der Louve an der Riponne aufgefüllt und 1836 fällte der Große Rat den Entscheid zum Bau einer Ringstraße um das Stadtgebiet. Die Hügel von Bourg und St. Laurent wurden mit dem 1844 errichteten Grand Pont (s. Bildtext 89) miteinander verbunden und im Norden schloß der 1856 in Betrieb genommene Tunnel durch den Rücken der Barre den «Ring». Bereits 1840 besaß Lausanne 18000 Einwohner, und die Place St. François auf dem Bourg wurde langsam zum neuen Stadtzentrum. Im Jahr 1856 verfügte die Stadt über den ersten Bahnhof. Die Entwicklung ging nun rasch voran: die letzten Rebberge in Stadtnähe verschwanden, 1865 wurde der Louve-Bach kanalisiert, um Platz für neue Straßen und Bauten zu gewinnen und zwanzig Jahre später erreichte das gleiche Schicksal auch den Flon-Bach. 1882 besaß Lausanne die erste elektrische Stadtzentrale Europas und 1896 erschienen die ersten Tramwagen im Straßenbild der Stadt, die 1885 bereits über 30000 Einwohner zählte. Die geradezu hektische Entwicklung der waadtländischen Metropole stand jedoch noch immer nicht still; das Flon-Tal wurde noch weiter aufgefüllt und im Nordosten entstanden in kurzer Folge der Pont Chauderon (1905) und der Pont Bessières (1910), die, zusammen mit den inzwischen neu entstandenen Bauten und Wohnvierteln, dem inneren Stadtbild einen vollständig neuen Akzent verliehen. In den zwanzig Jahren zwischen 1890 und 1910 hat sich die Einwohnerzahl der Stadt praktisch verdoppelt und zählte damals 60949 Einwohner. Seither hat sich Lausanne, zusammen mit seiner Agglomeration, weiter gut entwickelt (s. Bildtext 89) und bildet einen der kulturellen, wirtschaftlichen und administrativen Schwerpunkte der Westschweiz.

44.
Die Simplonpost ist in Vevey eingetroffen, wo zum Pferdewechsel sowie zur Aufnahme von Passagieren, Gepäck und Post kurze Rast gemacht wurde.

45.
Die um ca. 1830 entstandene Ansicht von Vevey und seiner Umgebung zeigt vor allem die Umgebung des Hafens, der neben Straße und später der Eisenbahn in der Geschichte des bedeutenden Verkehrsknotenpunktes am Rande der Waadtländeralpen eine wichtige Rolle spielte. Im Bereich von Vevey bestand schon eine prähistorische Siedlung, doch bekam erst das römische Vibiscum am Weg der großen Handels- und Militärstraße als wichtige Straßenstation seine Bedeutung. Die mittelalterliche Stadt wurde bereits um 1163 erwähnt, und stand vorerst unter bischöflichem, später dann unter savoyischem Einfluß. Während der Burgunderkriege wurde Vevey im Oktober 1475 zuerst von den Bernern, im März 1476 von den Wallisern und im Mai des gleichen Jahres nochmals von den Bernern geplündert. Um die Stadt stritten sich 1536 die Berner und die Freiburger, doch gelangte sie schließlich in den Besitz Berns und wurde protestantisch. Vevey wurde denn auch im 17. Jahrhundert durch die Aufhebung des Ediktes von Nantes Zufluchtsstätte der Hugenotten, die der Stadt erste Impulse zur Industrialisierung gaben, aber vorerst nicht von Dauer waren. Erst im Verlaufe des 19. Jahrhunderts entstanden jene Unternehmen (Schokoladefabriken Cailler und Kohler [1819 und 1867], Milchpulver- und Kondensmilchfabrik Nestlé [1867], Cigarrenfabrik Ormont und [1889] die Mechanischen Konstruktionswerkstätten), die, zusammen mit kleineren Unternehmen, dem Verkehrsknotenpunkt zusätzlich den Charakter eines Industrieortes gaben. Obwohl auch der Fremdenverkehr in Vevey eine wirtschaftlich wichtige Stütze darstellt, hat er nicht die überragende Bedeutung wie im benachbarten Montreux (s. Bildtext 183) und seiner Region. Vevey hat sich kontinuierlich – etwas weniger hektisch als Montreux und Lausanne – entwickelt und dehnte sich vor allem im Norden aus, aber ebenso ostwärts in Richtung La Tour-de-Peilz. Vevey zählte Ende Juli 1977 15935 Einwohner.

46.
Die Grand-Rue in St. Maurice ist die ehemalige Hauptachse des alten Städtchens, wo einst der Verkehr von und zu den beiden Alpenpässen Großer St. Bernhard und Simplon durchzog. Sie ist der einzige Straßenzug in der Altstadt, der praktisch ohne Eingriffe in unsere Zeit hinübergerettet werden konnte, und bietet mit den fast etwas südländisch anmutenden Häuserfronten beidseits der gepflasterten Straße ein recht malerisches Bild. Im Vordergrund steht das 1727/32 neu gebaute Hôtel de Ville, das gegen die Place du Parvis eine schöne Arkadengalerie besitzt. Infolge der in den sechziger Jahren im westlichen Stadtteil angelegten neuen Verkehrsachse, der einige Altbauten weichen mußten, wurde das historische Ortsbild beeinträchtigt. St. Maurice, schon früh besiedelt (vgl. Bildtext 13), war im 6., später wieder im 9. Jahrhundert zuweilen Residenz der Burgunderkönige des 1. und 2. Reiches, wobei sich der Gründer des letzteren, Rudolf I., im Jahre 888 in St. Maurice zum König ausrufen ließ. Um 1032 fiel ein Teil des Städtchens – der andere gehörte der Abtei – zusammen mit dem Chablais an Savoyen. 1288/89 ließen die Savoyer das Städtchen mit einer Ringmauer befestigen, das zugleich gewisse Freiheiten erhielt. 1476 eroberten die Oberwalliser St. Maurice, wo denn auch der Landvogt der sieben Zenden seinen Sitz hatte und über die Banner Gundis (Conthey), Ardon, Saillon, Martinach (Martigny), Entremont und St. Maurice zu gebieten hatte. Im Jahre 1693 fiel die Stadt, die schon im Verlaufe des 14. Jahrhunderts vom roten Hahn heimgesucht worden war, einem verheerenden Brand zum Opfer. Die Stadtmauern blieben bis 1740 intakt, danach begann man sukzessive mit dem Abtrag. In St. Maurice wurde 1798 die Unabhängigkeit des Unterwallis proklamiert, doch ließ sie dann vorerst noch etwas auf sich warten und die Stadt war ebenfalls ein Teil des napoleonischen «Départements du Simplon». Ab 1893 erhielt St. Maurice Festungswerke des Armee und gewann als Bezirkshauptstadt mit den entsprechenden Dienstzweigen und der Kantonsschule an Bedeutung, wobei aber auch die Simplonbahn und später angesiedelte Industrie den Aufschwung förderten. Als besondere Sehenswürdigkeit besitzt St. Maurice die berühmten Grottes-aux-Fées mit dem unterirdischen See. St. Maurice liegt

fast in der Mitte des sogenannten Rhone-Quertales, des eigentlichen Unterwallis. Dort herrscht bereits ein feuchteres Klima (St. Maurice hat 1010 mm Jahresniederschlag gegenüber Sitten mit 588 mm) und der Talwind – gekennzeichnet durch die charakteristischen taleinwärts gerichteten Windfahnen der Bäume – wirkt auf gewisse Kulturlandflächen störend. Die Ertragsintensität der bäuerlichen Kulturen, die vor allem Kartoffeln, Gemüse, Mais, Weizen, Zuckerrüben und Obst umfassen, erreichen nicht die Fülle der entsprechenden Agrargebiete im Mittelwallis. Die Rebgebiete im Quertal sind bescheiden und konzentrieren sich am Hang der linken Talseite auf kleine Inseln bei Vionnaz, Vouvry und Les Evouettes.

47.
Der Stahlstich zeigt Martigny-Ville um 1870 mit Schloßruine La Bâtiaz und Pfarrkirche; der Blick geht talaufwärts in Richtung Charrat und Saxon. Anstelle der einst bedeutenden römischen Siedlung (s. Bildtext 14), die später ganz vom Erdboden verschwand, bildete sich südlich davon mit Martigny-Bourg ein neuer Siedlungsschwerpunkt, der aber im Laufe der Zeit sukzessive die wirtschaftliche, später auch die politische Bedeutung zugunsten von Martigny-Ville verlor. Eigentlicher Mittelpunkt von Martigny-Ville ist die Pfarrkirche Notre-Dame-des-Champs, eine auf Fundamenten älterer Sakralbauten zwischen 1645 und 1687 errichteten Barockkirche sowie das 1866/67 erbaute Hôtel de Ville (Stadthaus) mit seinen hübschen Arkaden. Zum Stadtzentrum gehört aber auch die anmutige Place Centrale, deren boulevardähnlichen Trottoirs, wo man bei schönem Wetter seinen Apéro oder Espresso trinkt, von je zwei langen Reihen prächtiger Platanen besetzt sind. Der große Platz ist gesäumt von hübschen drei- und vierstöckigen aneinandergebauten Häusern fast südländischen Gepräges mit etwas abgeflachten Schieferdächern und zum Teil mit Arkaden versehenen und balkongeschmückten Fassaden, wo sich in den Erdgeschossen Ladengeschäfte, Gaststätten und Cafés befinden – kurz, ein Bild, das in seinem Gesamteindruck eher an ein piemontesisches Städtchen erinnert. Martigny spielte in der Walliser-Geschichte – neben römischer und frühmittelalterlicher Zeit – besonders zwischen 1835 und 1848, einer politisch besonders turbulenten Zeit, eine wichtige Rolle. Martigny war damals Zentrum der «Jungen Schweiz», jener liberalen, fast revolutionär geprägten Bewegung, die dann auch bald der konservativen Politik der «Alten Schweiz» des Oberwallis ins Gehege kam und schließlich zum Bürgerkrieg führte. Während des Sonderbundkrieges war Martigny von Truppen des General von Kalbermatten besetzt. Der einst locker gebaut gewesene Bezirkshauptort hat sich in den vergangenen Jahren infolge des wirtschaftlichen Aufschwunges auch baulich gut entfaltet, besonders entlang der Hauptachse der Stadt, der Avenue de la Gare, im Bahnhofbereich und südlich der Stadt gegen Martigny-Bourg. Martigny ist das eigentliche Handels- und Verwaltungszentrum des Unterwallis, spielt im Fremden- und Touristenverkehr nach wie vor als wichtiger Etappenplatz eine nicht unbedeutende Rolle und verfügt außerdem über Industrie- und Gewerbebetriebe. Der wichtigste Wirtschaftszweig Martignys und seiner Region ist jedoch die Produktion und der Vertrieb von Agrarerzeugnissen (Wein, Obst und Gemüse). Martigny beherbergt seit 1959 alljährlich während einigen Tagen das für den ganzen Kanton bedeutende «Comptoir du Valais» – die «Walliser Mustermesse», eine eindrucksvolle Leistungsschau des aufstrebenden Bergkantons. Martigny zählte Ende Juli 1977 11727 Einwohner.

48.
Die Ansicht von Westen zeigt die Stadt Sitten zur Zeit des Postkutschenverkehrs um 1845. An der Straße in der Bildmitte steht der übrigens auch heute noch erhaltene Hexenturm (Tour de la Sorcière), als Überrest der alten Stadtmauer, rechts davon der wuchtige romanische Turm und Langhaus von Sittens eindrucksvoller Kathedrale. Am Hang über der Stadt das turmartige Gebäude von La Majoria, daneben das ehemalige Vogteischloß und dann folgen ehemaliger Bischofssitz (heute Theaterhaus) sowie die nach dem großen Stadtbrand von 1788 in den Jahren 1806/10 errichtete Kollegiumskirche. Zwischen den beiden Burghügeln von Tourbillon und Valeria steht die kleine, aus dem Jahre 1325 stammende Allerheiligenkirche. Die Stadtmauern wurden zu Beginn des 19. Jahrhunderts abgebrochen und die Stadt begann sich, besonders nach dem Anschluß an das Eisenbahnnetz im Jahre 1860, vorerst im Westen und Süden, dann aber auch im Norden auszudehnen, nachdem eine politisch unruhige Zeit überwunden war. 1798 eroberten die Oberwalliser die von einer franko-helvetischen Garnison besetzt gewesenen Stadt, die jedoch kurz darauf (17. März 1799) von französischen Truppen unter General Lorges zurückerobert, und, wie damals bei den Franzosen üblich, auch schonungslos geplündert wurde. Von 1810–1813 war Sitten Präfekten-Residenz des «Département du Simplon», und wurde dann 1815 zusammen mit dem neuen Kanton Wallis dessen Metropole. Während den innenpolitischen Auseinandersetzungen unterstützte Sitten die Gleichberechtigung fordernden unteren Zenden und war damals zugleich Sitz der Unterwalliser-Behörden, während jene des Oberwallis in Sierre residierten. Nach den Gefechten von Bramois und St. Léonard wurde Sitten wieder Kantonshauptstadt mit Sitz des Großen Rates und des Appellationsgerichtes. Seither hat sich die Stadt wirtschaftlich und baulich gut entwickelt (vgl. Bildtext 102) und gilt als das eigentliche Zentrum politischen und wirtschaftlichen Lebens des Kantons, obwohl sich – und da hat sich in der Walliser-Geschichte bis heute nicht viel geändert – trotz der nahezu geographischen Einheit des Kantonsgebietes stets leicht partikularistisch gefärbte, regionale Subzentren mit Akzenten auf kulturellem, aber auch wirtschaftlichem Sektor und mit eigener Prägnanz halten konnten.

49.
Die Rue des Châteaux ist ein steil ansteigendes gepflästertes romantisches Sträßchen, das von der Rue du Grand Pont zum Sattel zwischen den beiden Burghügeln hinaufführt. Der malerische Torbogen markiert noch heute die untere Grenze des einstigen bischöflichen Residenzviertels, der ursprünglichen Cité. Die Rue des Châteaux bietet auch heute noch das Bild einer Straße des ausgehenden Mittelalters, obwohl die hohen Steinbauten im unteren Teil des Sträßchens nach dem Stadtbrand von 1788 praktisch neu aufgebaut worden sind.

Die kleineren Wohnbauten im oberen Teil der Straße sind spätmittelalterlichen Ursprungs und gelten als Relikte einer einst dort gestandenen größeren Siedlung, die Teil der ursprünglichen Cité war, durch den Stadtbrand aber zerstört und anschließend nur noch unvollständig wieder aufgebaut wurde.

50.
Durch die im Bild gezeigte Rue du Bourg in Sierre, wo sich einige historische Bauten noch zu einem malerischen Altstadt-Rest zusammenfügen, bewegte sich einst der gesamte Verkehr vom und zum Simplon. Im Vordergrund das Haus de Chastoney, erbaut in den Jahren 1636/45, ein erkergeschmückter schöner Barockbau mit mauerumschlossenem Innenhof und Torbogen-Eingang. Dahinter, am leicht abfallenden Straßenzug, steht die 1649 gebaute barocke Pfarrkirche St. Catherine mit ihrem markanten, aus Hausteinen gefügten Turm. Im Hintergrund ist das auf felsiger Anhöhe stehende Schloß Goubing, ein trutziger, rechteckiger Bergfried mit angebautem Treppenturm, zu sehen. Er ist Ausdruck des Patrizieradels (d'Albi, de Chevron, de Platéa, de Preux, de Chastoney und de Courten), der sich in Sierre schon früh herausbildete. Im Bild nicht sichtbar ist das Hotel Château-Bellevue, das 1658/66 unter Jean-François de Courten (Großkastlan und Bannerherr des Zenden Sierre) als Château de la Cour errichtet wurde. 1732 wurde das markante Gebäude durch den Westflügel erweitert und 1885 schließlich zum Gasthof umgewandelt und ist heute ein Repräsentationsbau ersten Ranges der Stadt Sierre. Der Hügel Géronde trug die erste keltische Siedlung, wo in der Umgebung auch prähistorische Funde gemacht worden sind, hingegen keine aus römischer Zeit. Das Gebiet von Sierre gelangte 515 als Geschenk des Burgunderkönigs Sigismund an die Abtei St. Maurice und wurde dann im 11. Jahrhundert bischöflicher Besitz. Der Siedlungsschwerpunkt, der sich offenbar im Frühmittelalter von Géronde zum westlichen Nachbarhügel verlagerte («Ancien Sierre»), bildete sich im Verlaufe des 13. Jahrhunderts sukzessive nördlich der beiden, im Bereich der zwei Géronde-Seen liegenden Hügel neu. Das neue Siedlungszentrum im «Plan» wurde in der Folge der Kern des späteren Zendenhauptortes und der heutigen Stadt. Seit jenem Zeitpunkt ist auch die Ortsgemeinde bekannt, die damals schon die Umgebung mit der Bezeichnung «Nobla Contra» oder «Noble Contrée» umfaßte, und später, um die Mitte des 14. Jahrhunderts Mittelpunkt des Zendens Sierre wurde. Der Zenden Sierre bestand damals aus der «Noble Contrée» – diese Region wird noch heute von den Gemeinden Randogne, Mollens, Veyras, Venthône und Miège gebildet –, dem Val d'Anniviers sowie der Region westlich von Sierre mit den Orten Chalais, Vercorin, Granges (Gradetsch), Lens, Grône und St. Léonard. Von 1839–1840 war Sierre Sitz der Oberwalliser-Regierung, die an der Verfassung von 1815 – die dem Oberwallis gegenüber dem ehemaligen Untertanenland und nun neuen unteren Kantonsteil gewisse Vorrechte gesichert hätte – festhalten wollte. 1850 zählte Sierre, das damals noch überwiegend deutschsprachig war, 875 Einwohner; vierzig Jahre später waren es bereits 1800 Personen, wobei sich zu jener Zeit bereits eine Rückkehr-Tendenz zum romanischen Sprachraum abzeichnete. Im Jahre 1920 besaß Sierre 3748 Einwohner, davon waren 1117 deutsch- und 2365 französischsprechend, 264 gehörten zum italienischen Sprachraum und 2 Personen waren Rätoromanen. Seither hat sich das Gewicht weiterhin zugunsten der romanischen Sprache verschoben: von der Ende Juni 1977 in Sierre ansässigen Bevölkerung von 13 481 Personen waren rund 80 Prozent französischsprechend. Sierre ist Bezirkshauptort, landwirtschaftliches Produktions- und Handelszentrum – vor allem im Sektor Weinbau und Weinhandel – und verfügt auch über Industrie und größere Gewerbebetriebe, was der Stadt, die sich in den vergangenen Jahren vor allem in westlicher Richtung mit neuen Wohnvierteln und Geschäftsbauten erheblich erweitert hat, einen bedeutenden wirtschaftlichen Aufschwung brachte. Nicht unbedeutend ist der Fremden- und Touristikverkehr, der dank dem sonnigen Klima Sierre und seine nähere und weitere Umgebung bevorzugt. Die Sonne im Wappenschild der Stadt ist berechtigt, denn vom Oktober bis März hat Sierre im Durchschnitt nur 30 Tage mit bedecktem Himmel, während Lugano 58, Zürich 88 und Genf sogar 112 Wintertage mit bedecktem Himmel aufweisen. Die jährliche mittlere Niederschlagsmenge liegt bei 58 cm und die mittlere Jahrestemperatur bei 9,3° – kein Wunder also, wenn man auch das Mittelwallis zu den Sonnenstuben unseres Landes zählt.

51.
Leuk zur Zeit der Postkutsche mit seinen historischen Bauten. Links im Bild die berühmte Ringackerkapelle, die 1690/94 vermutlich anstelle eines kleineren Sakralbaues auf dem dortigen früheren Pestfriedhof gebaut worden war. Sie gilt als der schönste Barockbau dieser Art im Wallis. Rechts davon erheben sich im Stadtteil Loye das ehemalige bischöfliche Schloß (nach Beschädigungen 1475 umgebaut) und daneben der von kleinen Erkern geschmückte ehemalige Viztum-Turm, der ebenfalls 1415 durch Brand beschädigt wurde, durch Ulrich Ruffiner 1541/43 wieder instandgestellt und umgebaut wurde. Heute dient der wuchtige Bau als Rathaus des Bezirkshauptortes. Hinter dem Rathaus ist ein Teil des Herrenhauses de Werra mit Türmchen zu sehen und oben am Hang steht der wuchtige romanische Turm der zu Beginn des 16. Jahrhunderts fertiggestellten spätgotischen Pfarrkirche St. Stephan, die den alten Häuserring um den abschüssigen gepflästerten Stadtplatz im Chabloz-Viertel dominiert. Im Stadtteil Galdinen befinden sich der aus dem Ende des 15. Jahrhunderts stammende alte de Werra-Stammsitz und das ebenfalls im gleichen Zeitraum gebaute Haus zen Ruffinen. Das einflußreiche Leuk spielte in der Walliser-Geschichte wiederholt eine wichtige Rolle, verlor dann aber seit dem 19. Jahrhundert (vgl. Bildtext 111) an Bedeutung zugunsten des an der neuen Talstraße und an den Geleisen der Simplonbahn liegenden Ortes Susten, dem ehemaligen Warenumschlagsplatz im Saumverkehr. Susten besitzt das Schloß de Werra, ein im Spätmittelalter entstandener Herrensitz, der unter anderem den Perrini und später den Mageran (1610) gehörte. Die im Vordergrund sichtbare gedeckte schöne Holzbrücke über den Rotten war zur Zeit des alten Handelsverkehrs ein wichtiger Flußübergang und wurde 1740 als «rarste Holzbrücke im Land» gebaut. Sie entstand damals anstelle einer 1324 erbauten und 1411 ausgebesserten Brücke. Die

heute über den dort durch ein Stauwerk gebändigten Rotten führende Eisenbrücke stammt aus dem Jahre 1877.

52.
Die Kirche von Glis – im Vordergrund das schöne barocke Friedhofsportal – ist ein eindrucksvoller Kirchenbau mit bedeutenden Zeugnissen barocker und spätgotischer Architektur. Sie war einst als wichtige Wallfahrtskirche im Oberwallis zugleich Mittelpunkt im historisch wertvollen Ortskern von Glis, von dem heute infolge hektischer Bautätigkeit in den vergangenen Jahren außer einigen Häusern aus dem 16. und 17. Jahrhundert – die zum Teil renoviert wurden – nichts mehr erhalten ist. Dank finanzieller Beteiligung des großen Stockalper, der übrigens in der Kirche seine letzte Ruhestätte hat, entstand 1642/59 ein Neubau des Kirchenschiffs durch die Prismeller Baumeister Christian und Peter Bodmer, die ebenfalls am Bau des Stockalper-Palastes beteiligt gewesen sind. Glis wurde 1640 von der Kirchgemeinde Naters abgetrennt, und war eine der größten Pfarreien im Wallis, der auch bis 1957 Brig angehörte. Obwohl man in Glis prähistorische Funde machte, blieb der Ort während römischer Zeit offenbar unbesiedelt und besaß auch später zur Zeit des Saumverkehrs keine größere Bedeutung. Erst der Bau der Napoleonsstraße brachte Glis als Ausgangs- und Zielpunkt – wenigstens vorübergehend – mehr Gewicht. Bei der Kirche fand im März 1801 der mit militärischem Pomp aufgezogene erste Spatenstich zum Bau der Fahrstraße über den Simplon statt. Der Platz für den Ausgangspunkt der künftigen Straße nach Süden war indessen nicht schlecht gewählt, stehen doch am linken Talhang zwischen Gamsen und Glis die ersten Gruppen von Edelkastanienbäumen.

53.
Eine Begegnung der gegenseitigen «Konkurrenz» – die Simplon-Postkutsche im Sommer 1905 vor dem wohl fertigen, aber noch nicht in Betrieb stehenden neuen Briger Bahnhof. Es war die letzte Saison des stolzen Fünfspänners und der eleganten Postkutsche dieses Typs, der ab 1906, als die Frequenzen über den Paß infolge der Tunneleröffnung stark zurückgingen, durch eine vierplätzige Berline ersetzt wurde. Sie fuhr dann bis 1919, als das Postautomobil auf die Paßstraße kam, als Sommerkurs täglich einmal in jeder Richtung über den Paß.

54.
Ankunft der Morgenpost in Berisal, dem damals beliebten und gut frequentierten Kurort an der Simplonstraße. Links im Bild ein Teil des großen Hotels und Kurhauses, das mit einem gedeckten Übergang mit dem ehemaligen Schutzhaus III und dem später östlich angebauten als Hotel-Dependence und Poststation dienenden Gebäude verbunden ist. Damals herrschte in Berisal bei der Ankunft der Postkurse noch lebhafter Betrieb und F. O. Wolf hat ihn treffend zu schildern vermocht: «Idyllische Ruhe herrscht im lieblichen Berisal jahraus, jahrein; täglich wird diese jedoch, freilich nur auf ein paar Augenblicke, beim Umspannen der Pferde unterbrochen. Besonders reiches Leben aber, von eigentümlich lokalem Anstriche, entwickelt sich dann hier oben, wenn dies zur Winterszeit geschieht. Personen und Gepäcke werden aus der großen Diligence in die kleinen Schlitten umgeladen, in welchem je nur eine Person Platz findet. Jeder Reisende erhält von der sorgenden Mutter Helvetia (gemeint ist die Eidg. Postverwaltung) für die Überfahrt warme Pelzdecken und der lange Zug von Einspännern setzt sich in Bewegung, mit dem ersten Schlitten der Postillon, auf dem letzten der alle überwachende Kondukteur.» Der moderne Motorfahrzeugverkehr hatte indessen für Romantik nicht viel übrig und er versetzte schließlich dem alten Berisal den Todesstoß. Noch im Herbst 1973 standen das ehemalige Kurhaus und weitere Gebäude – Schutzhaus III sowie angebaute Dependence und Postbureau mußten bereits in den fünfziger Jahren dem Straßenausbau weichen – an der berühmten Berisal-Kurve, doch war ihr Schicksal ebenfalls besiegelt. Vom alten Berisal existiert heute nur noch die 1975 restaurierte Kapelle und ein kleines chaletartiges Wohnhaus.

55.
Im Gegensatz zum Saumpfad, der bei Schallberg auf steilem Pfad zum Gantergrund hinunterführte und dann durch das Tafernatal in direkter Richtung zum Paß zog, macht die Fahrstraße den «Abstecher» – ein lohnender zwar – ins Gantertal hinein, wo fast zuhinterst im Tal die berühmte und von Künstlern oft dargestellte Ganterbrücke in 23 Meter Höhe über den noch jungen Ganterbach führt. Die Straße – die infolge aufwendigen Unterhalts in naher Zukunft durch eine große Brücke (s. Haupttext) ersetzt wird – führt durch schöne Tannen- und Föhrenwaldungen, die mit Birken- und Erlenbeständen aufgelockert sind. Die Ganterbrücke besaß ebenfalls den hölzernen Mittelteil, der erst Ende der zwanziger Jahre durch einen gemauerten Steinbogen ersetzt worden ist. Kurz vor der Brücke führte die Napoleonsstraße in den ersten Jahren durch eine kurze Galerie, die aber im dortigen schlechten Gestein von Beginn weg nicht viel taugte und infolge der zunehmenden Einsturzgefahr bereits um 1835 gesprengt und abgetragen wurde. Im Hintergrund verläuft entlang des Bergkammes zwischen Bortelhorn (links vom bewaldeten Abhang fast verdeckt) und dem Furggenbaumhorn die Grenze zwischen der Schweiz und Italien. Oberhalb des bewaldeten Abhanges links im Bild verläuft der bei Schallberg oder auch ab Roßwald beginnende Wanderweg der dann entlang der südlichen Abhänge von Faulhorn, Huwiz und Bettlihorn über den einsamen Saflischpaß nach dem Saflischtal und hinüber zum Binnatal führt.

56.
Das markante Gebäude des Simplon-Hospizes während des sommerlichen Reiseverkehrs; im Hintergrund das wolkenumwallte Fletschhorn. Infolge der neu trassierten Simplon-N 9 ist es beim Hospiz ruhiger geworden. Der etwas windgeschützte Hang beim Hospiz ist der einzige Ort auf der gesamten Bergalp, wo sich einige Lärchen ansiedeln und auch halten konnten, was der sonst kahlen Landschaft auf dem Paßplateau einen freundlichen Akzent gibt. Der mächtige vierstöckige Bau (Geschichte s. Bildtext 62), das größte Hospiz aller europäischen Alpenpässe, mit einem Grundriß von 20 auf 64 Meter und einem Volumen von 26 000 Kubikmetern, wurde noch unter napoleonischer Herrschaft begonnen und bis zum ersten Stock erbaut, aber erst später nach den Plänen

von Architekt Perregaux in Lausanne für einen Baupreis von 150000 Franken fertiggestellt. Die Bauarbeiten begannen am 25. Oktober 1826 und waren im Herbst 1831 beendet, so daß das Haus am 21. November 1831 von den Augustiner Chorherren bezogen werden konnte. Bischof Roten von Sitten weihte im Sommer 1832 die Kapelle des Hauses. Das große Hospiz, das damals bis zu 300 Personen auf einmal hätte beherbergen können, war lange Zeit auf dem Paß die einzige Unterkunft für Reisende. 1890 entstand dann beim Simplonkulm ein neues Gasthaus, das fünf Jahre später vom Briger Advokaten und damaligen Stadtpräsidenten Othmar Kluser käuflich erworben wurde. In der Folge entstand der westliche Anbau, dem dann auch das bestehende Haus angepaßt wurde, und bis 1907 war der Ausbau zum Hotel Bellevue abgeschlossen. In dieser Form besteht das Gebäude, das vor allem in der Endphase der Postkutschenzeit als Ergänzung zum Hospiz eine nicht unbedeutende Rolle spielte, noch heute. Das Haus wurde 1955/56 praktisch in allen Innenräumen den höheren Anforderungen des modernen Tourismus angepaßt, wobei ab Ende der sechziger Jahre der nun im Paßgebiet ebenfalls mögliche Wintersportbetrieb zu berücksichtigen war. Im Jahre 1912 öffnete das Gasthaus Simplon-Blick – es entstand 1954/55 in seinen Grundmauern neu – den Gästen seine Pforten und 1959 konnte zusätzlich das kleine Turmhotel «Monte Leone» in Betrieb genommen werden.

57.
Hochsommerlicher Postkutschen-Reiseverkehr bei Schallbett – ein echtes Betriebsbild aus jener heute wohl romantisch geltenden, damals jedoch auch nicht problemlosen Zeit. Im Hintergrund die Kette der Berneralpen mit der Felspyramide des Bietschhorns.

58.
Die um 1832 entstandene Lithographie zeigt die Paßlandschaft im Bereich der «Kalten Wassern» zwischen Schallbett (im Vordergrund Refuge V) und Simplonkulm. Im Hintergrund der Kaltwassergletscher mit Hübschhorn und Schutzgalerien entlang der Paßstraße. In jenem gefährdeten Bereich entstand zusammen mit dem Fahrstraßenbau nur die in der Bildmitte sichtbare Alte Galerie, die durch einen felsigen Ausläufer des Hübschhorns führt. Céard, der die Tücken des Simplonwinters kannte, beantragte oder plante zumindest weitere Galerien, doch wurden zu Napoleons Zeiten keine neuen Galeriebauten mehr errichtet. Erst um ca. 1830 begann die Walliser Regierung unter der Bauleitung des aus Visperterminen stammenden fähigen Kantonsingenieurs Ignaz Venetz mit Galerieneubauten im Bereich der «Kalten Wassern». Damals entstanden die dem dortigen Gelände angepaßte und in einer Biegung verlaufende rund 35 Meter lange Kaltwasser-Galerie, ein massiver, ganz aus großen Hausteinen errichteter Kunstbau mit sechs großen bogenförmigen Lichtöffnungen, die den Blick auf den vom über das Galeriedach geleiteten Bach gebildeten schönen Wasserfall freigaben, sowie die am rechten Bildrand erkennbare lange Josefsgalerie, die 1852 durch einen imposanten Neubau (s. Bild 60) ersetzt worden ist. Damals wurde gleichzeitig die unter Céard erbaute Alte Galerie baulich verbessert. Das am linken Bildrand sichtbare Schutzhaus (Refuge) V entstand – zusammen mit seinen «Schwestern» I bis VII – im Jahre 1810 (vgl. Bildtext 194) und war stets eine wichtige Herberge am Paßweg. Eine Verordnung vom 29. November 1810 übertrug dem «Cantonnier» – er war zugleich Wegmacher und erhielt neben dem Schankrecht vom Staat jährlich 550 Franken Vergütung – folgende Aufgaben, die hier im Originaltext wiedergegeben sind: «Chacun des cantonniers logés par le gouvernement, est tenu de donner asile aux voyageurs, de les chauffer, de les aider et de les secourir autant qu'il depend de lui et sans recevoir d'eux autre rétribution que celle due pour fournitures d'aliments. Il doit prevenir les voyageurs, lorsqu'il a du danger pour eux de continuer leur route.» Die Schutzhäuser dienten dann erstmals in größerem Stil den geschlagenen Resten von Murats Italien-Armee, die im Dezember 1813 nach der Völkerschlacht bei Leipzig über den Simplon nach Italien zurückkehrten. Oberhalb von Schutzhaus V fand auch jener junge neapolitanische Garde-Oberst, der mit einem Dutzend beherzter Soldaten trotz des heftigen Schneesturmes zur Weiterreise aufgebrochen war, zusammen mit seinen Begleitern den Tod, als sie von einem großen Schneebrett in den Abgrund gerissen wurden.

59.
Das Bild zeigt die alte Paßstraße im Bereich zwischen Alter Galerie und Josefsgalerie, ein Straßenstück mit prächtigen Ausblicken gegen den Talgrund bei Brig und Berneralpen, jedoch im Winter ein gefährlicher Abschnitt. In der ersten Betriebszeit der Fahrstraße bestanden zum Schutz der Reisenden zwischen den Schutzhäusern V und VI und dem damals noch unfertigen Hospiz sowie nebst der auch als Unterstand verwendbaren Alten Galerie total sechs Unterstände mit Schutzdächern gegen Schneestürme und Unwetter. Das im Bild gezeigte Straßenstück wird heute mit dem 440 Meter langen Kulm-Tunnel umfahren.

60.
Die im zeitgenössischen Bild dargestellte ursprünglich rund 130 Meter lange Josefs-Galerie, das damalige straßenbautechnische Prunkstück am Simplon, wurde 1852 von Ingenieur Venetz anstelle einer von der Walliser Regierung früher errichteten Galerie neu gebaut. Die imposante Galerie besaß zwei getrennte Fahrbahnen; die äußere diente in der schneefreien Zeit von Mai bis Oktober dem Fahrverkehr, die durch 18 Bogenfester erhellte Galerie dem Winterverkehr. Der eindrucksvolle Kunstbau – er war zur Zeit des Abbruchs infolge der nicht spurlos vorübergegangenen harten Simplonwinter noch ca. 75 Meter lang – mußte dem neuen Galeriebau des modernen Straßenverkehrs (s. Bild 199), einem in jeder Beziehung würdigen Nachfolger, weichen.

61.
Ein winterliches Paßbild mit dem alten Stockalper-Hospiz und kleinem zweispännigen offenen Postschlitten, der zwei Passagiere und Gepäck befördern konnte. Unterhalb des Hospizes ist ein Teil des langen Barralhauses zu sehen, das um 1903/04 von Pater Barral gebaut wurde und ursprünglich der Belegschaft des Hauses in Immensee als Sommerresidenz hätte dienen sollen. Infolge finanzieller Schwierigkeiten

blieben weitere geplante Bauten unausgeführt und das bestehende Haus kam um 1921 an die Schweizerische Missionsgesellschaft Immensee, die das Gebäude während Jahrzehnten als Sommeraufenthalt für ihre Seminaristen verwendete. Ab ca. 1968 dient nun ein Teil des Gebäudes verschiedenen Jugendgruppen als Ferienlager, der größere Teil davon wird jedoch von der Armee als Unterkunftsräume benutzt.

62.
Das Simplon-Hospiz entstammt einem von Napoleon bereits 1801 geäußerten Wunsch, und hätte – seinem strategischen Denken entsprechend – eigentlich eine große Kaserne werden sollen, allerdings christlich verbrämt in Verbindung mit einem Hospiz, das von den Augustiner-Chorherren des Großen St. Bernhards geleitet werden sollte. Das künftige Hospiz wurde auch mit Gütern ausgestattet: von Frankreich besonders «großzügig» mit einem Stiftungskapital von 20000 Franken, von der Cisalpinischen Republik – die Italiener zeigten sich in solchen Dingen aufgeschlossener – mit den Gütern (436000 Franken) und den Einkünften (jährlich 21783 Franken) von zwei aufgehobenen Klöstern in Pavia. Im Jahre 1809 richteten sich die Augustiner-Mönche provisorisch im alten Stockalper-Hospiz ein, nachdem man ein Jahr zuvor mit dem Aushub für die Fundamente des neuen Hospizes begonnen hatte. Der Neubau – ein von Lescot ausgearbeitetes und nicht realisierbares Projekt hätte einen Kostenaufwand von 800000 Franken erforderlich gemacht – ließ indessen auf sich warten, erst am 11. Juni 1811 erfolgte die Submission (neuer Baukostenbetrag 340000 Franken), wobei anschließend offenbar zeitweilig am Aushub weitergearbeitet worden ist. Der offizielle Baubeginn erfolgte erst im August 1813 mit der Grundsteinlegung. Als Bonaparte im April 1814 gestürzt wurde, standen vom großzügig konzipierten Bau lediglich die Mauern bis zum ersten Stockwerk, die dann in den Besitz des neuen Kantons Wallis kamen. Nach mühsamen 10jährigen Verhandlungen gelangten schließlich 1825 die Baufragmente für einen Preis von 15000 Franken von der Walliser Regierung in den Besitz der Chorherren des Großen St. Bernhards, die den Bau anschließend bis 1831 (s. Bildtext 56) vollenden ließen. Zur Postkutschenzeit waren neben dem Prior vier weitere Geistliche im Hospiz tätig. Über das Hospiz schrieb F. O. Wolf im Jahre 1880 folgendes: «Jährlich werden zwischen 10000 und 12000 Fremde unentgeltlich bewirtet und beherbergt. Ist's nicht Essenszeit, so setzt man den Ankommenden Käse, Weißbrot und Wein vor, vermögliche Reisende legen den Wert des Genossenen in den Opferkasten. Die große Menge vollständig eingerichteter Zimmer gestattet, daß gleichzeitig gegen 300 Personen im Hospiz übernachten können. Die schöne Kirche, sowie die im zweiten Stockwerk liegenden Salons mit vielen, Napoleon und seine Umgebung darstellenden Bildern sind einer Besichtigung wohl wert. Etliche Klosterdiener versehen den Dienst und mehrere Hunde der St. Bernhardiner-Rasse, wahre Prachttiere, müssen im Winter täglich bei stürmischem Wetter zum Aufsuchen Verunglückter oder Erschöpfter ausgesendet werden.» Im Jahre 1899 hat das Hospiz allein 28700 italienische Arbeiter aufgenommen und verpflegt. In den Jahren vor dem Ersten Weltkrieg, auch nach der Eröffnung des Simplontunnels, betreute das Hospiz täglich – jeder Gast hatte Anrecht auf einen 24stündigen Gratisaufenthalt – im Durchschnitt zwischen 16 und 18 Personen, meist italienische Fremdarbeiter oder Handwerksburschen aus West- und Nordeuropa. Diese Zahl hat sich praktisch bis in die dreißiger Jahre kaum verändert, dann gingen die Gratisverpflegungen langsam zurück und wurden nach Ende des Zweiten Weltkrieges schließlich ganz eingestellt.

63.
Das alte Dorf Eggen wurde 1399 urkundlich erwähnt und bildete mit seiner Umgebung eine selbständige Gemeinde. Das Dorf lag aber weiter paßwärts, etwa in der Mitte der Diagonale zwischen dem heutigen Weiler Waldmatte und Maschihüs im sogenannten «Trinisboden». Das alte Eggen wurde in der Nacht vom 31. August 1597 durch einen vom Homattengletscher niedergehenden großen Eissturz zerstört, wobei 81 Personen den Tod fanden. Das neue Dorf (im Bild) entstand dann weiter talabwärts, wobei die ersten Häuser dieser Siedlung zu Beginn des 17. Jahrhunderts entstanden sein dürften. Einer Inschrift zufolge wurde das ehemalige Gerichtshaus, das sogenannte Schmidhalterhaus, im Jahre 1602 erbaut. Im Hintergrund steht im Schatten einiger Lärchen die kleine Barockkapelle, die im Jahre 1670 erbaut und 1754 vergrößert wurde.

64.
Mit einer großen Kurve führt die alte Simplonstraße – sie wird seit Herbst 1977 durch die neue Umfahrungsstraße von Simplon-Dorf ersetzt – durch das mit großen Felsblöcken und inzwischen von schönem lockerem Lärchenwald durchsetzten Trümmergelände des großen Fels- und Gletschersturzes, der am 19. März 1901 vom Roßbodengletscher am Fletschhorn zu Tale stürzte. Eine große Fläche von Wald und Wiesland wurde vernichtet, und auch zwei Menschen fanden damals den Tod.

65./66.
Der Postkurs von Domodossola nach Brig beim Pflichthalt vor dem Hotel de la Poste und dem im gleichen Hause stationierten Postbureau in Simplon-Dorf. Das große Haus wurde 1810 als französisches Offizierskasino errichtet, jedoch später zum Gasthof um- und ausgebaut. Das Bild zeigt eine der ab 1889 neu in Betrieb genommenen Postkutschen, ein 8plätziger Coupé-Landauer, die nur noch über Fensterplätze verfügten und die vorher eingesetzt gewesenen schweren 10-Plätzer-Kutschen sukzessive ablösten. Von 1890 bis 1906 verkehrten im Sommer täglich jeweils zwei fahrplanmäßige Postkurse in beiden Richtungen zwischen Brig und Domodossola, wobei in der Regel pro Kurs 32 Personen, täglich in einer Richtung also 64 Personen, befördert werden konnten. Bei Bedarf mußten sogenannte Supplementwagen bereitgestellt werden, so daß oft mehrere große Kutschen und kleinere Postwagen in Kolonne über den Paß fuhren. Die fahrplanmäßig festgelegte Zeit war 25 Minuten für eine Wegstunde, also für 4,808 km. Bei lebhaftem Betrieb wurden täglich mindestens 150 Postpferde benötigt. Das untere Bild zeigt einen der großen 4plätzigen Berline-Postschlitten, die vor der Tunneleröffnung im Winter am Simplonpaß im Einsatz standen.

67.
Die unter Inspektor Nicolas Céard zwischen 1801 und 1805 erbaute Simplonstraße war die erste fahrbare Alpenstraße dieser Art und galt dank ihrer großzügig konzipierten Anlage damals als straßenbautechnisches Wunderwerk. Die Länge der Straße zwischen Brig/Glis und Domodossola betrug genau 63,6 Kilometer und die Fahrbahn, die außer der Strecke im Riederwald (13 Prozent) nirgends eine Neigung von 8 Prozent überschritt, war durchgehend zwischen 7,2 und 8,4 Meter breit. Von Glis bis Domodossola wurden 64 Brücken oder brückenähnliche Wasserdurchlässe (zwischen Glis und Gondo allein 22) errichtet und die Straße führte damals durch 7 Galerien oder kurze Tunnels mit einer Gesamtlänge von 525 Metern. Céard war Ingenieur des Ponts et Chaussées de France und Inspecteur Divisionnaire (vor seiner Berufung als Inspektor an die Simplonstraße wirkte Céard als «Baudirektor» des Département Léman), und wurde für seine Verdienste mit dem Orden der Ehrenlegion ausgezeichnet. Nach dem Zusammenbruch der napoleonischen Aera im Wallis begab sich Céard zunächst nach Lyon, später dann ins Mâconnais, wo er sich in Chalivoy niederließ, mit dem großen Werk «seiner» Simplonstraße für den Rest seines Lebens verbunden blieb, ohne sie jedoch noch einmal gesehen zu haben. Céard starb, 76jährig, am 11. Oktober 1821 in Chalivoy.

68.
Unterhalb von Gstein-Gabi (Gabi entstammt dem italienischen al gabio und heißt in den Felsen, im Gestein) begann die italienische Baustrecke der Simplonstraße, wo auch anders behauene Wehrsteine südwärts die Straße säumten. Mit einem rund 60 Meter langen Tunnel, die damalige «Algaby-Galerie», führt die Napoleonsstraße durch den Felskopf, als Tor zur Gondoschlucht. Das Bild zeigt die Galerie im ursprünglichen Zustand; zwischen 1814 und 1815 wurden entlang der Seitenwände im Innern des kurzen Tunnels Wehrbauten erstellt, was die ursprüngliche Breite von 8 auf ca. 4 Meter verminderte, womit aber Tunnel und Engpaß bei einem Konflikt besser hätten verteidigt werden können. Der alte Saumpfad umging den als Talriegel wirkenden Felskopf am rechten Talhang, wo im Bildmittelgrund auf der «Aebi» noch die Ruinen der begonnenen aber nicht mehr fertiggestellten Stockalper-Sust zu sehen sind.

69.
Fast mitten in der 5 km langen Gondoschlucht spannt sich in rund 18 Meter Höhe der fast ebenso lange Steinbogen der Hohsteg-Brücke (Ponte Alto) kühn über den felsigen Bachlauf der Doveria. Die ehemaligen Holzmittelteile der Brücken – darunter auch jener der Hohstegbrücke – wurden mit Ausnahme der Ganterbrücke alle zwischen 1850 und 1880 durch steinerne Mittelbogen ersetzt.

70.
Von Reiseschriftstellern viel beschrieben und von Künstlern ebenso oft dargestellt wurde die berühmte 222 Meter lange Gondogalerie, die acht Meter hoch und ebenso breit, unterbrochen von zwei in den Fels gesprengten großen Lichtöffnungen, durch den harten Antigorio-Gneis führt. Infolge dieser zwei Seitenöffnungen – für das Herausmeißeln der Bohrlöcher und das Einfüllen des Sprengpulvers mußten die Arbeiter an Seilen gesichert an der steil zum tosenden Bach abfallenden Felswand arbeiten – konnte der Vortrieb an sechs Angriffsstellen und somit beschleunigt vorangetrieben werden. Rund 1200 Arbeiter waren während 15 Monaten im Schichtbetrieb bei Tag und nachts beim Fackelschein an dieser Baustelle beschäftigt. Diese Galerie allein kostete 269952 Franken. Das ausgebrochene Gestein, das man in das enge Bachbett der Doveria warf, erreichte immerhin ein Volumen von 14203 Kubikmetern. Der Galeriebau war ein Plan des italienischen Chefingenieurs Gianella, der ihn gegenüber Céard, der die Straße auf dem alten Saumpfadtrassee am gegenüberliegenden Hang durchführen wollte, durchsetzen konnte. Bauleitender Ingenieur und vermutlich auch Sprengmeister war Ingenieur Viviani, dem Céard das Prädikat «la terreur des rochers» verliehen hat.

71.
Die Alpjenbachbrücke (Frassinonebrücke) führte die Straße am Südausgang der Gondoschlucht über den einst in einem wilden Sturzbach von den Felsen herabtosenden Bach. Diese Brücke war, wie jene beim Maschihüs zwischen Eggen und Engiloch, von Beginn weg mit einem Steinbogen erbaut worden und diese beiden Brücken bildeten die Ausnahme. Das für den Brückenbau benötigte hölzerne Lehrgerüst blieb – da eine Demontage zu gefährlich war – nach dem Bau unter dem Steinbogen bestehen, bis es der Bach nach einiger Zeit dann fortriß. Offenbar hatte man es beim Brückenbau eilig gehabt, denn etwa um 1880 stürzte ein Teil der Brücke in die Schlucht und wurde anschließend vom Kanton Wallis in soliderer Ausführung rekonstruiert. Die Brücke steht heute noch (s. Bild 178), wird aber nun mit dem 285 Meter langen Casermetta-Tunnel und der unmittelbar anschließenden Alpjen-Galerie umfahren.

72.
Der Vollmond rechts des «Ruden-Tschuggens» steht am südwestlichen Horizont und beleuchtet die wilde Felsszenerie in der Gondoschlucht beim «Fahrenwasser» und gibt ihr ein romantisches Gepräge. Doch die Felsromantik hat ihre Tücken und die Gondoschlucht war früher stets eine gefährliche Passage, drohten nun Steinschlag oder Lawinen. Im März 1836 wurden 36 Arbeiter, die mit Schneeräumungsarbeiten in der Gondoschlucht beschäftigt waren, von der berüchtigten Schreiendlawine überrascht und verschüttet, wobei 13 von ihnen den Tod fanden. An dieser im Bild gezeigten Stelle führte einst der Saumpfad vom linken zum rechten Doveria-Ufer und noch heute sind am steilen Felsufer Reste des rechten Brückenkopfes der alten Brücke zu sehen. Auch von der Napoleonsstraße, die auf hoher aufgebauter Mauer der dortigen Trockenkehle folgt, besteht das Trassee noch. Die moderne Simplon-N 9 wird mit der eleganten Bajikrachenbrücke (s. Bild 206) über den topographisch schwierigen Abschnitt geführt.

73.
Ein von sechs Pferden gezogenes schweres Fuhrwerk ist von Süden her am alten Zoll in Iselle eingetroffen, wo Beamte des sardinisch-piemontesischen Zolls den mit einer Plane ge-

deckten Lastwagen nach allfälliger «contrabbando» durchsuchen. Das von hohen Arkaden gezierte alte Zollhaus steht noch heute am Ortseingang von Iselle, der Zoll hingegen ist schon längst näher an die Schweizergrenze gerückt und befindet sich nun bei Paglino unmittelbar vor Gondo.

74.
Obwohl sich zwischen Iselle und Varzo im felsigen Val Divedro die Edelkastanie vermehrt ausbreitet, bleibt doch der alpine Charakter der Landschaft noch in ausgeprägter Form vorhanden. Wie die Straße zwischen Gondo und Iselle, war auch dieser Abschnitt besonders zur Winterzeit ein zeitweilig recht gefährliches Straßenstück, das sehr oft nur mit Schlitten passierbar war.

75.
Blick von oberhalb Crèvola gegen die gleichnamige hohe Brücke und das von der verwilderten Tosa durchflossene Val d'Ossola mit Domodossola im Hintergrund. Die Crèvolabrücke hätte – wenn es seinerzeit nach den hochfliegenden Plänen des Ingenieurs Duchesne gegangen wäre – mit einem großen Bogen aus weißem Marmor über die Diveria am Schluchtausgang führen sollen. Gebaut wurde dann nach Céards realistischerem Projekt eine solide Brücke mit massivem Mittelpfeiler, der die beiden hölzernen Fahrbahnträger mit Spannweiten von je 20,7 Metern verbindet und in 23 Meter Höhe über den Schluchtausgang führt. Auch diese Brücke bekam später gemauerte dauerhafte Brückenmittelteile und sie dient heute noch dem gesamten Verkehr vom und zum Simplon.

76.
Einst passierte der Simplonverkehr in Villa d'Ossola die schöne Steinbrücke über die Ovesca, wo sich am rechten Brückenkopf der Weg zum Langensee, zum Simplon oder ins Valle d'Antrona und zum gleichnamigen Paß ins Saastal trennte. Längst hat eine neue Straßenbrücke im Bereich ausgedehnter Industrieanlagen ihre Funktion übernommen und sie führt heute ein verträumtes Dasein in romantischer Umgebung.

77.
Am felsigen Hang der Colmetta steht das einst von zwei talbeherrschenden Burgen gekrönte und befestigte Städtchen Vogogna. Es konnte sein interessantes historisches Ortsbild, so auch die alte gepflästerte und für die Fuhrwerke und Kutschen mit Gneisplatten belegte Hauptgasse, wo bis zum napoleonischen Straßenbau der Simplonverkehr durchführte, bewahren. Rechts im Bild das im Erdgeschoß mit Arkaden versehene alte Rathaus, das einst vermutlich Sustgebäude und zugleich gedeckter Marktplatz war. Vogogna besaß in Mittelalter und Neuzeit infolge seiner strategisch wichtigen Lage an den Paßwegen zum Simplon, zum Valle Anzasca mit Monte-Moro-Paß und zum Valle d'Antrona mit Antrona-Paß eine bedeutende Stellung. Die zu Beginn des 19. Jahrhunderts gebaute Fahrstraße nahm ihren Verlauf im Talgrund, wo später auch die Eisenbahnlinie angelegt wurde und führte am Hang liegenden Städtchen vorbei. Die im Bereich von Vogogna nahe der Straße vorbeiführende Tosa war früher bis fast vor Villa d'Ossola ein schiffbarer Fluß, doch besaß sie bei Vogogna ein relativ starkes Gefälle, wo man auf kleinen Treidelpfaden beidseits des Flusses die vom Langensee kommenden Lastkähne mit 6 oder 8 Pferden flußaufwärts zog.

78.
Der Langensee bei Feriolo, einem kleinen malerischen Ort nahe der Tosa-Mündung, von dem Dorfteile 1867 und 1885 im See versanken. In Feriolo trennen sich die Simplonstraße (Italienische Staatsstraße Nr. 33) und jene (Nr. 34) nach Pallanza, Intra-Verbania, Cannobio und Locarno. Bei Feriolo bietet sich der im Bild festgehaltene reizvolle Blick auf die blaugrüne, von Hügelzügen eingerahmte weite Fläche des Langensees mit den Umrissen der Isola Madre, der größten der Borromäischen Inseln, im Hintergrund. Der zerbrochene, vom Wasser umspülte Mühlstein im Vordergrund stammt aus dem nahegelegenen Steinbruch zwischen Feriolo und Baveno, wo der berühmte rote Baveno-Granit gebrochen wird. Der Langensee – auf italienisch Lago maggiore oder vielfach auch Verbano genannt – liegt nur 193 m ü. M. und umfaßt eine Fläche von 211,6 Quadratkilometer. Seine größte Tiefe beträgt 372 Meter. Infolge seiner verkehrsgeographisch günstigen und wichtigen Lage – er verbindet und umfaßt die Einzugsgebiete der Paßrouten vom Gotthard (Locarno und Magadino) sowie vom Simplon (Domodossola, Arona, Novara), dann die Regionen der Lombardei, Mailand und Varese sowie jene zwischen dem Südtessin und dem Langensee (Lugano–Ponte-Tresa, Luino, Laveno) – war die Schiffahrt auf dem Langensee schon früh von großer Bedeutung. Am 1. Mai 1826 (damals bildete der See noch die Grenze zwischen Sardinien-Piemont [Westufer] und Österreich am Ostufer) nahm das erste Dampfschiff mit dem Namen «Verbano» zwischen Magadino und Sesto-Calende den fahrplanmäßigen Betrieb auf. Die zuerst von den Bahngesellschaften betriebene Schiffahrt gelangte 1867 in den Besitz eines Mailänder Unternehmens, das die Flotte bis zum Ausbruch des Ersten Weltkrieges großzügig ausbaute. Der Bestand umfaßte 1914 elf Raddampfer, drei Schraubendampfer (sie stammten aus dem Besitz der ehemaligen österreichischen Langensee-Flotte) und vier Güterschleppdampfer. In der Zwischenkriegszeit wurden die ersten neuen Dieselmotorschiffe in Dienst gestellt und seit 1933 verkehren zwischen Intra-Verbania und Laveno die Fährschiffe. Im Gegensatz zum Ersten Weltkrieg, der keine Verluste brachte, ging das zweite große Völkerringen nicht spurlos an der Langenseeflotte vorüber. Im September 1943 wurden während eines Tieffluganngriffs von britischen Spitfire-Jagdbombern die zum Teil mit Truppen besetzt gewesenen Dampfer «Milano», «Genova» und «Torino» versenkt. Die «Milano» sank vor Punta Castagnola bei Pallanza und liegt heute noch in 125 Meter Tiefe auf dem Seegrund; die «Genova» sank zwischen Isola Pescatori und Baveno – sie wurde später gehoben und anschließend verschrottet – und die «Torino» kenterte vor Luino. Auch dieses Schiff wurde gehoben, dann aber wieder instandgestellt und stand noch zu Beginn der siebziger Jahre in Dienst. Nach dem Zweiten Weltkrieg begann eine erfreuliche Entwicklung, und die Flotte umfaßt heute 32 Einheiten, darunter das in der Werft von Arona vorbildlich renovierte Dampfschiff «Piemonte», zwei Tragflügelboote und vier Fährschiffe. Die gesamte Lan-

genseeflotte ist der «Gestione Governativa NLM, Navigazione sul Lago maggiore» unterstellt; die Interessen der Schweiz als «Mitbesitzerin» des Sees sind vertraglich geregelt. Während des Zweiten Weltkrieges hatte die Schweiz auf ihrem Seeanteil mit eigenen Schiffen den Betrieb aufrechterhalten.

79.
Bei Sesto-Calende führte einst eine berühmte Fähre die Postkutsche und natürlich auch die anderen Fahrzeuge des damaligen Straßenverkehrs auf dem Weg zwischen Arona und Mailand über den breiten Tessinausfluß am südlichen Ende des Lago maggiore. Bereits in den siebziger Jahren des vergangenen Jahrhunderts entstand in jenem Bereich eine große hölzerne Eisenbahnbrücke, welche die Geleise der von den «Oberitalienischen Eisenbahnen» gebauten neuen Bahnlinie von Mailand über Gallarate nach Arona über den Fluß führte. Damit hatte die Postkutsche ihre Rolle auf jener Route ausgespielt, die Fähre stand aber trotzdem für den übrigen Straßenverkehr weiterhin in Betrieb, da noch keine Straßenbrücke bestand, und noch heute sind die gepflästerten breiten Rampen an beiden Flußufern zu sehen. Erst zusammen mit der großen um 1880 gebauten Eisenbahnbrücke (s. Bild 153) konnte in kombinierter Anordnung ebenfalls die Simplonstraße über den Fluß geführt werden, womit die traditionsreiche Fähre ihre Existenzberechtigung verlor. Sesto-Calende entwickelte sich in den vergangenen Jahrzehnten zum bedeutenden Industrieort (Flugzeugbau) vor den Toren Mailands und blieb ein regional bedeutender Verkehrsknotenpunkt.

Die Simplon-Bahn

80.
Im engen Raum zwischen den Felsabhängen des Pizzo Albiona und der Colmine di Crèvola im unteren Val Divedro vor Crèvola d'Ossola hat man mit Kunstbauten für die Verkehrsträger Eisenbahn und Straße neben dem wilden Diveria-Bergbach Platz geschaffen. Die Simplonbahn überquert Bach und Engpaß mit einer 56 Meter langen steinernen Bogenbrücke, die Straße führt mit einem 45 Meter langen Tunnel – es ist die in den sechziger Jahren im Rahmen des Straßenausbaues erweiterte Crèvola-Galerie der Napoleonsstraße – durch den Felsrücken. Zwischen Iselle und Domodossola hat die Simplonbahnlinie infolge der zahlreichen Kunstbauten, bedingt durch das topographisch schwierige Gelände, und der Neigung von 25 Promille den Charakter einer eigentlichen Gebirgsbahn. Neben zahlreichen Brücken und Galerien verfügt die Simplon-Südrampe auch über mehrere Tunnelbauten. Der längste davon ist der Varzo-Kehrtunnel – der einzige auf der Simplonlinie – mit 2982 Metern, gefolgt vom erst 1953 nach einem Bergsturz (1951) gebauten 810 Meter langen Rio-Rido-Tunnel, der mit den nördlich und südlich angesetzten Steinschlaggalerien eine Gesamtlänge von 2266 Metern erreicht.

81.
Ebenso wie Baveno, einst der Lieblingsaufenthalt von Wagner, Umberto Giordano und Königin Viktoria, ist das infolge der vorgelagerten Borromäischen Inseln noch berühmtere Stresa ein Fremdenort von internationalem Rang. Villen in romantischen Parkanlagen mit üppiger südländischer Vegetation, pompöse Hotelbauten, eine gepflegte Uferpromenade internationalen Treffs mit buntfarbenen, duftenden Blumen, Oleander und Palmen sowie die landschaftlich reizvolle Umgebung des Lago Maggiore geben dem Ort, der am Fuße des 1431 Meter hohen Aussichtsberges Monte Mottarone liegt, das besondere Gepräge. Stresa war Lieblingsaufenthalt Elisabeth von Sachsens, Herzogin von Genua, und wurde von Dichtern und Malern bewundert. Große Namen bleiben mit Stresa verbunden: Corot, Dickens, Flaubert, Stendhal, Fogazzaro und Valéry. Auch ein Hauch europäische Geschichte und internationale Politik hat der malerische Ort am Langensee erlebt, denn vom 5. bis 20. September 1932 tagten Experten aus mehreren europäischen Ländern zur Lösung der finanziellen und wirtschaftlichen Probleme Mittel- und Osteuropas und vom 11. bis 14. April 1935 trafen sich die Außenminister Englands, Frankreichs und Italiens unter dem Vorsitz Mussolinis zur denkwürdigen Zusammenkunft, die als «Konferenz von Stresa» (Gemeinsame Abwehrpolitik gegenüber der von Hitler eingeführten allgemeinen Wehrpflicht in Deutschland) in die Geschichte eingegangen ist.

82.
Eine A 3/5 der einstmals berühmten 700er Serie im Bahnhof Lausanne vor dem Schnellzug nach Brig. Diese von der Jura-

Simplonbahn (JS) 1902 erstmals beschafften leistungsfähigen Schnellzug-Dampflokomotiven (Nr. 231 und 232) wurden von der Schweizerischen Lokomotivfabrik Winterthur (SLM) als Naßdampf-Vierzylinder-Verbundmaschinen gebaut. Die eleganten Loks waren in allen Teilen eine vorzügliche Konstruktion und waren bei Fahr- und Depotpersonal gleichermaßen beliebt. Die SBB ließen daher von 1902–1909 weitere 109 Maschinen dieses Typs nachbeschaffen, wovon 68 Loks später (1913/23) mit Schmidt-Rauchröhren-Überhitzer ausgerüstet worden waren, womit die Belastungsnorm der Lokomotiven um 10 Prozent erhöht werden konnte. Die Leistung dieser sehr zuverlässigen und formschönen Dampflok betrug rund 1300 PS, was ihr erlaubte, einen 400 Tonnen schweren Schnellzug mit 50 km/h auf einer 10 Promille-Rampe zu befördern. Die Höchstgeschwindigkeit war auf 100 km/h festgesetzt. Die letzten dieser Dampfloks wurden 1959 ausrangiert, die Nr. 705 erst 1964. Sie bleibt der Nachwelt als fahrtüchtige Museumslok erhalten. Mit Ausnahme eines einzigen Wagens, vermutlich ist es der vierachsige Teakholz-Speisewagen, besteht der ganze Schnellzug aus den damals üblichen Dreiachs-Schnellzugwagen mit geschlossenen Einstiegen und Übergangs-Faltenbälgen. Diese 14,3 Meter langen und 24 Tonnen schweren Wagen wurden ab 1890 von den Privatbahn-Verwaltungen (ohne Gotthardbahn) und später auch von den SBB bis 1906 in größeren Stückzahlen beschafft, bis sie dann durch die komfortableren Vierachser sukzessive aus den Schnellzügen verdrängt wurden.

83.
Eine Fb 3/5 steht mit einem internationalen Simplonschnellzug nach Süden abfahrbereit im Bahnhof Brig. Die Achsbezeichnung dieser ersten Drehstromloks glich, etwas anders verteilt, jener der A 3/5 Dampflokomotive: zwei Lauf- und drei Kuppelachsen. Die beiden Fb 3/5 (spätere Bezeichnung Ae 3/5) Nr. 364 und 365 wurden 1906 bei Brown-Boveri AG in Baden fertiggestellt und waren ursprünglich für die ebenfalls mit Drehstrom betriebene Valtellina-Bahn in Oberitalien bestimmt. Die Geschwindigkeitsregulierung bei den Drehstromloks war problematisch und nur durch sogenannte «Polumschaltung» der Fahrmotoren zu erreichen. Die beiden wirtschaftlichsten Geschwindigkeiten betrugen 35 und 70 km/h. Die zwei Drehstrommotoren pro Lokomotive leisteten zusammen 800 PS und waren von 16 auf 18 Pole umschaltbar.

84.
Eine Güterzuglok der Serie C 4/5 hat im Bahnhof Iselle den Luxuszug «Simplon-Expreß» zur Weiterfahrt nach Domodossola übernommen. Die Drehstromlokomotive, welche den Zug durch den Tunnel führte, steht auf dem Geleise links. Fotografiert wurde damals nicht alle Tage, und so setzte sich Bahn-, Lokomotiv- und Zollpersonal entsprechend in Positur. Die C 4/5 war eine Naßdampf-Vierzylinder-Verbundmaschine und wurde von der SLM Winterthur in den Jahren 1904–1906 in einer ersten Bauserie von 32 Stück gebaut. Diese Dampflokomotive – alle Maschinen wurden zwischen 1911 und 1924 mit Überhitzer ausgerüstet – war die erste moderne Güterzuglokomotive der SBB und vermochte auf ebener Strecke einen 1000 Tonnen schweren Güterzug zu schleppen. Auf der noch nicht elektrifizierten Simplon-Südrampe mit 25 Promille-Steigungen zwischen Iselle und Domodossola versah sie bis zur Ablösung durch die am Gotthard freigewordene schwere C 5/6 zuverlässig ihren Dienst, wobei sie dort Schnellzüge bis zu 200 und Güterzüge bis zu 260 Tonnen zu befördern vermochte. Der im Bild von der Dampflok (Nr. 2715) geführte «Simplon-Expreß» verkehrte nach der Eröffnung des Simplontunnels im Jahre 1906 als Schlafwagen-Luxuszug von Calais über Paris–Vallorbe–Lausanne–Brig nach Mailand. 1907 fuhr der Luxuszug bis Venedig und ab 1912, mit gewöhnlichen Kurswagen ergänzt, bis Triest, das damals noch österreichisches Staatsgebiet war. Die seinerzeit von Frankreich beantragte Weiterführung des Zuges in den Nahen Orient scheiterte am Widerstand Deutschlands und Österreichs. Die Existenz des Expreßzuges endete mit dem Ausbruch des Ersten Weltkrieges; an seine Stelle trat ab 1919 – mehr oder weniger ein «Kind» des Versailler-Vertrages – der «Simplon-Orient-Expreß».

85.
Eine Fb 3/5 ist mit dem «Simplon-Expreß» aus Brig in Iselle eingetroffen. Der Luxuszug bestand in der Regel aus zwei Gepäckwagen, zwei Schlaf- und einem Speisewagen und beförderte nur Passagiere erster Klasse. Die luxuriös ausgestatteten Wagen waren 19,74 Meter lang, rund 3 Meter breit und wogen je nach Ausstattung zwischen 43 und 50 Tonnen. Sämtliche dieser Expreßwagen waren mit Teakholz verkleidet und im Originalfarbton des Holzes (lasiert) gehalten. Als Besonderheit trugen die Wagen damals schon das berühmte Bronzeguß-Abzeichen der CIWL (Compagnie Internationale des Wagons Lits et des Grands Express Européens) in der Wagenmitte und die genannte Anschrift in erhabenen Messingbuchstaben oberhalb der Fensterreihe. Einige Wagen besaßen damals schon (s. Bild 84) einen crèmefarbenen Farbanstrich im Bereich der Fensterlinie. Der Simplon-Expreß verließ Paris PLM (Gare de Lyon) um 19.55 Uhr, fuhr um 12.02 des folgenden Tages in Mailand wieder ab und traf um 16.15 Uhr in Venedig und um 21.00 Uhr in Triest ein.

86.
Damit die von der Valtellina-Bahn zusätzlich leihweise zur Verfügung gestellten zwei Drehstromlokomotiven – diese Loks wurden von der Maschinenbau- und Waggonfabrik Ganz in Budapest gebaut – zurückgegeben werden konnten, wurden bei der BBC in Baden zwei neue 1500-PS-Drehstromlokomotiven bestellt, die mit der Bezeichnung Fb 4/4, später Ae 4/4 (Nr. 366 und 367) in den Jahren 1907/08 in Betrieb kamen. Beide Maschinen waren damals in ihrer technischen Konzeption neu und richtungweisend, da man erstmals auf Laufachsen verzichtete und somit das gesamte Lokgewicht als Reibungsgewicht ausnutzen konnte. Es dauerte dann allerdings bis Mitte der vierziger Jahre (Re 4/4 I und Ae 4/4 der BLS), bis sich diese Idee im serienmäßig gefertigten Lokomotivbau durchsetzen konnte. Mit einer besonderen Schaltung konnten die Züge mit vier wirtschaftlichen Fahrstufen (26, 35, 53 und 71 km/h) befördert werden. Infolge der beschränkten Leistung der zur Verfügung stehenden Kraftwerke blieben die entsprechenden Belastungsnormen trotz technisch verbesserter Lokomotiven eher bescheiden. Die

Anhängelasten in Fahrtrichtung Brig–Iselle betrugen 650 Tonnen für Güter- und 350 Tonnen für Schnellzüge; bei der Fahrtrichtung Iselle–Brig waren es 450 Tonnen für Güter- und 330 Tonnen für Schnellzüge. Zwei weitere Maschinen dieses Typs wurden als Ae 4/4 (Nr. 368 und 369) im Jahre 1920 in Betrieb genommen, als der Drehstrombetrieb bis nach Sitten ausgedehnt wurde.

87.
Im Jahre 1913 bestellten die SBB infolge des angestiegenen Simplonverkehrs eine stärkere Lokomotive, die rund 2800 PS leistete und mit der Bezeichnung Fb 4/6 (später Ce 4/6) Nr. 371 in Dienst gestellt wurde. Obwohl diese Lokomotive an der Landesausstellung in Bern 1914 gezeigt wurde, erfüllte sie dann die in sie gesetzten Erwartungen leistungsmäßig nicht ganz und blieb daher ein Einzelstück. Nach dem Umbau der Simplonlinie auf Einphasen-Wechselstrom 15 000 V 16 ⅔ Hz zwischen Sion und Domodossola (1927/30) dominierten die neuen Ae 4/7 (s. Bilder 108 und 135) den schweren Schnellzugs- und Güterzugsdienst am Simplon. 1922 betrug die Reisezeit zwischen Brig und Domodossola 82 Minuten und zwischen Domodossola und Lausanne 260 Minuten.

88.
Eine Re 4/4 II mit TEE-Farben wartet im Bahnhof Lausanne mit ihrem Schnellzug nach Mailand auf freie Fahrt. Der Bahnhof Lausanne gilt als eines der imposantesten Gebäude dieser Art in der Schweiz. Der erste Bahnhof dieser Stadt wurde am 5. Mai 1856 eröffnet und 1861 sowie 1863 erweitert. Damals umfaßte die Anlage 9,7 km Geleise und ein Areal von 90 000 Quadratmetern. Zwischen 1913 und 1916 wurde der Bahnhof Lausanne mit einem bereits früher bewilligten 10,5 Mio.-Kredit in zwei Etappen ausgebaut. Die neue Bahnhofanlage umfaßte nun eine Fläche von 156 000 Quadratmetern und besaß 22,7 km Geleise. Bereits 1879 ist der Güterbahnhof nach Renens verlegt worden, 1953 dislozierte man Eil- und Frachtgut-Spedition nach dem neuen Güterbahnhof Sébeillon. Als Ersatz für den alten, jedoch mehrmals baulich verbesserten und den Verkehrsverhältnissen angepaßten Rangierbahnhof Renens konnte 1973 der neue große Rangierbahnhof Lausanne-triage in Denges in Betrieb genommen werden. Lausanne selbst erhielt in den vergangenen Jahren eine neue Stellwerkanlage, ein neues Bahnpostgebäude und verschiedene weitere Anpassungen und Verbesserungen. Bisher praktisch unverändert geblieben ist neben dem eindrucksvollen Empfangsgebäude die große Bahnhofhalle. Sie wurde 1912 in Stahlkonstruktion erstellt, besitzt eine Stützweite von 44 Metern sowie eine Länge von 200 Metern und überdeckt eine Fläche von rund 8800 Quadratmetern.

89.
Das Bild zeigt das Stadtzentrum von Lausanne, der waadtländischen Kantonsmetropole, mit den Stadtteilen der Cité mit Kathedrale und Altstadtbauten und des Quartier du Pont mit Bauten aus der Jahrhundertwende, der zwanziger und dreißiger Jahre sowie der Nachkriegszeit. Lausanne ist Universitätsstadt, kulturelles und wirtschaftliches Zentrum mit großer Ausstrahlungskraft, Sitz des Bundesgerichts und Verwaltungszentrum und zugleich bedeutender Verkehrsknotenpunkt. Im Vordergrund der Grand-Pont, eines der Wahrzeichen Lausannes, welcher die Stadtteile Bourg und Saint-Laurent über das ehemalige Flon-Tal verbindet. Der Grand-Pont wurde 1844 erbaut und war damals mit seinen zwei Stockwerken von Bogen höher und eindrucksvoller als heute. Das kleine Flon-Tal wurde später nochmals aufgefüllt, und wo einst der kleine Bach durchfloß, verläuft nun hinter den Brükkenbogen zwischen Geschäftshäusern und Verwaltungsbauten das helle Band der Rue Centrale. Rechts führt der Grand-Pont zum pulsierenden Herz und Zentrum der modernen Stadt – der Place St. François. Hinter der Kathedrale ist der Neubau der Universitäts-Klinik sichtbar, gleichsam Symbol der in den letzten Jahren rasch gewachsenen Stadt, die sich vor allem im Westen, Norden und Süden ausdehnte. 1950 zählte Lausanne 106 807 Einwohner und die Agglomeration bestand aus sechs Gemeinden. 1970 stieg die Wohnbevölkerung der Stadt auf 135 600 Personen und jene der Agglomeration – nunmehr 23 Gemeinden – auf 223 800. Seither hat sich die Wohnbevölkerung der Stadt sukzessive verringert (1976: 133 900), während die Agglomeration (1976: 229 400) zunehmende Zahlen aufwies. Trotz den nicht immer vorteilhaften baulichen Veränderungen und der Hektik der vergangenen Jahre hat Lausanne in einigen Stadtteilen ihr Cachet ganz oder doch wenigstens teilweise erhalten können – sie ist doch im Grunde eine liebenswerte und charmante Stadt geblieben.

90.
Der Quai von Ouchy ist eine attraktive und gepflegte Promenade mit einem Hauch Internationalität und reizvollen Ausblicken auf den Lac Léman und die Savoyer Alpen. Vom einst bischöflichen Schloß Ouchy, im Hintergrund sichtbar, das 1889/93 als Hotel in neugotischem Stil erneuert wurde, blieb nur der Bergfried aus dem Mittelalter erhalten. Ouchy ist mit dem Bahnhofviertel und der Stadt seit 1877 bzw. 1879 mit einer Standseilbahn verbunden. Die «Métro», wie sie in Lausanne genannt wird, wurde 1958 modernisiert, zur Zahnradbahn umgebaut, und erhielt neues Wagenmaterial.

91.
Simplonbahn und Straße im Rebgelände des Lavaux zwischen Rivaz, im Vordergrund Château de Glérolles, und St. Saphorin. Es ist das größte zusammenhängende Rebgelände der Schweiz und an den teilweise steil zum See abfallenden Hängen, wo Erdreich und Rebstöcke durch unzählige Terrassenmauern – oft 30–40 übereinander und bis zu 4 Meter hoch – gesichert sind, gedeiht ein vorzüglicher Weißwein. Das Rebgelände ist aufgelockert durch zahlreiche kleine Winzerdörfer oder -städtchen, geprägt von eigener Romantik, wo in den kühlen «Caves» der edle Tropfen heranreift. Das gesamte Rebgelände im Kanton Waadt umfaßt 324 468 Aren, davon 269 536 Aren «Crus blancs» und 54 932 Aren «Crus rouges». Das Lavaux ist im Westen durch den Paudèze-Bach bei Pully, im Osten durch die Gemeindegrenze von Vevey abgegrenzt und ist eine Waadtländer Kulturlandschaft von ganz besonderem Gepräge. Im Hintergund, dominiert von den Rochers de Naye (2042 Meter) und dem Dent de

Jaman, der südwestlichste Teil der Waadtländer Alpen mit der Region Vevey-Montreux, ein dem Verkehr vorzüglich erschlossenes Gebiet. Schwerpunkt des Fremdenverkehrs, einer wirtschaftlichen Hauptstütze dieser Region, ist zweifellos das weltberühmte Montreux und seine Umgebung, doch bildet auch Vevey und sein Hinterland (Les Pléiades) einen nicht unbedeutenden Anteil daran. Dank seiner günstigen Verkehrslage, die übrigens schon den Römern (Vevey hieß damals Vibiscum) bekannt war, konnte sich Vevey (Ende 1976 rund 16000 Einwohner) auch zum Industrieort entwickeln und ist außerdem Sitz des Weltkonzerns Nestlé. Die Talfurche der Veveyse ermöglichte seit jeher – bis zur künftigen N 12 – eine vorzügliche Straßenverbindung nach Norden und Westen (Châtel-St. Denis–Bulle–Fribourg–Bern und Attalens-Oron–Moudon–Yverdon) und die mit SBB-Rollmaterial betriebene Privatbahn-Linie von Vevey nach Puidoux-Chexbres verbindet die Simplonlinie mit der großen «Mittellandlinie» (Genf-)Lausanne–Bern–Zürich(–Rorschach) direkt, ohne Lausanne zu tangieren. Vevey ist weiterhin Ausgangspunkt der Zahnradbahn nach Blonay–Les Pléiades (eröffnet 8. 7. 1911), der Standseilbahn nach Chardonne–Pélerin (24. 7. 1900) und der Touristikbahn Bloney–Chamby. Obwohl verkehrsgeographisch (nach Norden) weniger begünstigt, ist Montreux doch Ausgangspunkt oder Ziel der berühmten inneralpinen Schienenverbindung mit dem stolzen Namen «Montreux-Oberland-Bahn» (MOB) über Montbovon–Château d'Oex–Gstaad nach Zweisimmen(–Spiez) und Lenk, wo einst zur Zeit der Expreßzüge der «Golden Mountain-Expreß» verkehrte. Die Bahn, welche über modernstes Rollmaterial verfügt, hat an Attraktivität nichts eingebüßt und wurde in den Jahren von 1901 bis 1905 (die Strecke nach Lenk erst 1912) in Etappen gebaut und dem Betrieb übergeben. Ab Montreux fährt ebenfalls die Zahnradbahn über Glion und Caux nach dem beliebten Aussichtsberg Rochers de Naye, deren Trassee zwischen 1892 und 1909 ebenfalls in Etappen gebaut worden ist. Ab Territet verkehrt die 1883 eröffnete Standseilbahn nach Glion und zwischen Vevey–Montreux–Chillon–Villeneuve, einst historische Trambahn-Strecke, fährt heute der Trolleybus.

92.
Salondampfer «Simplon», zusammen mit seinen Schwesterschiffen der CGN (Compagnie Générale de Navigation sur le Lac Léman – gegründet 1873) «La Suisse II» und «Helvétie» einer der drei größten Raddampfer der Schweiz, auf Kursfahrt im oberen Genfersee. Die «Simplon» ist bereits das dritte Schiff, das diesen Namen trägt und wurde 1920 von der Firma Gebrüder Sulzer in Winterthur fertiggestellt und im gleichen Jahre von der CGN in Dienst genommen. Der Dampfer hat eine Länge von 70 Metern, mißt 8,5 Meter in der Breite und hat betriebsfähig eine Wasserverdrängung von 463 Tonnen. Der Zweideck-Salondampfer faßt 1500 Personen und befährt den oberen Teil des Genfersees nur an Wochenenden in den Sommermonaten. Dampfmaschine und Kesselanlage wichen im Laufe eines Umbaues einem dieselelektrischen Antriebsaggregat von 1400 PS Leistung, welche auf die beiden verbliebenen Schaufelräder übertragen werden. Die CGN hat rechtzeitig die Attraktivität der Dampfer erkannt, und von den zwischen 1896 und 1927 beschafften zwölf großen Raddampfern stehen heute noch zehn Einheiten – entsprechend modernisiert – im Einsatz. Der Genfersee (372 m ü. M.) ist das größte Binnengewässer Zentraleuropas und besitzt eine Fläche von fast 582 km². Seine größte Tiefe beträgt 310 Meter.

93.
Schloß Aigle, Wahrzeichen der gleichnamigen Bezirkshauptstadt in der südlichen Waadt, steht inmitten ausgedehnter Rebberge und gilt, zusammen mit Schloß Chillon (s. Bild Nr. 8) als eine der malerischsten Burgen der Schweiz. Der ursprünglich bischöfliche, später savoyische Wehrbau gehörte vom 12. bis 15. Jahrhundert abwechselnd adligen Geschlechtern, bis er 1475 von den Bernern zerstört worden ist. Die neuen Herren der Waadt bauten das Schloß 1482/88 wieder auf und es diente anschließend dem bernischen Gouverneur bis 1798 als Residenz. Seit 1804 gehört die eindrucksvolle Burg der Gemeinde Aigle, welche sie über 150 Jahre lang als Gefängnis verwendete. Das Schloß wurde vorbildlich renoviert und beherbergt heute, geradezu zu dieser Funktion prädestiniert, ein Rebbau-Museum. Die Landschaft der südlichen Waadt ist geprägt einerseits durch die meliorierte und zum fruchtbaren Kulturland gewordenen Rhoneebene mit den zahlreichen Entwässerungsgräben, die alle zum «Grand Canal» führen und den charakteristischen breiten Baumreihen quer zur Ebene als wirksamen Windschutz, sowie der Rebgebiete anderseits entlang der sonnigen rechten Talflanke (Yvorne, Ollon und Bex) und auf dem großen Schwemmfächer der Grande Eau, wo sich die ausgedehnten Rebberge Aigles befinden. Aigle ist nicht nur Bezirkshauptort und somit regionales Zentrum für Verwaltung, Handel und Gewerbe, sondern auch ein Verkehrsknotenpunkt. Neben den beiden bedeutenden Paßstraßen Col des Mosses (1445 m) und Col du Pillon (1546 m) über die Waadtländer Alpen nordwärts ins Berner Oberland ist Aigle ebenfalls Ausgangspunkt der Bergbahnen nach Monthey–Champéry, nach Leysin und nach Les Diablerets. Auch das benachbarte Bex, bekannt durch seine Steinsalzvorkommen und als Solbad-Kurort, besitzt eine Lokalbahn nach Villars–Bretaye.

94.
Der Engpaß von St. Maurice, das von der Rhone ausgewaschene Tor zum Wallis, machte den Verkehrsträgern den Durchgang nicht leicht. Die alte Straße, heute Kantonsstraße, paßte sich dem Gelände an, die Simplonbahn sowie die Linie nach Monthey–Collombey–Le Bouveret–St. Gingolph passiert den Felssporn mit einem Tunnel und für die neue Nationalstraße N 9 (s. Bild 184) mußte der erforderliche Platz entlang der rechten Talflanke aus dem Fels gesprengt werden. Südlich von St. Maurice besteht mit dem vom wilden Barthélemy-Bach gebildeten gewaltigen Schwemmfächer des «Bois noir» ein weiterer «Riegel», der nicht nur den Rhonelauf, sondern auch Verlauf der Straße und Eisenbahn beeinflußt hat. Der von der Ostflanke der Dents du Midi herkommende unberechenbare Bach hatte mehrmals Bahnlinie und Straße mit seinen Fluten und Geschiebemassen überschwemmt und unpassierbar gemacht. Der Bergbach ist 1929 mit kostspieligen und massiven Verbauungen, an die

der Kanton Wallis erhebliche Kostenbeiträge leistete, weitgehend gezähmt worden.

95.
Extrazug-Betrieb im «winterlichen» Bahnhof Martigny. Eine Ae 6/6 führt den aus Lausanne eintreffenden Extrazug, gebildet aus neueren SNCF-Wagen, während auf dem Geleise rechts ebenfalls ein Extrazug Richtung Vallorbe–Paris auf Ausfahrt wartet. Die ganze Komposition besteht aus sogenannten «Voitures rivetées» aus den End-Zwanziger-Jahren der ehemaligen Bahngesellschaft PLM (Paris–Lyon–Méditerranée), die heute noch in den Farben der französischen Staatsbahn Dienst tun. Martigny ist ein kleiner Bahnknotenpunkt, denn ab hier verkehren die Pendelzugkompositionen nach Orsières im Val d'Entremont und nach Le Châble im Vallée de Bagnes. Ebenfalls ab Martigny fährt die Zahnradbahn nach Châtelard–Vallorcine–(Chamonix).

96.
Die ehemalige Prioratskirche St. Pierre in St. Pierre-de-Clages bei Chamoson ist ein eindrucksvolles frühromanisches Bauwerk und dürfte im frühen 12. Jahrhundert entstanden sein. Die Kirche – ein Kulturdenkmal ersten Ranges – gilt als der besterhaltene Bau dieser Epoche im Wallis und ist seit 1945 Pfarrkirche. Der schlichte Ziegelsteinbau der dreischiffigen romanischen Pfeilerstufenhalle erhält mit seinem schönen achteckigen Vierungsturm mit der Reihe gekoppelter Rundbogenfenster und steilem schindelbedecktem Pyramidenhelm einen besonders markanten Akzent. Der wertvolle Sakralbau wurde 1947/48 und 1963/67 vorbildlich renoviert.

97.
Eine Re 4/4 II in den TEE-Farben mit Schnellzug Lausanne–Brig in voller Fahrt bei Chamoson. Dieses Streckenstück ist für 140 km/h ausgebaut: die 216 Meter langen vorverschweißten Schienen sind auf modernen Stahl-Betonschwellen verlegt und schienenstoßfrei verschweißt. Ebenso der höheren Geschwindigkeit angepaßt sind Fahrleitungsmasten und Fahrdrahtaufhängung.

98.
Eine Ae 6/6 führt ihren Leerzug aus Hochbordwagen auf der Rhonebrücke bei Riddes westwärts. Diese formschöne Lokomotive wurde in den Jahren 1952/66 als Mehrzwecklokomotive für Gotthard- und Simplonlinie in 120 Einheiten beschafft und hat sich als erste laufachslose Universallokomotive (die 1946/51 gebaute laufachslose Re 4/4 I war eine spezielle Leichtlokomotive für Flachland-Schnellzüge) im Einsatz bestens bewährt. Die 120 Tonnen schwere Maschine mit einer Stundenleistung von 5830 PS und einer Höchstgeschwindigkeit von 125 km/h vermag auf Talstrecken mit höchstens 10 Promille Steigung Anhängelasten von 1600 Tonnen zu befördern. Auf einer Rampe von 26 Promille (Iselle–Domodossola 25 Promille) zieht die Lok Zuggewichte von 600–650 Tonnen mit 80 km/h bergan, in Doppeltraktion sogar bis 980 Tonnen. Auf der Simplonbahn ist die Ae 6/6 vorwiegend im Güterverkehr eingesetzt, wo sie sich mit den älteren und jüngeren Schwestern, den Ae 4/7 und Re 4/4 II, in der Arbeit teilt. Im Jahre 1976 erholte sich der Gütertransit über die Route Vallorbe–Simplon, vor allem in der Nord–Süd-Richtung. Mit einer Steigerung des Gesamtverkehrs konnte der große Verlust von 1975 nahezu wieder aufgeholt werden. Infolge überlasteter Mont-Cenis-Linie gehen zunehmend zahlreiche Leerwagenzüge von Italien nach Frankreich gegen entsprechende Entschädigung über Iselle–Vallorbe.

99.
Eine Re 6/6 mit schwerem, internationalem Schnellzug im Kulturland der Rhoneebene zwischen Ardon und Chamoson. In diesem Bereich trägt die Landschaft den Akzent vom großen Schwemmfächer der Losentse, der mit einer Neigung von 6–10 Prozent und einem Radius von rund 3 km das Gebiet zwischen Leytron und Ardon einnimmt. Die in der Nähe von St. Pierre-de-Clages stehende Bahnstation Chamoson hat eine Schwellenhöhe von 488 m ü. M., das gleichnamige Dorf ist hingegen rund 1,5 km nordöstlich davon entfernt und liegt bereits auf 619 Metern. Das Schwemmland der Losentse – die früher bei Hochwasser zeitweilig beträchtliche Schäden verursachte – ist sehr fruchtbar und wird landwirtschaftlich intensiv genutzt. Der überwiegende Teil des Schwemmfächers ist infolge seiner günstigen Lage mit Reben bepflanzt – diese Gegend ist die Domäne des «Johannisberg» – der kleinere Rest umfaßt ertragreiche Äcker, Obstkulturen und teils bewässertes Wiesland. Dieses Land im Grenzbereich von Mittel- und Unterwallis ist unverkennbar geprägt von der wechselvollen Geschichte des Wallis und vom traditionellen Verkehrsweg zum Simplon. Im Hintergrund ist der Hügel Mont d'Orge zu erkennen, der noch Ruinenfragmente der gleichnamigen früheren Burg trägt, sowie die Pappelreihe entlang des Morge-Baches, der einst die Grenze zwischen den umstrittenen Herrschaftsbereichen der Bischöfe von Sitten und den Herzögen von Savoyen bildete. Hinter der Pappel-Allee sind die beiden berühmten Burghügel Sittens – die Wahrzeichen der alten Bischofsstadt – zu erkennen.

100.
Früher Nachmittag im Bahnhof Sitten: links steht der aus Sierre eingetroffene Personenzug, geführt von einer Ae 3/5 (dieser Lok-Typ wurde inzwischen von der Rhonetallinie abgezogen), auf der «Voie 3» steht der von einer Re 4/4 II geführte Schnellzug von Brig nach Lausanne und ganz rechts wartet der von zwei Ae 4/7 gezogene Güterzug auf freie Fahrt nach Westen. Der erste Bahnhof Sitten wurde im Mai 1860 eröffnet und 1909 sowie 1923 entsprechend erweitert. Er beanspruchte damals eine Fläche von 1410 Quadratmetern. Der heutige Bahnhof Sitten wurde in den Jahren 1957/61 mit einem Kostenaufwand von 9,3 Mio. Franken – der Kanton Wallis leistete 110000, die Gemeinde Sitten 220000 Franken an die Baukosten – erstellt und umfaßt heute eine Fläche von 3550 Quadratmetern. Unmittelbar beim Bahnhof steht Sittens Hauptpostgebäude mit der größten Postauto-Station der Schweiz. Auf 14 Standplätzen – der 15. gehört dem «Bus Sedunois» (Regionalbus-Netz) warten die PTT-Cars auf Reisende unter anderem nach Conthey, Derborence, Savièse, Ayent, Anzère, Veysonnaz, Nendaz und Super-Nendaz, Crans-sur-Sierre und Montana, Les Mayens-de-Sion sowie nach den dem Tourismus ebenfalls vorzüglich erschlossenen berühmten Seitentälern Val d'Hérens und Val

d'Hérémence. Zuhinterst im Val d'Hérémence, auf 2364 Meter Höhe, befindet sich der Lac de Dix, der 4,03 km² große Stausee der Grande Dixence mit einem Nutzinhalt von 400 Mio. Kubikmeter. Die 285 Meter hohe Dixence Gewichtsstaumauer ist die höchste dieser Art in der Welt. Der im benachbarten Val de Bagnes liegende Mauvoisin-Stausee besitzt mit 237 Metern Höhe die zweithöchste Bogenstaumauer der Welt. Der Kanton Wallis besitzt 69 Wasserkraftwerke (Graubünden steht mit 70 Anlagen an erster Stelle), und die Ausnutzung der Wasserkraft ist neben Tourismus, Agrar- und Weinbau eine der Hauptstützen der Walliser Volkswirtschaft.

101.
Zwei Ae 4/7 verlassen mit ihrem Güterzug talaufwärts den Bahnhof Sitten. Die Ae 4/7, von den BBC Baden entwickelt, wurde in den Jahren 1927/34 in total 127 Stück (Nr. 10901–11027) gebaut und erwies sich als vorzügliche Konstruktion einer eigentlichen Mehrzwecklokomotive, die heute noch zufriedenstellend im Einsatz steht. Die 123 Tonnen schwere und rund 17 Meter lange Lok vermag mit ihrer Stundenleistung von 3120 PS auf Flachlandstrecken einen 680 Tonnen schweren Schnellzug mit 95, einen 2000 Tonnen schweren Güterzug mit 60 km/h zu ziehen. Für den Einsatz auf der Gotthard- und Simplonstrecke wurden die Maschinen Nr. 10973–11002 mit elektrischer Nutzstrombremse ausgerüstet und 22 Maschinen (10939–10951 und 11009–11017) erhielten Vielfachsteuerung, womit sie für Doppeltraktion verwendet werden konnten. Die noch immer eindrucksvolle Ae 4/7 steht heute zwischen Lausanne und Brig im Güterzugsverkehr im Einsatz, obwohl sie einst für den schweren Schnellzugsdienst konstruiert worden war.

102.
Als breites silbernes Band begleitet die Rhone hier bei Batassé zwischen St. Léonard und Sitten die Geleise der Eisenbahn und die Simplonstraße. Der sonnige rechte Talhang unterhalb Champlan, die «Clavau», ist zusammenhängendes Rebgelände, wo auf gemauerten Terrassenbändern – durchzogen von den zahlreichen Rohrleitungen der Bewässerungsanlagen – im satten Grün der Rebstöcke die bekannten Walliser Weine Fendant, Johannisberg, Dôle, Pinot noir und weitere Spitzenweine in den Trauben heranreifen. Die Ebene trägt den Akzent ausgedehnter Obst- und Gemüsekulturen, übrigens ein Bild, das die Tallandschaft von Martigny bis nach Sierre prägt. Das Bild zeigt die Umgebung Sittens – die Stadt selbst ist durch den Tourbillon-Burghügel verdeckt – das eigentliche Herz des Wallis und demographischer Schwerpunkt des inneralpinen Längstales. Sitten oder Sion, die von historischer Tradition und moderner Zeit geprägte Walliser Kantonshauptstadt ist ein bedeutendes Zentrum kulturellen Lebens, von Verwaltung, Handel und Gewerbe und verfügt auch über Industriebetriebe. Sitten ist Waffenplatz und besitzt außerdem einen Militär- und bedeutenden Zivilflugplatz. Die Stadt, die sich in den letzten Jahren stark entwickelt hat, zählte 1960 rund 16000 Einwohner; Ende 1976 war die Zahl auf 23085 Personen angestiegen. Neue Siedlungsgebiete haben sich links der Rhone ausgebreitet, die in diesem Bereich vom großen, rund 3 km² Fläche umfassenden Schwemmfächer des Borgne-Baches bei Bramois an die rechte felsige Talflanke abgedrängt wird und somit Straße und Eisenbahn in den Engpaß drängt.

103.
Der ungestüme aber gebändigte Rotten des Oberwallis hat sich hier bei Sitten bereits zum stattlichen Fluß entwickelt und ändert außerdem bei der Einmündung der Raspille zwischen Salgesch und Sierre – die traditionelle Sprachgrenze – seinen Namen – er heißt nun stolz «Le Rhône». Unablässig, unberührt von Zeit und Raum, rollt er seine von Schwemmstoffen stets silbergrau gefärbten Wogen mit je nach Jahreszeit wechselndem Wasserstand behäbig westwärts. Die Rhone entspringt dem gleichnamigen Gletscher, eingebettet zwischen Grimsel- und Furkapaß, nahe dem Herz der Schweiz, dem Gotthard, und mündet als einer der großen Ströme Europas an den Ufern des Golf du Lyon bei Marseille ins Mittelmeer. Dieser Fluß hat, zusammen mit den zahlreichen Bächen aus den Seitentälern, ihren Schluchten und Schwemmfächern, das Gesicht der Walliser Ebene und der Talflanken geprägt. Vom Gletschertor bis zur Schweizergrenze bei La Plaine unterhalb der Stadt Genf durchmißt der Fluß 264 km, wobei er von der Saltina-Einmündung bei Brig (669 Meter) bis zur Rhonemündung bei Le Bouveret (375 Meter) mit einem mittleren Gefälle von 2,474 Promille praktisch als korrigierter Dammfluß mit Querbahnen eine Strecke von 118 Kilometern durchläuft, mit Ausnahme des kurzen Abschnittes ursprünglichen Laufes zwischen Leuk und Salgesch. Die überlieferten 21 schweren Überschwemmungen, aus den Jahren 1469, 1472, 1475, 1521, 1620, 1636, 1640, 1726, 1740, 1778, 1834, 1838, 1850, 1855, 1857, 1860, 1868, 1881, 1883, 1897 und 1902, brachten dem Rhonetal jeweils große Schäden und Verluste. Im August 1469 wurden fast alle Brücken des Landes und das Dorf Granges (Gradetsch) fast vollständig zerstört; 1620 rissen die entfesselten Elemente wiederum zahlreiche Brücken weg und überfluteten unterhalb Brig rund 360 ha Kulturland. 1834, ein Schrekkensjahr für das ganze Wallis, standen von Visp bis Leuk 12 km² unter Wasser, und bei Chippis – auch die Seitenbäche führten verheerendes Hochwasser – lagen Sand und Kies rund fünf Meter hoch. Im Jahre 1860 wurden zwischen Brig und Martigny nochmals zahlreiche Brücken zerstört und über 240 ha Kulturland überflutet, und infolge eines Dammbruches bei Vionnaz im Unterwallis glich das Gebiet zwischen Collombey und Le Bouveret – bei Chessel stand das Wasser bis zu 6 Meter hoch – einer schmalen Seebucht. Rhone und Seitenbäche brachten nicht nur das kostbare und lebenspendende Naß ins sonnige und trockene Tal, die trüben Hochwasserfluten wirkten zeitweilig auch zerstörend. Mit großem finanziellem Aufwand haben die beiden Kantone Waadt und Wallis in den Jahren 1865–1885 die umfassende Korrektion des Flusses vorgenommen. Der Kanton Waadt und die betroffenen Gemeinden hatten schon vorher bis 1862 bereits 1,8 Mio. Franken aufgewendet. Der Gesamtausbau im Wallis kostete 7502674 Franken, wovon der Bund einen Drittel übernahm, der Kanton Wallis 853421 Franken und der große Rest, mehr als die Hälfte, hatten die ohnehin mehrheitlich finanzschwachen 46 Ufergemeinden zu übernehmen – eine heute noch großartige Leistung von Weitsicht und Solidarität. Verschiedene Gebiete, so vor allem zwischen Visp und

Raron, Sierre und Sitten sowie zwischen Riddes und Martigny, sind von kleinen Kanälen durchzogen, die Grund- und Hinterwasser sammeln und ableiten, oder zu Bewässerungszwecken verwendet werden können.

104.
Entlang der schönen Pappel-Allee, einem sympathischen Charakteristikum des Walliser Rhonetales, braust die Re 4/4 II mit ihrem Expreß bei St. Léonard südwärts. Die 3 km lange Strecke zwischen St. Léonard und Granges wurde 1970 in Betrieb genommen und ist für 140 km/h freigegeben. Die Re 4/4 II hat ein Dienstgewicht von 80 Tonnen und erbringt eine Stundenleistung von 6320 PS, was ihr erlaubt, im Flachland (bis 10 Promille Steigung) im Schnellzugsverkehr rund 1000, im Güterzugsverkehr 1100 Tonnen mit bis zu 140 km/h zu befördern. Der Prototyp dieser bewährten Universallok wurde im August 1963 mit der Nummer 11101 als erste Maschine einer Vorserie von 6 Lokomotiven eingesetzt. Von 1964 bis 1975 hat die SBB gesamthaft 223 Re 4/4 II beschafft (Nr. 11101– 11304) – ihre bisher größte Lok-Serie – davon die Nr. 11351–11370 mit einer besonderen Übersetzung als Re 4/4 III für die 26-Promillerampen der Gotthardbahn. Bei St. Léonard befindet sich der «Lac souterrain», der unterirdische See, der sich in einer langgestreckten Höhle mit eindrucksvollen Gewölben ausdehnt und im Ruderboot besichtigt werden kann.

105.
Der «Direct-Orient» im «Sprachgrenzen-Bahnhof» Sierre. Diese Grenze liegt eigentlich etwas weiter talaufwärts bei Salgesch (Salquenen) am Raspille-Bach, doch kommt der Anschrift «Sierre/Siders» immerhin symbolische Bedeutung zu. Dem Bahnhof Sierre, dessen Anlagen in den Jahren 1961/68 ausgebaut worden sind, besitzt im Hinblick auf den Fremden- und Touristikverkehr besondere Bedeutung, denn er ist Ausgangspunkt für Reisen mit der Standseilbahn oder Automobilkursen nach den berühmten Kur- und Fremdenorten Montana und Crans sowie für Postautomobilkurse zu den Ferienorten im nicht minder berühmten, dem Tourismus erschlossenen Val d'Anniviers. Das Bild des «Direct-Orient-Expreß» hat indessen bereits historischen Wert bekommen, denn dieser berühmte Zug, der Paris über die Simplonlinie direkt mit Mailand, Venedig, Belgrad, Sofia, Istanbul und Athen verband, verkehrt seit Ende Mai 1977 nicht mehr. Mit ihm ging ein Stück Expreß-Romantik der zwanziger und dreißiger Jahre für immer verloren. Der «Direct-Orient» fuhr erstmals am 1. Juni 1921 als Schnellzug mit vorwiegend Sitzwagen und zugleich auch als neue ergänzende Balkanverbindung für jene Kreise, die sich eine Reise in den Nahen Orient im seit 1919 verkehrenden nur Schlaf- und Speisewagen führenden Luxuszug «Simplon-Orient-Expreß» nicht leisten konnten. Nach dem durch den Zweiten Weltkrieg bedingten Unterbruch fuhr ab 1945 – vorerst mit gewissen Hindernissen – wieder der «Simplon-Orient-Expreß», der allerdings nun auch gewöhnliche Sitzwagen führte. Im Jahre 1962 verschwand der berühmte internationale Expreß – in Literatur und Film verewigt – aus den Kursbüchern; an seine Stelle traten der neue «Direct-Orient-Expreß», der nun ebenfalls nicht mehr existiert, sowie der «Simplon-Expreß», der heute noch als Nachtschnellzug zwischen Belgrad–Triest–Paris in beiden Richtungen auf der Simplonlinie fährt.

106.
TEE-«Lemano» im Engpaß bei Schloß Chillon, wo sich Eisenbahn und Straße in den zur Verfügung stehenden Raum teilen müssen. Oben am Hang ist der Lehnenviadukt der Autobahn N9 sichtbar, für welche niveaugleich mit Bahn und Kantonsstraße kein Platz mehr blieb. Die beiden Trans-Europ-Expreßzüge «Lemano» und «Cisalpin» (s. Bild 113) halten in moderner Form die Expreß-Tradition auf der Simplonlinie aufrecht. Der TEE-«Lemano» – es verkehrt täglich ein Zugspaar – ist eine rasche Verbindung zwischen Genf und Mailand und eine Fahrt dauert 4 Stunden und 52 Minuten. Die 26,4 Meter langen Wagen mit Gewichten zwischen 47 und 55 Tonnen (Maschinenwagen) wurden ab 1972 von Fiat in Serienfertigung geliefert. Die voll klimatisierten komfortablen Wagen mit großer Laufruhe sind für eine zulässige Höchstgeschwindigkeit von 200 km/h gebaut.

107.
Gemeinsam ziehen eine Re 4/4 II und eine Ae 6/6 – diese Kombination ist übrigens auf der Rhonetallinie nicht alltäglich – ihren schweren Güterzug in Richtung Brig. Die Rhonetallinie (gemeint ist die Strecke von [Lausanne]–Villeneuve–St. Maurice–Sion–Brig) bewältigt in erster Linie den Güterverkehr von der Westschweiz zum Wallis oder in der Gegenrichtung, dem Transitverkehr kommt hingegen nicht die Bedeutung des Gotthards zu. Von der von den SBB 1976 transportierten Gesamtgütermenge im Nord–Süd-Transitverkehr passierten 6,60 Mio. Bruttotonnen den Gotthard, dagegen nur 2,67 Mio. Bruttotonnen den Simplon.

108.
Seit Jahrzehnten versehen die Ae 4/7 auf der Rhonetallinie ihren Dienst und stehen auch heute noch, vorwiegend in Doppeltraktion, im Güterzugsdienst im Einsatz, was sich für einen Teil der Maschinen auch in naher Zukunft nicht ändern dürfte.

109.
Eine Re 4/4 II in den TEE-Farben – sie übernimmt in Domodossola den TEE-«Cisalpin» – zieht ihren schweren internationalen Schnellzug auf der Einspurstrecke im Bereich der «Sprachgrenze» zwischen Salgesch und Leuk südwärts. Dieser 5 km lange kurvenreiche Abschnitt mit einer Neigung von 10 Promille verläuft in topographisch etwas schwierigem Gelände und bildet mit Tunnel und rund 105 Meter langem Lehnenviadukt die eigentliche «Bergstrecke» auf der westlichen Simplonzufahrt. Diese Strecke wurde bereits während der Bauzeit 1876/77 für die Doppelspur konzipiert, doch hat man dann, um die Geschwindigkeit zu erhöhen und den Fahrkomfort zu verbessern, teilweise mit entsprechenden baulichen Anpassungen den zur Verfügung stehenden Platz für das eine Geleise verwendet. Der Ausbau zur Doppelspur, der indessen noch etwas auf sich warten lassen wird, dürfte größere bauliche und finanzielle Aufwendungen erforderlich machen. Diese Strecke ist für Schnellzüge mit einer Höchstgeschwindigkeit von 95 km/h befahrbar. Der Blick geht in die

Ebene, wo man dem Rotten zwischen Leuk und Salgesch ein Stück weit den ursprünglichen Lauf gelassen hat, zu den eigentümlichen Hügeln in der von einem prähistorischen Bergsturz bei Sierre geprägten sogenannten Tomaslandschaft. Oberhalb der Felswände rechts befinden sich die ausgedehnten Rebgebiete von Varen und Salgesch, der Heimat des «Pinot noir» und des «Dôle».

110.
Ausgedient wie das nebenan stehende kleine Bahnwärterhaus hat auch das Läutwerk am internationalen Schienenstrang des Simplons. Die moderne Zeit, repräsentiert durch den vorbeieilenden TEE-Zug, hat nicht viel für Romantik übrig. So steht denn das Läutwerk, ebenso wie sein Nachbar, ein um seine Existenz ringender kleiner Zwetschgenbaum, noch immer aufrecht und trotzt Zeit und Wetter. Ein Idyll am großen Schienenweg – wie lange noch?

111.
Die Stadt Leuk und ihr SBB-Bahnhof liegen in Distanz und Höhe auseinander, und Leuks ehemaliger Stadt-Bahnhof der Leukerbad-Bahn (s. Bildtext 113) ist bereits Geschichte. Die Distanz von Leuks Stadtzentrum bis zur Rottenbrücke (Höhenunterschied 110 Meter) bei Susten beträgt in der Luftlinie 700 Meter, die Straße bringt es auf zwei ganze Kilometer. Die traditionsreiche Stadt Leuk, die auf die Walliser-Geschichte mehrmals entscheidend einwirkte, ist noch immer Bezirkshauptort, hat aber in den letzten Jahren zugunsten des direkt an Simplonbahn und -straße liegenden Susten an Bedeutung eingebüßt. Leuk-Stadt hat heute 1400 Einwohner, das am Fuße des Illgrabens liegende Susten aber bereits 1600. Viele Einwohner Leuks arbeiten in den Aluminium-Werken in Chippis oder in Sierre und viele der Pendler betreiben nebenbei Kleinlandwirtschaft. Die neue Umfahrungsstraße westlich der Stadt entlastet den historisch wertvollen und interessanten Ortskern vom Verkehr von und nach Leukerbad, dem gut frequentierten Kurort am Fuße der Gemmi.

112.
Eine Re 6/6 – die neue «Gotthardlokomotive» hat nun auch auf der Simplonlinie Fuß gefaßt – führt den «Milano-Paris» bei Leuk westwärts. Rechts im Bild der in diesem Bereich unkorrigierte Rottenlauf zwischen Kies- und Sandbänken und zahlreichen buschbestandenen Inseln. Die täglich je in einer Richtung geführten Schnellzüge heißen ab Fahrplanwechsel 1977 «Lutetia» – was soviel heißt wie Paris (Lutetia Parisiorum) auf lateinisch – und ergänzen das «Expreß»-Angebot auf der Simplonlinie. Die wuchtige Re 6/6 – sie wird total in 89 Stück beschafft – ist die modernste Mehrzwecklokomotive der SBB und zugleich ein Höhepunkt der klassischen Technik mit Stufenschalter und Einphasen-Wechselstrom-Fahrmotoren. Sie hat ein Dienstgewicht von 120 Tonnen, verteilt auf drei zweiachsige Drehgestelle, womit vor allem im Kurvenlauf die Geleise weniger beansprucht werden. Die Lok entwickelt eine Stundenleistung am Rad von 10600 PS bei 106 km/h, was ihr erlaubt, einen 800 Tonnen schweren Zug mit 80 km/h über eine 26 Promillerampe zu ziehen. Die 19,3 Meter lange Maschine hat eine Höchstgeschwindigkeit von 140 km/h, die auf verschiedenen Abschnitten der Rhonetallinie ausgefahren werden. Im Hintergrund, oberhalb der Stadt Leuk, die ab 1974 in Betrieb stehende Satelliten-Bodenstation mit der weit herum sichtbaren großen schwenkbaren Parabolantenne von 30 Metern Durchmesser, die den Mikrowellen-Fernmeldeverkehr über Satelliten mit den USA, Kanada, Brasilien, Israel, Iran und einigen weiteren Ländern ermöglicht.

113.
Auf der Rottenbrücke bei Leuk führt die Re 4/4 II den TEE-«Cisalpin» Venedig–Paris westwärts. Der schnelle Zug verläßt die Lagunenstadt um 13.56 und erreicht Paris (Gare de Lyon) um 23.58 Uhr – also in einer Zeit von 10 Stunden und 2 Minuten. Der Gegenzug Paris–Venedig braucht für die gleiche Strecke 47 Minuten länger. Die eleganten Wagen des französischen TEE-Zuges entsprechen dem üblichen TEE-Komfort, nur unterscheiden sie sich im Aussehen – die Wagenkasten sind in gesickten rostfreien Stahlblechen konstruiert und besitzen außer dem weinrot gestrichenen Schriftband mit erhabenen Buchstaben «Trans-Europ-Expreß» oberhalb der Fensterreihe keinen Farbanstrich – von den üblichen Wagen dieser europäischen Expreßzüge. Im Hintergrund ist die Fachwerkbrücke der 1915 eröffneten 10,4 km langen ehemaligen Zahnradbahn nach Leukerbad zu sehen. Die Bahn stellte im Mai 1967 den Betrieb ein und ist durch Automobilkurse ersetzt, denen nun die Brücke weiter dient.

114.
Re 4/4 II mit Kühlwagenzug bei Raron unterwegs nach Süden. Der für 140 km/h freigegebene Abschnitt Raron-Gampel wurde Ende Mai 1977 doppelspurig in Betrieb genommen. Im Juni des gleichen Jahres folgte die ebenfalls auf Doppelspur ausgebaute Strecke zwischen Leuk und Turtmann. Die 6,69 km lange Strecke Raron–Visp kann, zusammen mit dem neuen Stellwerk Visp und den bereits umgebauten Bahnhofanlagen, im Verlaufe des Sommers 1978 doppelspurig befahren werden und die 8,3 km lange Strecke zwischen Turtmann und Gampel wird auf Fahrplanwechsel 1979 mit dem zweiten Geleise ausgerüstet sein.

115.
Wie sein Nachbardorf Niedergesteln, einst Zentrum einer bedeutenden Herrschaft (von Turn) welche beide Talseiten und das Lötschental umfaßte, ist auch Raron historisch und kunstgeschichtlich bedeutend und mit der wechselvollen Walliser-Geschichte eng verbunden, da es ebenfalls Mittelpunkt einer ausgedehnten Herrschaft (von Raron) war, die bis ins Untergoms reichte. Auf dem das Dorf um 110 Meter überragenden Burghügel stehen der 13 Meter hohe Turm des einstigen Viztums (weltlicher Stellvertreter des Bischofs) aus dem 12. Jahrhundert, dahinter die von Ulrich Ruffiner unter Einbezug des ehemaligen Burg-Palas (ehemals Residenz der Meier) 1512–1517 erbaute dreischiffige Hallenkirche sowie das Pfarrhaus. Am Fuße des Burghügels befindet sich der moderne Sakralbau der Felsenkirche. Die kleine Gebäudegruppe auf dem Hügel bildet eine malerische Einheit, die den markanten Akzent ins Landschaftsbild setzt. Der Viztum-Turm, ab ca. 1538 Gemeindebesitz und später Zendenrat-

haus, ist eine der am besten erhaltenen romanischen Bauten im Wallis. Die dem heiligen Roman geweihte Pfarrkirche – der Bau geht auf die Initiative Kardinal-Bischof Schiners zurück – entstand als Ersatz für die alte, vom Bietschbach gefährdete Kirche im Dorf und gilt heute als eines der wohl eigenwilligsten und zugleich schönsten Bauwerke der Spätgotik im Wallis. An der Südmauer der Kirche befindet sich das Grab des deutschen Lyrikers Rainer Maria Rilke, der 1926 in Territet bei Montreux starb, sich aber jenen Platz als letzte Ruhestätte gewünscht hatte. Das Dorf selbst birgt einige historisch wertvolle Bauten, darunter das Maxenhaus, ein Steinbau aus dem 16. Jahrhundert, dessen zweigeschossige Säulenloggia am Dorfweg durch die Geschiebeführung des Bietschbaches im unteren Teil im Laufe der Zeit zur Hälfte eingedeckt worden ist. Raron ist Bezirkshauptort und sein heutiger «Herrschaftsbereich» umfaßt die Bezirke Westlich- und Östlich-Raron.

116.
Mit hoher Fahrt braust die Re 6/6 mit dem «Lutetia»-Expreß bei Visp das Tal des Rottens abwärts. Dieser internationale Schnellzug zwischen Mailand und Paris (Milano ab 11.45, Paris an 21.00 – beide Bahnhöfe mit Sommerzeit) benötigt für die Strecke Domodossola–Brig nur noch 31 Minuten und für die Strecke Brig–Lausanne 1 Stunde und 40 Minuten. Über dem Talkessel im Hintergrund, wo Brig und Glis am Fuße des Simplonpasses liegen, erhebt sich die markante Bergkuppe mit dem Faulhorn (2738 Meter), dem Huwiz (2924 Meter) und dem 2993 Meter hohen Bettlihorn. Rechts der SBB-Bahnlinie verläuft das Trassee der Brig-Visp-Zermatt-Bahn (BVZ), deren 8,3 km lange Strecke Brig–Visp am 6. Juni 1930 dem Betrieb übergeben werden konnte und somit die Verbindung zu der bereits in den Jahren 1890/91 erbauten und 1929 durchgehend elektrifizierten Strecke Visp–Zermatt herstellte. Mit dieser Strecke bestand auch die Möglichkeit der direkten Verbindung mit der Furka-Oberalp-Bahn (s. Bildtext 123) und der Rhätischen Bahn.

117.
Brig, einst Endstation der «Jura-Simplon-Bahn» (der erste Bahnhof aus dem Jahre 1878 dient heute noch dem Güterumschlag Schiene-Straße), wurde durch die Schweizerischen Bundesbahnen und ab 1913 auch durch die «Bern-Lötschberg-Simplon-Bahn» (BLS) zum bedeutenden inneralpinen Verkehrsknotenpunkt, was der Stadt am Fuße des Simplons erneut wirtschaftlichen Aufschwung brachte und in der Region zahlreiche neue Arbeitsplätze schuf. Im Bahnhof Brig sind rund 630 SBB-Mitarbeiter beschäftigt, wovon 279 in Brig-Glis, 240 in Naters, 31 in Ried-Brig, 22 in Termen und 58 in weiteren umliegenden Ortschaften ihren Wohnsitz haben. Im Bild sind neben den ausgedehnten Bahnanlagen deutlich die beiden Siedlungsschwerpunkte zu erkennen: im Vordergrund die im Bereich des Bahnhofes sukzessive entstandenen Quartiere der Bahnhofstraße und im «Rhonesand», wo in den vergangenen Jahren vermehrt moderne Hochbauten den Akzent setzten, dann oberhalb davon die Burgschaft Brig mit dem Altstadtkern. Brig, heute zusammen mit Glis eine Gemeinde, zählte am 1. Juni 1977 rund 9600 Einwohner.

118.
Eindrucksvoller Auftakt oder markanter Schlußpunkt einer Fahrt mit der «Bern-Lötschberg-Simplon-Bahn» (BLS) ist die 85 Meter lange imposante Fachwerk-Stahlbrücke aus dem Jahre 1912 über den Rotten unmittelbar beim Bahnhof Brig. Im Bild führt eine der modernen BLS-Universallokomotiven Re 4/4 – die Lok Nr. 161 war die erste der in 29 Stück beschafften Serie – den von Spiez kommenden schweren Schnellzug. Die 80 Tonnen schweren Lokomotiven fahren 140 km/h schnell und erbringen eine Stundenleistung von 6780 PS, womit sie auf den 27 Promillerampen Zuggewichte von 630 Tonnen mit 80 km/h befördern können. Diese zuverlässige Lokomotive trägt die Hauptlast des Personen- und Güterzugsverkehrs auf der BLS-Linie. Die Re 4/4 ist die würdige Nachfolgerin der ab 1944 in 8 Stück beschafften Ae 4/4 (Nr. 251–258), damals die erste schnellfahrende und leistungsfähige laufachslose Drehgestellokomotive mit einem relativ geringen Gewicht von 80 Tonnen. Sie war in ihrer Konzeption richtungweisend. Von den Ae 4/4 Lokomotiven wurden in den Jahren 1965/66 die Maschinen Nr. 253–256 in Ae 8/8 Doppellokomotiven umgebaut und verstärkten somit den Park der wuchtigen Loks von drei auf fünf. Die ersten drei Doppellokomotiven dieser Serie (Nr. 271–275) wurden in den Jahren 1959/63 gebaut. Diese 160 Tonnen schweren Maschinen haben eine Stundenleistung von 8800 PS und sind nun vor allem im schweren Schnell- und Güterzugsdienst eingesetzt, wo sie auf 27 Promille-Steigungen 880 Tonnen mit 75 km/h zu schleppen vermögen.

119
Ein BLS-Schnellzug im Jahre 1913, geführt von einer 107 Tonnen schweren Be 5/7, im Bahnhof Kandersteg. Dieser Maschinentyp war damals mit 2500 PS die stärkste Einrahmen-Lokomotive der Welt und vermochte einen 300 Tonnen schweren Zug mit 50 km/h über die Bergrampen zu ziehen. Diese Lokomotiven wurden – eine davon 1941 zu höherer Leistung (Ae 5/7) umgebaut – erst 1964 ausrangiert. Die Nr. 161 steht, auf Nr. 151 umnumeriert, im Verkehrshaus in Luzern als Museumslok. Die 20 km lange Nordrampe hat eine Maximalsteigung von 27 Promille und überwindet zwischen Frutigen und Kandersteg eine Höhendifferenz von 400 Metern. Die Nordrampe ist weniger kunstbautenreich als die Südrampe, doch besitzt auch sie eindrucksvolle Bauwerke. Neben den zahlreichen Fangmauern und weiteren Steinschlag- und Lawinenschutzbauten sind besonders der 1655 Meter lange große Kehrtunnel, der 1536 Meter lange Riedschuktunnel vor Kandersteg und der imposante 265 Meter lange Kanderviadukt, der bei Frutigen in elf Bogen den Talgrund in 28 Meter Höhe überspannt, die markantesten Kunstbauten.

120.
Eine der berühmten und formschönen Ae 6/8 der BLS führt einen schweren Schnellzug auf dem 53 Meter hohen und 101 Meter langen Baltschieder-Viadukt auf der Südrampe gegen Goppenstein. Die ersten vier Maschinen (Nr. 201–204) mit einem Gewicht von 142 Tonnen und einer Leistung von 4500 PS – sie waren damals die leistungsfähigsten Elektrolokomotiven der Welt – kamen ab 1926 bis 1931 bei der BLS

zum Einsatz und waren eine Gemeinschaftsarbeit von Breda Milano (mechanischer Teil) und Sécheron Genf (elektrischer Teil). Vier weitere Maschinen dieses Typs (Nr. 205–208) mit modernem Aufbau wurden zwischen 1939 und 1943 nachbeschafft. Zwischen 1954 und 1956 erhielten auch die vier ersten Loks windschnittige Führerstände und technische Angleichungen. Die Leistung der zweiten Lok-Serie war mit 5280 PS etwas höher, doch sind heute beide Serien mit 6000 PS einander angeglichen. Die rund 20 Meter lange Lokomotive vermag heute 610 Tonnen-Züge mit 75 km/h auf den 27 Promillerampen zu befördern. Ihr Stern ist nun etwas gesunken, doch leistet sie als Zwischenlokomotive in schweren Güterzügen oder als Reservelok noch immer vorzügliche Dienste. Mit den leistungsfähigeren Lokomotiven stiegen auch die Frequenzen im Personen- und Güterverkehr. Wurden im Jahre 1920 noch 1,9 Mio. Reisende und 1,6 Mio. Gütertonnen befördert, so stieg die Zahl zehn Jahre später bereits auf 2,9 Mio. Personen im Reiseverkehr, hingegen sanken die Gütertonnen infolge der Krisenzeit auf 1,6 Mio. Tonnen (1925: 1 908 707) zurück. Umgekehrt war es während des Zweiten Weltkrieges, als die Reisendenzahlen zurückgingen, dafür aber der Güterverkehr (Rekordjahre 1941/42 mit je 4,2 Mio. Gütertonnen) zunahm. Im Jahre 1951 beförderte die BLS gesamthaft 5 Mio. Passagiere im Personen- und 2,2 Mio. Tonnen im Güterverkehr (1961: 7,6 Mio. Personen und 3,8 Mio. Tonnen) und 1971 stiegen die Zahlen weiter an auf 8,5 Mio. Reisende und 4,9 Mio. Gütertonnen. Die Rezession brachte auch der BLS einen Einbruch, doch sind nun wieder steigende Frequenzen zu verzeichnen. 1976 reisten 8 Mio. Personen mit der BLS und im Güterverkehr beförderte die Berner Alpenbahngesellschaft 4 Mio. Tonnen. Der Autoverladedienst ist im Hauptkapitel dieses Buches behandelt.

121.
Eine Re 4/4 führt einen der modernen BLS-Reisezüge über den 116 Meter langen und 50 Meter hohen Luogelkin-Viadukt auf der Südrampe gegen Brig. Seit Frühjahr 1976 verkehren zwei dieser ansprechend blau-crème gestrichenen Einheitswagen-Kompositionen auf den Strecken Interlaken– und Brig–Basel. Die Wagen bieten mit verbesserter Schalldämpfung sowie einer auf die dreifache Menge verstärkte Deckenlüftung und den sorgfältig gestalteten Sitzen erhöhten Fahrkomfort. Die 26 km lange Lötschberg-Südrampe (max. Steigung 27 Promille) bietet mit ihren zahlreichen Kunstbauten und immer wieder neuen prächtigen Ausblicken eine recht attraktive Bergstrecke, die zwischen Brig und Goppenstein 538 Meter Höhendifferenz überwindet. Neben dem oben erwähnten Luogelkin-Viadukt und der in Bildtext 120 beschriebene Baltschieder-Viadukt besteht als dritte große Brücke der Südrampe die 136 Meter lange Bietschtalbrücke, die mit einem kühnen Fachwerk-Stahlbogen von 95 Metern Stützweite und 1000 Tonnen Gewicht in 78 Meter Höhe über die unwirtliche Schlucht führt. Neben zahlreichen Tunnels führt das Geleise der Südrampe durch 11 Lawinengalerien (vorwiegend in der Lonza-Schlucht) mit einer Gesamtlänge von 830 Metern. Die sogenannten Fangmauern in lawinen- und steinschlaggefährdeten Abschnitten sowie weitere Schutzbauten wie Terrassen und Stützmauern prägen die Umgebung der in topographisch schwierigem Gelände verlaufenden Bahnlinie. Wie auf der Nordseite (209 ha) wurde auch entlang der Südrampe eine Fläche von rund 177 ha aufgeforstet, was auch heute noch immer der beste Schutz in Rutsch- und Lawinengebieten bildet. Zu erwähnen ist noch die elektrische Lawinenmelde-Anlage zwischen Sevistein- und Mankintunnel, verbunden mit einem Signal an der Bahnlinie, womit bei einem Lawinenniedergang die betreffende Strecke sofort gesperrt wird.

122.
Der Dorfkern von Naters – dominiert von der stattlichen frühbarocken Pfarrkirche St. Mauritius – mit der berühmten gotischen Beinhaus-Kapelle, der 1974/76 restaurierten Gebäude Junkerhof (12. Jh.) und Pfarrhaus (13. Jh.). und den in einzelnen Gruppen noch erhaltenen dunkelbraunen Oberwalliser Holzhäusern und Speichern, ist heute auf der Talseite ganz umschlossen von den modernen Siedlungsvierteln. Naters, einst Zendenhauptort (s. Bildtext 26) verlor später seine Vorrangstellung sukzessive an Brig, doch konnte sich auch das Dorf rechts des Rottens vor allem während dem Tunnelbau und dem nachfolgenden wirtschaftlichen Aufschwung der Region Brig in den letzten Jahren gut entwickeln. Naters hatte 1850 nur 763 Einwohner, deren Zahl um 1900 auf 3953 Personen anstieg, zwanzig Jahre später aber wieder auf 2809 Seelen absank. Naters besitzt heute entlang der 1956/57 gebauten Umfahrungsstraße ein attraktives Quartier, gesäumt von modernen Wohnblöcken, Geschäftshäusern und Gaststätten. Der traditionelle Ort am Weg zu Simplon, Furka und Grimsel besaß am 1. Juni 1977 6741 Einwohner.

123.
Eine HGe 4/4 der meterspurigen Furka-Oberalp-Bahn (FO) führt den «Glacier-Expreß», der traditionsreiche und berühmte Zug der Bahngesellschaft, über die Massabrücke bei Naters. Im Hintergrund über der Bettmeralp das 2867 Meter hohe Bettmerhorn. Diese 46 Tonnen schweren kombinierten Adhäsions- und Zahnradlokomotiven erbringen 1240 PS Leistung, womit sie eine Maximalsteigung von 110 Promille bewältigen und Zuggewichte von 148 Tonnen zu befördern vermögen. Die Geschwindigkeit beträgt auf Zahnstangenstrecken (System Abt) rund 25 km/h, auf normalen Adhäsionsstrecken 55 km/h. Die ersten fünf Lokomotiven (Nr. 31–35) wurden in den Jahren 1940/42 gebaut; 1947 folgte die im Bild gezeigte Nr. 36 und 1954 gelangte auch die letzte Maschine der Serie mit der Nr. 37 zur Ablieferung. Der «Glacier-Expreß» ist ein bedeutender Sommersaison-Zug auf dieser wichtigen inneralpinen Schmalspurlinie und führt direkte Wagen von St. Moritz und Pontresina über Disentis–Andermatt nach Brig, Visp und Zermatt. Der Expreß verkehrte erstmals 1930 und in der Folge bis 1939; nach dem durch den Zweiten Weltkrieg bedingten Unterbruch wurde dieser Zug erst 1948 wieder eingeführt. Für die Strecke Brig–Disentis benötigt der «Glacier-Expreß» 3 Stunden 11 Minuten, wobei allein auf die Strecke Oberwald–Realp 42 Minuten Fahrzeit entfallen. Die Strecke Disentis–Chur wird in 1 Stunde 18 Minuten durchfahren. Im Jahre 1915 wurden die Strecken Brig–Oberwald (1. Juni) und Oberwald–Gletsch (1. Juli) eröffnet. Die erste Gesellschaft «Brig-Furka-Disentis-Bahn» (BFD) machte indessen Konkurs und am 17. April 1925 konstituierte

sich die neue Gesellschaft «Furka-Oberalp-Bahn», welche die Strecke Gletsch–Disentis am 4. Juli 1926 in Betrieb nehmen konnte. Die 97 km lange Strecke Brig–Disentis ist die Stammstrecke der FO, die 83 km zwischen Disentis und Chur gehören zum Netz der Rhätischen Bahnen. Die Bahn wurde in den Jahren 1940/42 in zwei Etappen elektrifiziert und die Betriebsspannung beträgt 11000 Volt Einphasen-Wechselstrom 16⅔ Hz. Der 1874 Meter lange Furkatunnel wird durch ein 15,4 km langes Bauwerk zwischen Realp und Oberwald ersetzt, womit zwischen dem Kanton Uri (Tessin) und dem Wallis eine wintersichere Bahnverbindung entsteht. Allerdings führten die Kostenüberschreitungen beim Bau des neuen Furka-Basistunnels mit dem «Bedretto-Fenster» im Parlament zu heftigen Diskussionen. Die im Bild gezeigte Landschaft bei der schönen Fachwerk-Stahlbrücke ist in gewissem Sinne das «Tor zum Goms», obwohl die hier überbrückte Massa erst die Westgrenze des Bezirks Östlich-Raron bildet, welcher bis zum Deischberg bei Grengiols reicht. Dort erst beginnt dann der Bezirk Goms mit seinem Hauptort Münster im schön gelegenen Hochtal – altes historisches Walliserland mit beliebten Ausflugs- und Ferienzielen.

124.
Im Bahnhof Brig herrscht Hochbetrieb – jedes Perrongeleise ist durch Züge besetzt. Die gesamte Bahnhofanlage von Brig steht auf Tausenden von Kubikmetern Ausbruchmaterial des Tunnelbaues. Der Bau der «Bern-Lötschberg-Simplon Bahn» und die Einführung des Geleises in den Bahnhof Brig mit den entsprechenden Perronbauten (links im Bild) machte die Erweiterung des Bahnhofgeländes nach Norden erforderlich, wozu auch der bereits 1903/05 geradegelegte Rotten in jenem Bereich nochmals korrigiert werden mußte. Der neue Bahnhof Brig wurde 1906 in Betrieb genommen und ist auch heute noch ein repräsentativer Bau. Das gesamte Bahnhofareal Brigs umfaßt eine Fläche von rund 400000 Quadratmetern und verteilt sich auf die Gemeinden Brig-Glis, Naters und Termen. Im Bahnhof Brig fahren täglich ca. 3400 Personen- und Güterwagen, im Winter an Spitzentagen bis 313 und im Sommer bis 469 Züge aus und ein, davon bis zu 100 Güterzüge. In der 1972/73 für 13 Mio. Franken gebauten Gleisgruppe O im Rangierbahnhof Brig können täglich 1800 Güterwagen manövriert werden, womit die Kapazität der Simplondurchfahrt fast verdoppelt wurde. Ab Brig, einem der wichtigsten inneralpinen Verkehrsknotenpunkte unseres Landes, verkehren die bereits erwähnte Brig-Visp-Zermatt-Bahn (s. Bildtext 116), die Furka-Oberalp-Bahn (s. Bildtext 123) und verschiedene Postautomobilkurse nach Simplon–Gondo–Iselle–Domodossola, nach Saas-Fee, Brigerbad, Brig–Termen–Roßwald und Brig–Blatten. Brig ist zugleich Grenzbahnhof, allerdings hat er im Vergleich zu Basel, Chiasso oder Vallorbe insofern eine Sonderstellung, als die SBB den Betrieb über die Staatsgrenze hinaus bis Domodossola weiterführen. Das mit dem Doppelspurausbau der BLS in engem Zusammenhang stehende Projekt des neuen Rangierbahnhofes Domodossola (Domo II) – Italien stellte für dessen Realisierung gewisse Forderungen, so unter anderem die Verlegung des Zolls und der Freilager nach Domodossola – zeigte nun die Nachteile dieser Sonderstellung. Die Sorge um die Arbeitsplätze führte in der Region Brig zu entsprechenden Reaktionen, doch hat man sich an den zuständigen Stellen – sofern es im Rahmen der für unser Land so wichtigen Transitverkehrs-Frage möglich ist – um eine für alle Teile befriedigende Lösung eingesetzt.

125.
Eine RBe 4/4 Triebwagen wartet zur Feierabendzeit mit dem Personenzug nach Sitten im Bahnhof Brig auf freie Fahrt. Diese 68 Tonnen schweren Triebwagen verfügen über eine Stundenleistung von fast 2800 PS bei 80 km/h, und die Höchstgeschwindigkeit liegt bei 125 km/h. Die ersten sechs Fahrzeuge dieses Typs wurden 1959/60 zusammen mit der gleichen Anzahl Steuerwagen in Betrieb genommen und die SBB beschafften in der Folge insgesamt 82 Stück RBe 4/4. Mit dem Fahrplanwechsel im Frühling 1977 sind sie nun allerdings von der Simplonlinie verschwunden. An ihre Stelle traten neben der altbewährten Re 4/4 I die Re 4/4 II und die aus den zwanziger Jahren stammende noch immer rüstige Ae 3/6 I, die Vorgängerin der Ae 4/7 und einstige «Leichtschnellzug»-Lokomotive.

126.
Im nächtlichen Bahnhof Brig wartet der «Direct-Orient-Expreß» auf seine Weiterfahrt nach Lausanne–Vallorbe–Dijon–Paris, ein Bild, das nun seit Ende Mai 1977 der Vergangenheit angehört. Diese Nachtaufnahme des einst berühmten internationalen schweren Schnellzuges mit Expreß-Format mag jetzt stellvertretend sein für die heute noch im Bahnhof Brig im Verlaufe der Nacht Station machenden verbliebenen vier internationalen schweren Schnellzüge mit Expreß-Charakter: der «Lombardei-Expreß» (Venedig–Mailand–Paris); der «Riviera-Expreß» (Ventimiglia–Dortmund–Amsterdam und Ventimiglia–Hamburg); der «Simplon-Expreß» (Skopje–Belgrad–Triest–Paris) und der aus dem untersten Süden kommende Expreß «Brindisi–Milano–Paris», der keinen speziellen, «großen» Namen trägt.

Der Simplon-Tunnel

127.
Das Nordportal des Simplontunnels während der Bauzeit, gezeichnet vom englischen Künstler G. Flemwell. Die Schweiz investierte in das große Bauwerk mehr als 16 Mio. Franken und Italien 4 Mio. Lire. Die Arbeiten am Tunnel I begannen im August 1898 und am 24. Februar 1905 erfolgte der Durchschlag.

128.
Ingenieur Alfred Brandt aus Hamburg war zusammen mit Ingenieur Karl Brandau aus Kassel (beide waren Gesellschafter und Mitbegründer der Firma Brandt, Brandau & Cie) einer der führenden Köpfe des Simplon-Tunnelbaues. Brandt war bis zu seinem überraschend frühen Tode am 29. November 1899 Chef der Bauarbeiten auf der Nordseite; sein Compagnon Brandau versah die gleiche Funktion auf der Südseite. Alfred Brandt war der Erfinder der nach ihm benannten verbesserten Bohrmaschine, und er hatte auch die geniale und im Tunnelbau damals völlig neue Idee des Vortriebs mit zwei parallel geführten Stollen im Abstand von 17 Metern.

129.
Ein Bauarbeiterzug verläßt bei Schichtwechsel den Tunnelstollen bei Brig. Links im Bild das kleine Portal des 135 Meter langen Richtstollens. Der Zug wird von einer Bau-Dampflok gezogen; im Tunnelinnern wurde für die verschiedenen Transportaufgaben Pferde und vor allem leistungsfähige Druckluftlokomotiven verwendet. Eine Schicht bestand aus rund 500 Mann Personal und dauerte acht Stunden. Der Arbeitstag war in drei Schichten eingeteilt: die erste begann morgens 6 Uhr, die zweite um 14 Uhr und die dritte nachts um 22 Uhr. Um die Arbeitskräfte nicht schon vor Arbeitsbeginn unnötig zu ermüden, wurden sie mit der Tunnelbahn bis unmittelbar vor ihre Arbeitsorte gefahren.

130.
Das Bild zeigt die Tunnelprofile für normalen und mittleren sowie für starke Druckpartien im Berg, ebenso für den Parallelstollen, aus dem dann die zweite Tunnelröhre entstanden ist. Auf der Südseite mußte in einer 42 Meter langen außerordentlich schwierig zu meisternden Druckpartie neben Sohlenblöcken und besonders starken Widerlagern das Tunnelgewölbe aus vierfach übereinander gelagerten Hausteinen gemauert werden.

131.
Eine Brandt-Druckbohrmaschine mit hydraulischem Antrieb, umgeben von der Bedienungsmannschaft, im Einsatz an der sogenannten Tunnelbrust. Pro Stollen waren drei bis vier Bohrmaschinen im Einsatz, welche auf einer Spannsäule, und diese wiederum zwecks besserer Manövrierfähigkeit auf einem verschiebbaren Wagen montiert waren. Der tägliche mittlere Fortschritt betrug 9,05 Meter – am Gotthard waren es seinerzeit nur 5,64 Meter. Eine Arbeitsstrecke im Tunnelstollen dehnte sich auf ca. 1 bis 1,5 km Länge aus. Beim Bau des Simplontunnels war man von Bauerschwernissen ebenfalls nicht verschont. Neben hohen Gesteinstemperaturen (bis 54 Grad) und teilweise überaus starkem Bergdruck machten die zahlreichen Wassereinbrüche Ingenieuren und Baupersonal zu schaffen. Im Nordstollen waren 142 und im südlichen Tunnelvortrieb 86 Wassereinbrüche (bis zu 12 000 Liter pro Minute) zu bewältigen. Infolge schweren Wassereinbruchs konnte der historische Moment des Durchschlags im Sohlstollen nicht fotografiert werden, so blieb nur das Konterfei des Durchschlags im Firststollen der Nachwelt erhalten. Mechanisch gebohrt wurde indessen nur im Sohlstollen, an den übrigen Arbeitsstellen (Firststollen und Ausweitung) benutzten die Arbeiter einhändige Fäustel und zweihändige Schlegel, da die ersten brauchbaren Handbohrmaschinen erst nach 1904 verfügbar waren.

132.
Am 18. Mai 1906 begannen die großen Festlichkeiten zur Einweihung des längsten Eisenbahntunnels der Welt, als Bundespräsident Louis Forrer, begleitet von Mitgliedern des Bundesrates und hohen Beamten, im festlich beflaggten Brig eintraf. Am folgenden Tag traf der von zwei Dampflokomotiven gezogene Extrazug um 11.30 Uhr mit dem italienischen König Victor Emanuel III., begleitet von Staatspräsident Sonnino und Arbeitsminister Carmine sowie weiteren prominenten Persönlichkeiten, im Bahnhof Brig ein. Es folgten Festlichkeiten entlang des neuen Schienen-Transitstranges so unter anderem in Brig, Sitten, St. Maurice, Montreux, Vevey, Lausanne und Genf, und als glanzvoller Abschluß, ein großer Festakt in Mailand. Am 1. Juni wurden die Vertreter der Eidgenossenschaft in Genua von Marineminister Admiral Mirabello empfangen. Die großen italienischen Kriegsschiffe im Genueser Hafen feuerten Salutschüsse und trugen – als ganz besondere Ehrung – am Großmast die Schweizerflagge.

133.
Als am 1. Juni 1906 der Betrieb durch den Simplontunnel I offiziell aufgenommen wurde, fuhren zunächst nur die Güterzüge und täglich ein Personenzug mit den neuen Drehstromlokomotiven. Die restlichen Züge fuhren mit Dampflokomotiven des Typs C4/5 (s. auch Bild 84) durch den Tunnel. Das Bild zeigt eine C4/5 auf der Fahrt nach Iselle beim Nordportal in Brig.

134.
Eine Fb 3/5 Drehstromlok verläßt mit einem Schnellzug aus Domodossola das Nordportal bei Brig. Nach dem Inkrafttreten des vollen Vertrages am 1. August 1906 – damals fuhren täglich ca. 20 Züge durch das dunkle Tor – wurden alle Züge elektrisch durch die Tunnelröhre geführt. Infolge der großen Luftfeuchtigkeit im Tunnelinnern gab es bei den Drehstromloks durch sogenannte Motorüberschläge vorerst gewisse Schwierigkeiten im Betrieb, doch konnten diese Mängel rasch behoben werden. Im Jahre 1907 wurden 365344 Personen und 75927 Tonnen Güter durch den Tunnel befördert.

135.
Eine Ae 4/7 mit internationalem Schnellzug in den dreißiger Jahren vor dem neuen Portal des Paralleltunnels II. Der Tun-

nel II konnte nach 10jähriger Bauzeit – verzögernd wirkte der Erste Weltkrieg – am 16. Oktober 1922 dem Betrieb übergeben werden. Der Tunnel I hat eine Länge von 19 803 Metern, der Tunnel II hingegen ist 20 Meter länger. Die beiden Nordportale – ca. 2 km östlich von Brig – stehen auf 685,8 Meter Schwellenhöhe, wo die Geleise in einer 159 Meter langen Kurve – sie beginnt bereits vor dem Portal – im Tunnelinnern in die 19 330 Meter lange Gerade übergehen. Kurz vor dem Südportal (633,5 Meter Schwellenhöhe) vor Iselle verläuft das Trassee im Tunnelinnern ebenfalls in einer 176 Meter langen Kurve und verläßt die dunkle enge Röhre auf einer 138 Meter langen geraden Strecke. Die Neigung der Tunnel-Nordrampe beträgt zwei, jene der Südrampe sieben Promille. In der Tunnelmitte (Kulminationspunkt 704,9 Meter) verlaufen die Geleise auf eine Länge von 500 Metern horizontal, und dort befindet sich auch die Tunnelstation (s. Bild 138). Im Jahre 1938 passierten täglich ca. 30 Züge den Tunnel und es wurden damals 319 000 Reisende und 724 000 Tonnen Güter befördert. In den frühen dreißiger Jahren waren die Frequenzen infolge der Krisenzeit zeitweilig stark zurückgegangen und man erwog damals ernsthaft das Projekt, die eine Tunnelröhre zum Straßentunnel auszubauen. Im Kriegsjahr 1941 wurde mit 3 071 575 Tonnen erstmalig ein Rekord im Güterverkehr erreicht. Im Jahre 1954 stieg die tägliche Zugfrequenz auf rund 48 Züge pro Tag und die Reisendenzahl stieg auf 937 000 Personen; im Güterverkehr wurden im gleichen Jahre gesamthaft 1 248 000 Tonnen befördert. In den fünfziger und sechziger Jahren war die Höchstgeschwindigkeit im Tunnel für Schnellzüge auf 100, für Leichtschnellzüge auf 125 km/h festgesetzt und die Durchfahrt dauerte rund 15 bis 20 Minuten. Im Jahre 1968 war die Reisendenzahl durch den Simplon auf 3 223 730 Personen angestiegen und im Güterverkehr stieg die beförderte Gesamtmenge auf 7 893 369 Bruttotonnen.

136.
Der Trans-Europ-Expreß-«Lemano» – im Bild beim Verlassen des Nordportals in Brig – ist einer der Repräsentanten des modernen Schienenverkehrs. Er durchfährt den 19,8 km langen Tunnel mit 140 km/h in rund 10 Minuten. Im Jahre 1972 wurden insgesamt 3,8 Mio. Personen und 7,86 Mio. Bruttotonnen Güter durch den Simplon befördert. Infolge der Rezession und der veränderten wirtschaftlichen Lage sind die Frequenzen etwas zurückgegangen (1976: 3,6 Mio. Reisende und 6,56 Mio. Bruttotonnen Güter), doch zeichnet sich nun langsam wieder eine erfreuliche Tendenz nach oben ab. Heute fahren im Sommer täglich im Durchschnitt in beiden Richtungen bis zu 140 Züge – an Spitzentagen ca. 205 Züge – durch die beiden Tunnelröhren des Simplons.

137.
Nur wenige hundert Meter vor dem Kulminationspunkt im Tunnel auf rund 705 m ü. M. – er liegt genau bei km 9,6 ab Nordportal auf italienischem Territorium – queren die schweizerisch-italienischen Staatsgrenzen den Tunnel. Sie verlaufen genau bei km 9,060 ab Nordportal und sind mit einer Metallplatte, versehen mit den Hoheitszeichen und der Inschrift «Suisse-Italia», an der Tunnelwand gekennzeichnet.

138.
Bereits bei der Inbetriebnahme des Tunnels I im Jahre 1906 bestand in der Tunnelmitte eine Kreuzungsstation mit Stellwerk, das von zwei Beamten bedient wurde. Mit der 1922 in Betrieb genommenen Tunnelröhre II hat man die Stellwerkanlage den neuen Verkehrsverhältnissen entsprechend angepaßt, womit eine Zugfolgestation mit halbautomatischem Block entstand. Ende der fünfziger Jahre konnte der inzwischen eingebaute vollautomatische Block mit von Brig aus ferngesteuerten Weichen und Signale in Betrieb genommen werden. Dank der Entwicklung der Sicherungsanlagen kann in beiden Richtungen des Simplontunnels gleichzeitig mit je 5–6 Zügen gefahren werden. Die Tunneltemperatur schwankt zwischen 28 und 31 Grad. Kontrolle, Unterhalt und Erneuerung der Anlagen obliegt bis zur Einfahrweiche von Iselle den SBB und ist vertraglich festgelegt. Die beiden Tunnelröhren werden täglich kontrolliert. Jeden Tag fahren zwei italienische FS-Beamte von Iselle und zwei SBB-Beamte von Brig bis zur Tunnelmitte, von wo sie jeweils den Rückmarsch als Kontrollgang in 3–4 Stunden bewältigen. Bei Bedarf können die Streckenwärter in den vorhandenen Querstollen (im Tunnel bestehen deren 40) miteinander Verbindung aufnehmen. Die Tunnelnischen stehen in Abständen von 50 Metern; in Kilometerdistanz sind größere Nischen mit Telefon vorhanden und in Abständen von 5 Kilometern bestehen größere Unterstände mit Materiallagern.

139.
Das Südportal – genau genommen sind es ebenfalls zwei – bei Iselle liegt ganz in felsiger Umgebung und macht den Eindruck eines Festungsportals aus dem Ersten Weltkrieg. In unmittelbarer Umgebung des Südportals bestehen indessen noch militärische Bauten, doch sind die drohenden Schießscharten für die Kanonen seit langem leer und üppiges Brombeergestrüpp macht sich um die Fortifikationen breit. Die im Bild ebenfalls sichtbare Simplonstraße mußte beim Bau des Tunnels gegen die Schlucht des Diveria-Baches verlegt werden, was eine längere Stützmauer erforderlich machte. Der rund 50 Meter lange Straßentunnel im Hintergrund – er umfährt die kurze, dafür aber eindrucksvolle ehemalige Iselle-Galerie der Napoleonsstraße – wurde in den sechziger Jahren im Verlaufe von notwendig gewordenen Straßenkorrekturen neu gebaut. Talwärts, fast 2 km vom Bahnhof Iselle entfernt, stand einst das Arbeiterdorf Balmalonesca, wo während des Tunnelbaues 5000 Personen wohnten.

140.
Eine Ae 6/6 macht mit ihrem Autotransportzug aus Italien, beladen mit fabrikneuen Automobilen nach der Bundesrepublik und den Beneluxstaaten, im Bahnhof Iselle eine kurze Verschnaufpause. Links im Bild der alte Wasserturm, der noch an die frühere Dampflokzeit erinnert. Ganz rechts im Bild steht der Autoverladezug Brig–Iselle–Brig. Die Beförderung von Straßenfahrzeugen durch den Simplontunnel hat in den vergangenen Jahren an Bedeutung gewonnen, obwohl die Paßstraße nun praktisch wintersicher ausgebaut ist. Im Jahre 1938 wurden total 1268 Fahrzeuge durch den Tunnel befördert, aber bereits 1953 war die Zahl auf 6240 Einheiten angestiegen. Im Jahre 1965 wählten trotz in Betrieb stehen-

dem Straßentunnel durch den Großen St. Bernhard 93 047 Motorfahrzeuge den Weg durch den Simplontunnel, zehn Jahre später waren es 123 529 und 1975 total 152 825 Einheiten. Wie die Bahnanlagen von Brig, stehen auch jene von Iselle auf Tunnelausbruchmaterial. Das Dorf Iselle liegt talaufwärts rund 2 km vom Bahnhof entfernt, noch weiter weg befindet sich das nordöstlich davon liegende Dorf Trasquera, das, wie einst Varzo, zur Zeit des Simplon-Saumverkehrs eine bedeutende Rolle gespielt hatte.

Die Bahn im Süden

141.
Zwei Re 4/4 II führen den schweren Simplonschnellzug über den rund 82 Meter langen Viadukt bei Preglia südwärts, der die Geleise der Simplonbahn mit fünf steinernen Bogen über den mit Edelkastanien bestandenen vom Sasso Maggiore kommenden Bachtobel führt. Die Kapelle im Hintergrund gehört zum – teils in Ruinen stehenden – Weiler Bosco, hart am Rande der felsigen Diveria-Schlucht bei Crèvola, welche von der Bahn mit einem rund 700 Meter langen Tunnel umfahren wird.

142.
Im kleinen Bahnhof Preglia, wo die Simplon-Südrampe durch das wildromantische Val Divedro zu Ende geht und bereits Palmen am blumengeschmückten Perron stehen, kreuzen sich der verspätete TEE-«Lemano» nach Brig und ein schwerer Güterzug in Richtung Domodossola. Die Bahnhöfe und Güterschuppen der kleineren Ortschaften entlang der Simplonbahn von Arona bis Iselle bieten baulich ein etwas uniformes Bild, doch erhalten sie durch die sorgfältige gärtnerische Gestaltung der sie umgebenden Anlagen trotzdem eine individuelle Note, wobei der lebhaft rote Farbanstrich an den Bahnhofgebäuden den südländischen Charakter noch unterstreicht.

143.
Das Bild zeigt die von der Tosa (Toce) durchflossene Ebene des Val d'Ossola mit seinem wirtschaftlichen und kulturellen Zentrum Domodossola. Das Tal verläuft vorerst in südlicher Richtung, biegt dann an der im Bildmittelgrund sichtbaren Westflanke des 2018 Meter hohen Pizzo delle Pecore bei Vogogna nochmals nach Osten ab, um dann beim Weiler Teglia zwischen Cuzzago und Ornavasso endgültig die südliche Linie zum Langensee und nach Mailand einzunehmen. Domodossola, eine der größeren Städte der Provinz Novara, hat sich in den vergangenen Jahren infolge des angewachsenen Simplonverkehrs aber auch durch angesiedelte Industriebetriebe gut entwickelt und zählt heute rund 20 000 Einwohner. Domodossola ist ein bedeutender Bahnhof der Simplonlinie mit den Funktionen eines Grenzüberganges und verfügt über große Depot- und ausgedehnte Rangieranlagen, außerdem ist er Ausgangs- und Zielpunkt der Bahnlinie durch das Val Vigezzo und der 1923 eröffneten Fortsetzung der «Centovalli-Bahn» nach Locarno, wo der Anschluß an die Gotthardbahn besteht. Es ist eine Privatbahn in Meterspur, von Italien («Società Subalpina di Imprese Ferroviarie» SSIF) und der Schweiz («Ferrovie Autolinee Regionali Ticinesi» FART) mit einheitlichem Rollmaterial gemeinschaftlich betrieben.

144.
In sechs großen Steinbogen führt die 186 Meter lange Brücke die Simplonbahn über das breite, von der verwilderten Tosa zwischen buschbesetzten Kies- und Sandbänken durchflossene Bachbett bei Bèura unterhalb von Domodossola. Die Tosa

entspringt einem kleinen See am San Giacomo-Paß, durchfließt Val Formazza – wo sie bei La Frua einen schönen Wasserfall bildet – und Val Antigorio und bekommt bei Crèvola mit der Diveria und dem Isorno sowie bei Masera mit dem Melezzo kräftige Unterstützung. Weiter südlich erhält die Tosa neben zahlreichen kleineren Seitenbächen Verstärkung mit den größeren Zuflüssen aus dem Valle d'Antrona und dem Valle Anzasca und bei Piedimulera ist der wilde Bergbach bereits zum behäbigen Fluß angewachsen, der gemächlich, von schönen Auenwäldern gesäumt, dem Langensee zufließt. Noch zur Zeit der Postkutsche war die Tosa vom Langensee bis Pallanzeno vor Villa d'Ossola schiffbar, doch hat dann der Bahnbau die Fluß-Schiffahrt ganz verdrängt. Die schöne Steinbrücke vor dem Hintergrund der bewaldeten Bergkuppe des Moncucco und der 2249 Meter hohen Cima Camughera wurde um die Jahrhundertwende im Zusammenhang mit dem Bau der neuen Zufahrtslinie zum Simplon (Arona–Domodossola–Iselle) von der Bahngesellschaft «Rete Mediterranea» gebaut.

145.
Sommerlicher Reiseverkehr im Bahnhof Domodossola. Eine neue E 656 «Caimano» wirkt als Vorspannlok vor einer E 646 (Prototyp-Ausführung) mit einem ausfahrenden schweren Simplon-Schnellzug nach Mailand. Auf dem Geleise nebenan steht eine E 444 «Super-Tartaruga» (s. Bildtext 149) mit einem angekuppelten Intercity-Wagen, dahinter ein Triebzug-Steuerwagen für den Lokalzug nach Novara. Die E 656 ist eine Weiterentwicklung der E 646, wobei auch sie die Achsanordnung Bo'Bo'Bo – also drei zweiachsige Drehgestelle – besitzt. Die 18,29 Meter langen Lokomotiven – sie werden seit 1974 serienmäßig fertiggestellt – haben ein Gewicht von 115 Tonnen und erbringen eine Dauerleistung von 4200 kW nach CEI (ca. 5710 PS) bei 103 km/h. Die Höchstgeschwindigkeit beträgt 160 km/h. Im Bahnhof Domodossola wechselt das Stromsystem der SBB mit 15 000 V 16⅔ Hz Einphasen-Wechselstrom auf 3000 Volt Gleichstrom der FS.

146.
Eine E 636 führt bei Cuzzago den schweren Schnellzug südwärts. Als Weiterentwicklung der ab Ende der dreißiger Jahre für die FS gebauten ersten modernen laufachslosen Mehrzwecklokomotiven der Reihe E 424 (Achsfolge Bo'Bo) kamen ab 1940 die ersten Serienlokomotiven der Baureihe E 636 als leistungsfähige Einheitslokomotiven in Betrieb. Die 18,2 Meter lange und 101 Tonnen schwere Lok besitzt einen geteilten Kastenaufbau und zwei dreiachsige Drehgestelle. Die Stundenleistung nach CEI (halbabgenutzte Radreifen und Motorwirkungsgrad von 92 Prozent) beträgt 1880 kW, also rund 2600 PS, und die Höchstgeschwindigkeit liegt je nach Übersetzung bei 110 oder 130 km/h. Diese vielseitig verwendbare 6motorige Lokomotive bewährte sich vorzüglich und wurde von 1940 bis 1963 in 469 Einheiten beschafft. Sie war übrigens Vorbild für die neuen Serien E 645 und E 646 (s. Bildtext 152).

147.
Die von der verwilderten Tosa – sie ist nur an gewissen Stellen durch einzelne Hochwasserdämme eingefaßt – durchflossene fruchtbare Ebene des oberen Val d'Ossola bietet im Bereich der an den Fluß angrenzenden lichten Auenwälder ein Bild mit ausgesprochen lombardischem Charakter. Das Bild zeigt das «Hinterland» des zum Schutze des Kulturlandes errichteten rund 1 km langen Schutzdammes zwischen Quarata und Bèura, wo Akazien, Erlen, Weiden, Eschen und Pappeln der stillen Flußlandschaft den Akzent geben.

148.
Im alten Bahnhof Cuzzago wartet die 640.017 mit ihrem Personenzug aus Novara auf die Weiterfahrt nach Domodossola. Diese teilweise von großen Akazien-Hainen gesäumte einspurige und romantische Bahnlinie wurde um 1870 von der «Oberitalienischen Bahngesellschaft» gebaut, womit die noch bestehende Lücke zwischen den von der «Ligne d'Italie» seinerzeit erstellten Strecken von Domodossola bis Piedimulera und ein kurzes Stück bei Ornavasso (von wo die «Oberitalienische» ebenfalls die Fortsetzung über Omegna-Borgomanero nach Novara gebaut hatte) geschlossen werden konnte. Diese Strecke Novara–Domodossola ist eigentlich die ursprüngliche «Simplonlinie», und wird heute noch von Personen- und Güterzügen befahren. Die Dampflok ist jetzt allerdings verschwunden – das Bild entstand im September 1973 – und an ihre Stelle ist die Diesellokomotive getreten. Die Reihe 640 war eine leichte Zweizylinder (Innenzylinder)Verbund-Heißdampf-Schnellzugslok von 48,9 Tonnen Gewicht, verteilt auf zwei Lauf- und drei Kuppelachsen (2C1). Eine erste Serie dieser Maschinen (640.001–024), dazu gehörte auch die abgebildete Nr. 017, wurde von der Lokomotivfabrik Schwartzkopf in Berlin gebaut und zwischen 1907 und 1908 abgeliefert. Eine zweite Serie wurde später in Auftrag gegeben. Die Lokomotive zeigte vorzügliche Leistungen im Betrieb und wurde, später von italienischen Unternehmen gebaut, in ca. 170 Stück beschafft.

149.
Eine E 444 «Super-Tartaruga» führt den schweren Schnellzug «Milano–Paris» bei Cuzzago nordwärts. Diese Bahnlinie (Arona–Stresa–Mergozzo–Domodossola–Iselle) wurde zwischen 1895 und 1905 als neue Simplonlinie gebaut, und bildete ab Mailand die direkte Zufahrt zum Tunnel. Zwischen Cuzzago und Vogogna verläuft dieser Schienenweg mit der im vorhergehenden Bildtext erwähnten «alten Simplonlinie» im geringen Abstand praktisch parallel. Die E 444 «Super-Tartaruga» (zu deutsch Super-Schildkröte) – der Name ging aus einem Umfrage-Wettbewerb hervor – ist eine Schnellfahrlokomotive mit einem Dienstgewicht von 78 Tonnen, 4 Fahrmotoren von zusammen 4200 kW Stundenleistung (nach CEI) und einer Höchstgeschwindigkeit von ca. 210 km/h. Die planmäßige Höchstgeschwindigkeit liegt bei 180 km/h. Die ab 1968 in Serie gebauten rund 17 Meter langen Schnellfahrlokomotiven mit vorzüglichen Leistungen laufen auf zwei zweiachsigen Drehgestellen und zählen zu den stärksten vierachsigen elektrischen Lokomotiven Europas.

150.
Die E 428, im Bild führt die Nr. 107 einen leeren Autotransportzug bei Mergozzo südwärts, ist eine 19 Meter lange und 130 Tonnen schwere imposante Schnellzugslokomotive mit

vier Triebachsen und je zwei zweiachsigen Laufdrehgestellen und wurde von 1934 bis 1939 in ca. 240 Einheiten gebaut. Die Lokomotiven der Baujahre 1938/39 kennzeichnen sich durch windschnittige Führerstände, wobei auch einzelne ältere Lokomotiven in diesem Sinne abgeändert worden sind. Die E 428 gehörte zu den mächtigsten und schwersten – sie vermittelt diesen Eindruck übrigens auch heute noch – Elektroloks Europas, aber trotz 8 Fahrmotoren von zusammen 2800 kW Stundenleistung (nach CEI) nicht zu den leistungsfähigsten. Früher stand diese schwere aber schnelle Maschine – die Höchstgeschwindigkeit beträgt 130 km/h – im schweren Schnell- und Eilzugsdienst auf den großen elektrifizierten Fernstrecken der italienischen Staatsbahn (FS) im Einsatz. Ihr heutiger Dienst ist bescheidener geworden, die Mammut-Lok ist vorwiegend Leergüter- oder Personenzügen vorgespannt.

151.
Ein elektrischer Triebwagenzug der Reihe E 623 auf der schönen steinernen Bogenbrücke der Simplonbahn bei Baveno. Diese Triebwagen, in den Jahren 1930/32 gebaut, versehen noch immer ihren Dienst, werden aber doch langsam durch moderne Kompositionen ersetzt.

152.
Eine E 646, eine der Standardlokomotiven im schweren Schnellzugsdienst auf den FS-Fernstrecken, führt ihren schweren Simplon-Expreß bei Sesto-Calende südwärts. Die ersten Maschinen dieses Typs – sie ist die Schwesterlok der Güterzugsversion E 645 – kamen Ende 1958 in Betrieb und bis Ende 1966 waren 210 Lokomotiven gebaut und im Einsatz. Die E 646 ist 18,2 Meter lang, 110 Tonnen schwer und besitzt 12 Fahrmotoren – angeordnet in 6 Doppelmotoren – mit zusammen 3980 kW Stundenleistung (nach CEI – Werte bei halbabgenutzten Radreifen und Motorwirkungsgrad von 92%), was etwa 5400 PS entspricht. Die Höchstgeschwindigkeit der mit drei zweiachsigen Drehgestellen ausgerüsteten Lokomotive beträgt 145 km/h. Links im Bild die Abzweigung der Nebenbahnlinie von der Simplonstrecke nach Novara.

153.
Ein eindrucksvolles Bauwerk an der Simplonlinie ist die große kombinierte Eisenbahn- und Straßenbrücke, die mit einer Länge von 265 Metern den Tessin unmittelbar an seinem Ausfluß aus dem Südende des Langensees überspannt. Die Brücke mit Spannweiten von zweimal 83 Metern zwischen Brückenköpfen und Pfeilern und von 99 Metern zwischen den im Fluß stehenden 10 Meter hohen Pfeilern wurde in den Jahren 1880/82 anstelle einer älteren Brücke von der Metallurgischen Gesellschaft Neapel nach den Plänen von Ing. G. B. Biadego erstellt und trägt im unteren Teil die Geleise der Simplonbahn, darüber die Straße über den Fluß.

Geo Chavez' Alpenflug

154.
Geo (George) Chavez wurde am 13. Juni 1887 in Paris als Sohn vermögender Eltern geboren. Geo Chavez wurde später, zusammen mit seinem Onkel, Teilhaber der Pariser Filiale einer peruanischen Bank und verfügte über ein ansehnliches Vermögen. Chavez war ein ernsthafter junger Mann – zwar klein von Statur, jedoch groß in Wille und Tatkraft – der das angenehme Leben der besseren Pariser Gesellschaft verpönte und sich schon früh verschiedenen Sportdisziplinen widmete. Er war aktives Mitglied des Racing-Sportclubs von Paris und dort faßte er auch den Entschluß, sich neben dem Automobilsport auch der noch jungen Motorfliegerei zu widmen, die ihm schließlich Triumph und Tod zugleich bringen sollte. Anfang Februar 1910 trat er in die Farman-Flugschule von Mourmelon-le-Grand ein, wo er bereits am 15. Februar 1910 das französische Fliegerbrevet Nr. 23 auf einem Farman-Doppeldecker erflog. Am 8. September 1910 stellte er in Issy-les-Moulinaux auf seinem inzwischen gekauften Blériot-Eindecker mit 2587 Metern einen neuen Weltrekord im Höhenflug auf. Mit dem Absturz in Domodossola am 24. September 1910 nach dem geglückten 42minütigen historischen Alpenflug über den Simplon – Chavez starb am 28. September an den Folgen des Absturzes – fand eine glänzende Fliegerkarriere ein abruptes und vorzeitiges Ende.

155.
Das Bild zeigt Chavez mit seinem Blériot-Eindecker beim Start zum ersten Flug am 19. September, der dann aber infolge aufkommenden Schlechtwetters nach 7minütiger Flugdauer abgebrochen werden mußte. Schon damals wäre eine große Fallböe Chavez beinahe zum Verhängnis geworden. Vom Start zum denkwürdigen Flug am 24. September existiert kein Foto, da Chavez – vorerst unentschlossen – dann doch überraschend um 13.30 Uhr in Ried-Brig startete. Zu einem der anwesenden Herren sagte er noch: «Dût-il m'arriver malheur, je veux que mon nom soit attaché à une grande chose.» Der Blériot-Eindecker war damals, neben Farman-Doppeldecker und Atoinette-Eindecker, das wohl erfolgreichste Flugzeug und wurde – auch später noch – von berühmten Piloten geflogen, darunter Legagneux, Pégoud, Delagrange, Taddeoli und Bider. Geo Chavez flog beim ersten Alpenüberflug eine Blériot Typ XI, die 1910 bei Blériot-Aeronautique, Suresnes (Seine) gebaut worden war. Die wohl zierlich wirkende aber sehr robuste Blériot war ein Schulterdecker mit Gitterrumpf (in Holzbauweise und stoffbespannt) war verspannt und hatte Flächenverwindung. Der Eindecker besaß eine Länge von 8,4 Metern und verfügte über eine Spannweite von 11 Metern. Als Triebwerk diente ein luftgekühlter 7-Zylinder Rotations-Sternmotor (Hersteller: Société des Moteurs Gnôme et Rhône, Paris) mit einer Leistung von 50 PS bei 1200 U/min. Die Maschine hatte mit Pilot ein Abfluggewicht von ca. 460 kg, wovon 96 kg allein auf den Motor entfielen. Die Maximalgeschwindigkeit lag bei 95 km/h und die maximale Steigleistung betrug ca. 1,2 Meter pro Sekunde.

156.
Zur Erinnerung an den kühnen Flug und zu Ehren Geo Chavez' wurden im Jahre 1920, vor allem dank der Initiative des Briger Arztes Dr. Ernest Guglielminetti, beim Startplatz in Ried-Brig ein Denkmal errichtet und auf dem Sebastiansplatz in Brig der mit einer Bronzeplastik – sie stellt den Ikarus dar – geschmückte Chavez-Brunnen eingeweiht. Brig bekundete damit, und auch später mit den durchgeführten Erinnerungsfeiern, daß es «seinen» kühnen Flieger nicht vergessen hat.

157.
Infolge Flügelbruchs stürzte Geo Chavez beim Landeanflug – er hatte vermutlich, die genaue Ursache wurde nie ganz abgeklärt, beim steilen Stechflug seine Blériot zu brüsk abgefangen – aus geringer Höhe ab, wobei er mittelschwere aber nicht lebensgefährliche Verletzungen sowie einen schweren Schock erlitt. Als gebrochener Sieger hatte Chavez wohl sein wichtiges Etappenziel Domodossola erreicht, doch war der Pilot der ungeheuren physischen Anstrengung und psychischen Belastung nicht gewachsen. Geo Chavez starb, körperlich und seelisch erschöpft, nach hartem Ringen mit dem Tode am 28. September 1910 kurz vor drei Uhr nachmittags im Beisein von Bruder und Braut im Spital von Domodossola.

158.
An der Stelle in der Ebene unterhalb von Domodossola, wo Geo Chavez mit seinem Flugzeug aufschlug, steht das granitene Denkmal zu Ehren des kühnen Fliegers, der seine Pioniertat mit seinem jungen Leben bezahlte.

Die Simplon-Autostraße

159.
Die rund 1 km lange gefällsstarke und kurvenreiche Strecke im Riederwald – die Kurven haben in der Regel eine Neigung von 13 Prozent, auf der Innenseite teilweise gar bis 16 Prozent – war schon von Beginn weg kein straßenbautechnisches Prunkstück der Simplonstraße und Chefingenieur Céard bezeichnete den Abschnitt denn auch als sogenannte «Partie honteuse». Was Kutschern, Fuhrleuten, Postillonen und Pferden damals schon zu schaffen machte, stellte später auch an Personenwagenlenker sowie Car- und Lastwagenchauffeure entsprechende Ansprüche. Dieser bei den Automobilisten wohl unbeliebteste Teil der Simplonstraße wurde durch die im Herbst 1975 in Betrieb genommene neue Straße (s. Bilder 191, 192 und 188) ersetzt. Die alte Straße im Riederwald – man kann ihr trotz allem eine gewisse Romantik nicht absprechen – kann heute noch befahren werden und jene Automobilisten, die gerne Kurven fahren, und die gehören ja nun einmal zu einer richtigen Paßstraße, haben heute auf der stillen Straße ihr echtes Fahrerlebnis.

160.
Das Bild zeigt ein Stück der alten Simplonstraße im Bereich der Bergalp südlich vom Hospiz, mit den firnschnee- und eisgepanzerten Bergriesen des Fletsch- und Böshorns im Hintergrund. Trotz dem Ausbau der Simplonstraße, deren Verlauf entlang des Schattenhanges der «Chalberweid» bis hinunter zur Niederalp erkennbar ist, und teilweise neu verlegt oder gestreckt dem alten Trassee folgt, konnten kurze Abschnitte der ursprünglichen Fahrstraße erhalten bleiben. Diese alten Straßenstücke – zumeist sind es Kurven – werden heute als willkommene Abstell- und Rastplätze benutzt. Das im Bild gezeigte Straßenstück besitzt noch die Original-Wehrsteine aus der Zeit des napoleonischen Straßenbaues. Diese Wehrsteine wurden übrigens während des Ausbaues zur Nationalstraße mit allem Respekt behandelt und, wo es die Verhältnisse gestatteten – teilweise sogar restauriert – wieder verwendet. Somit wird auch die moderne Nationalstraße auf gewissen Abschnitten von napoleonischen Wehrsteinen gesäumt – ein Stück Tradition im modernen Straßenbau. Es war übrigens eine interessante Besonderheit – zumindest in Stein geprägter Ausdruck des Nationalstolzes – daß ab Gstein-Gabi, also dort wo die Italiener die Simplonstraße bauten, anders behauene Randsteine verwendet wurden.

161.
Im alten Brig, nahe der Burgschaft, befindet sich die alte Wegscheide, wo sich der Verkehr seit Jahrhunderten teilt. An diesem Punkt, nahe der Saltinabrücke, trennen sich die Wege: südwärts, durch die enge Gasse der Burgschaft oder über die in den fünfziger Jahren gebaute breite «Avenue» entlang des Saltinadammes zum Simplon, nach Domodossola, dem Langensee und Mailand; westwärts über die Saltina nach Sitten, St. Maurice, Genfersee, Lausanne, Genf und Frankreich; nord-, bzw. ostwärts über den Rotten nach

Naters, zum Goms und zu den Pässen Furka (Zentralschweiz–Gotthard–Tessin und Oberalp–Graubünden), Grimsel (Berner Oberland, Mittelland und Brünig–Zentralschweiz) und Nufenen (Gotthard–Tessin).

162.
Der PTT-Morgenkurs zum Simplon und nach Domodossola im Jahre 1928 in der Kehre oberhalb von Brig, wo die von Glis kommende «Napoleonsstraße» einmündet. Die vernachlässigte und baufällige hölzerne Napoleonsbrücke über die Saltina am Schluchtausgang (s. Bild 41) mußte bereits 1886 einer Metallkonstruktion weichen, nachdem sie schon ab 1881 für den Verkehr gesperrt war. Im Zusammenhang mit dem Ausbau der Simplonstraße und der ehemaligen Napoleonsstraße von der Brücke bis nach Glis wurde auch die eiserne Saltinabrücke durch eine moderne Betonbrücke (1955/56) ersetzt.

163.
Die hoch über dem Ganterbach dem rechten Hang des gleichnamigen Tals entlangführende Straße verläuft im Bereich schlechter Gesteinsformationen und war deshalb seit jeher im Unterhalt ein sehr aufwendiger Abschnitt der Simplonstraße. Nicht umsonst zieren zahlreiche Inschriften – von denen sich die meisten auf ausgeführte Straßenunterhaltsarbeiten beziehen dürften – die Hangseite der Straße. Das Bild zeigt ein Stück der Straße im Ganter, die zwischen prächtigen, von zahlreichen Birken aufgelockerten Föhren-, Lärchen- und Tannenbeständen durchführt (vgl. Bild 55) und reizvolle Ausblicke bietet, zwischen Schallberg und Ganterbrücke. Der Blick geht gegen Westen; hinter der schönen Föhre – das Haupt in den Wolken – erhebt sich das 2525 Meter hohe Glishorn, der Briger «Hausberg», zugleich aber auch Markstein und Wächter am Nordaufgang zum Simplonpaß. Dieses Straßenstück im Ganter wird ebenfalls durch die im Bau stehende neue Brücke ersetzt.

164.
Beim sogenannten «Point commandé», einem seinerzeit beim Bau der Straße von Chefingenieur Céard bezeichneten wichtigen Fixpunkt für den Straßenverlauf, steht an exponierter Stelle oberhalb der wilden und unwegsamen Saltinaschlucht die Bleiken-Kapelle. Wie ein schützender Arm legt sich der große und starke Ast der Föhre auf das Steindach des kleinen Sakralbaues am Rande der Schlucht. Die einst verkehrsumbrandete Kapelle steht an der Straße zwischen Ried-Brig und Schallberg, wo es nun seit 1975 stiller geworden ist, und an dieser Stelle bietet sich ein prächtiger Tiefblick ins obere Rhonetal und auf die Umgebung Brigs. Unterhalb der Bleiken-Kapelle führte früher der nun teilweise zerfallene alte Saumpfad durch.

165.
Zwei Zeitalter begegnen sich bei der 34 Meter langen alten Kapfloch-Galerie. Da der Winterbetrieb (Oktober bis Mai) mit Schlitten und auf den jeweils noch oder wieder schneefreien Strecken mit Kutschen bis und mit Winter 1953/54 aufrecht erhalten blieb, war das hier gezeigte Bild (Frühjahr 1952) nur noch am Simplon möglich – in gewissem Sinne ein verkehrshistorisches Dokument. Das die zweispännige Postkutsche kreuzende Automobil, es ist einer der großen Citroens – in Fachkreisen damals kurz als «quinze-six» bezeichnet – hätte heute indessen ebenfalls schon Oldtimer-Wert. Eine Postkutsche des abgebildeten Typs steht zusammen mit einem großen 8plätzigen Coupé-Landauer aus der Glanzzeit der Postkutsche im Hof des Stockalper-Schlosses in Brig. Das Kapfloch wurde 1968 für den modernen Verkehr erweitert und zugleich mit einer 47 Meter langen Galerie mit dem im gleichen Zeitraum neu gebauten Oberen Kapftunnel (76 Meter lang) verbunden. Da auch diesem Tunnel eine 41 Meter lange Schutzgalerie vorgesetzt wurde, entstand in jenem Bereich ein lawinensicherer Straßenabschnitt.

166./167.
Das obere Bild zeigt das Nordportal der Alten Galerie im Sommer 1919 mit einem der ersten über den Simplonpaß geführten Postkurse. Im Hintergrund die alte Kaltwasser-Galerie und das Mäderhorn. Das untere Bild zeigt das Nordportal der Kaltwasser-Galerie im Frühjahr 1938. Die hohen Schneemauern im Bereich der «Kalten Wassern» zeigen recht eindrucksvoll das Gesicht des Simplon-Winters, der auch heute noch – trotz ausgebauter Straße – nicht mit sich spaßen läßt. Beide Galerien, ein kurzer Teil der Alten Galerie (s. Bild 168) blieb glücklicherweise erhalten, mußten 1962/64 dem Nationalstraßen-Ausbau weichen.

168.
Das Südportal der durch einen Felsvorsprung führenden Alten Galerie, zusammen mit einem Stück der alten Simplonstraße im heutigen Zustand. Im Hintergrund ist ein Teil der neuen Galeriebauten der N 9 sichtbar. Die einst ca. 40 Meter lange, in einer Biegung verlaufende Alte Galerie war, zusammen mit Ganter- und Kapfloch-Galerie, eine der drei Galeriebauten, die bereits unter Céard gebaut worden waren. Sie war im Unterhalt recht aufwendig und mußte im Laufe der Zeit mehrmals baulich verbessert werden – trotzdem glich sie zur Zeit der Schneeschmelze oder in Schlechtwetterperioden eher einer dunklen Tropfsteinhöhle als einer Schutzgalerie. Etwa 250 Meter nördlich stand die um 1830 vom Walliser Ingenieur Venetz erbaute, ebenfalls der dortigen Straßenbiegung angepaßte rund 37 Meter lange Kaltwasser-Galerie. Sie war ein ebenso eindrucksvolles wie solides Bauwerk und besaß seitlich mehrere große bogenförmige Lichtöffnungen, durch welche man den schönen Wasserfall, der vom Kaltwassergletscher herkommenden und über das Galeriedach geleiteten Bach gebildet wurde, bewundern konnte.

169.
Das Simplon-Hospiz, hier im Bild von hohen Schneemauern umgeben, hat infolge des zunehmenden Motorfahrzeugverkehrs über den Paß in der Zeit nach dem Zweiten Weltkrieg an Wert seiner ursprünglichen Bestimmung, den die Chorherren des Großen St. Bernhards auch diesem Hause übertrugen, verloren. Man erwog sogar in den fünfziger Jahren zeitweilig den Gedanken, das große Gebäude zu verkaufen, doch hat ihm dann besonders Prior Gratien Volluz, der vom 5. September 1959 bis zu seinem tragischen Bergtod am 12. August 1966 im Hospiz wirkte, mit seiner Idee, das Haus im Rahmen

des Möglichen dem modernen Tourismus anzupassen, eine neue Aufgabe gegeben. Im Winter 1965/66 wurde das bisher im Winter geschlossene Hospiz erneut geöffnet, und das Haus konnte nun wieder ganzjährig seine Rolle als Herberge sowie als Ort der Besinnung, Begegnung und der Gastfreundschaft erfüllen. Das Hospiz wird heute von drei Mitgliedern des Ordens betreut, wobei das ganze Jahr über Gruppen junger Leute (80–110 Personen in Zimmern und Massenlagern) oder auch Einzelpersonen im Hause aufgenommen werden. Für Gäste, die einen ruhigen und besinnlichen Ferienplatz bevorzugen, ist das Hospiz Ausgangspunkt zu Bergwanderungen und Klettertouren im Simplongebiet.

170.
Am 12. Juni 1906 wurde der Simplon als erster durchgehend befahrbarer Alpenpaß der Schweiz an drei Tagen pro Woche für den privaten Automobilverkehr freigegeben. Ab 1909 fielen auch diese Einschränkungen weg und der Verkehr mit Motorfahrzeugen war innerhalb der täglichen Öffnungszeiten und nach Entrichtung der Gebühren unbehindert möglich. Bereits 1913 passierten insgesamt 1453 Motorfahrzeuge den Simplonpaß.

171.
Der entschlossen zur Grenze blickende große Adler aus Granitquadern repräsentiert die «Wacht am Simplon», als in der schweren Zeit des Zweiten Weltkrieges Soldaten, Unteroffiziere und Offiziere der Gebirgsbrigade 11 während den harten Jahren des Aktivdienstes von 1939 bis 1945 in treuer Pflichterfüllung ihren oft schweren und verantwortungsvollen Dienst auf dem nahe der Grenze gelegenen Paß absolvierten und damit ihre Treue und Verbundenheit zur Heimat bekundeten.

172.
Die Simplonstraße südlich vom Hospiz im Zustand der zwanziger Jahre. Die einst für Artillerie, eskortierende Infanterie und Kavallerie sowie für damaligen Kutschen- und Fuhrwerkverkehr gebaute aber von Beginn weg großzügig konzipierte Straße diente in der Folge auch dem Motorfahrzeugverkehr – bereits 1924 fuhren 2852 private Automobile über den Paß – und blieb bis etwa 1955 praktisch im Zustand einer sogenannten Naturstraße ohne staubfreien Belag. Mit dem in den fünfziger Jahren rasch angewachsenen Automobilverkehr über den Paß, stiegen auch die Unterhaltskosten rapide an, und man entschloß sich, die Straße in Etappen mit Asphalt-Belag zu versehen. Diese Arbeiten waren im Herbst 1957 abgeschlossen.

173.
Vier Denkmäler berühmter Männer, die mit der Geschichte des Simplonpasses stets in engem Zusammenhang stehen werden. Das Bild links oben zeigt eine zu Ehren Napoleons I. in den Fels gemeißelte Inschrift an der Straße im Gantertal, der seine große Idee einer fahrbaren Alpenstraße am Simplon mit den Machtbefugnissen eines Diktators verwirklichen ließ. Obwohl in etwas brüchiges Gantergestein gehauen – wie alle anderen zahlreichen Inschriften in jenem Bereich – hat das bescheidene Denkmal die Zeit bisher überdauert. Das obere Bild rechts zeigt die in den harten Antigorio-Gneis gehauenenen Zeilen an der Felswand einer der beiden Lichtöffnungen der alten Gondo-Galerie. Auch sie hätten Lobendes über den großen Korsen aussagen sollen, aber das kurze «Aere Italo» heißt soviel wie «mit italienischem Geld gebaut» – was ja schließlich stimmt – und so gilt dieses schlichte Denkmal eigentlich den Ingenieuren Gianella, Viviani und Bossi, die für den Bau der Straße in der Gondoschlucht verantwortlich zeichneten. Das Denkmal bei Rothwald (Bild unten links) ehrt den Domherrn Mgr. Dr. Dionys Imesch, der sich um die Erforschung lokalhistorischer Aspekte am Paß (Geschichte von Ganter) verdient gemacht hat. Das letzte Bild zeigt den wuchtigen Felsblock in der Gondoschlucht, den man als Gedenkstätte dorthin gebracht hat, sich aber derart natürlich dem felsigen Landschaftsbild der Schlucht und dem markanten Hintergrund einfügt, daß man glaubt, die Natur selbst hätte ihm diesen Platz bestimmt. Es ist das eindrucksvolle Denkmal jenes Mannes, der als Prior vom Simplon-Hospiz dem Hause dank seinen weltoffenen Ideen neuen Auftrieb und dem Tourismus am Simplon neue Impulse gab. Gratien Volluz, zugleich diplomierter Bergführer, fand im August 1966 unweit der Stelle, wo heute das Denkmal steht, den Bergtod. «Prêtre et Guide» steht auf der am Stein befestigten Bronzetafel, zwei schlichte Worte – sie waren seine Lebensaufgabe.

174.
Die alte Simplonstraße zwischen Engiloch und Simplon-Dorf, daneben verläuft etwas tiefer – nur die Leitplanken sind sichtbar – die Nationalstraße N 9, die in diesem Bereich ein neues Trassee erhalten hat. Schöne lockere Lärchenbestände säumen die von zahlreichen kleineren Bächen durchflossenen Berghänge entlang der Straße und vermitteln der anmutigen Landschaft das besondere, fast heitere Gepräge, das durch den klaren blauen Berghimmel noch mehr Akzent erhält. Man fühlt hier bereits einen Hauch des nahenden Südens, den auch die weiter talwärts liegende schroffe Gondoschlucht nicht mehr wegzuwischen vermag. Das Bild zeigt rechts das 2587 Meter hohe Wenghorn, an dessen bewaldeter sichtbarer Nordostflanke Simplon-Dorf liegt und im Hintergrund die rechte Talflanke am Eingang zum Laggintal.

175.
Simplon-Dorf – im Hintergrund Seehorn (links) und Tschuggmatthorn (rechts) – in den zwanziger Jahren. Die Straße präsentiert sich noch immer im Zustand der Postkutschenzeit, doch zeigt das beim kleinen Platz vor der Post parkierte Automobil, daß auch hier die neue Zeit begonnen hat, die Epoche des motorisierten Verkehrs. Simplon-Dorf war seit jeher und ist heute noch (vgl. Bilder 32, 33, 200) mit dem Verkehr auf dem seinen Namen tragenden berühmten internationalen Alpentransitweg aufs engste verbunden, ja die Prosperität des Dorfes war schlechthin der Spiegel der Verkehrsentwicklung am Simplon. Der große Wendepunkt in der traditionellen Geschichte des Dorfes brachte der im Jahre 1906 in Betrieb genommene Eisenbahntunnel durch den Simplon, welcher der Straße die Frequenzen raubte. Die im gleichen Jahre für den privaten Automobilverkehr freigegebene Simplonstraße vermochte die wenig erfreuliche Situation im Dorfe nicht zu beeinflussen, da der damalige Motorfahrzeugverkehr für einen wirt-

schaftlichen Aufschwung noch zu bescheiden war. Als Folge begann damals die große Auswanderungswelle: Simplon-Dorf hatte noch 1885 435 Einwohner, nach der Eröffnung des Tunnels sank die Zahl auf 318 Personen. Zwischen 1885 und 1910 hatten 127 Personen das Dorf verlassen, um im Ausland eine neue Existenz aufzubauen. Der größte Teil zog nach den USA (88 Personen), Italien (17) und Frankreich (14). Das Dorf hatte zeitweilig harte Jahre zu verkraften und für viele Familien hing der Brotkorb oftmals recht hoch, doch erholte es sich verhältnismäßig rasch vom wirtschaftlichen Schock; man stellte auf Landwirtschaft um, mit Viehzucht und der Erzeugung von Milch- und Fleischprodukten. Mit der Zunahme des Automobilverkehrs bekam Simplon-Dorf auch im Tourismus und Fremdenverkehr zunehmend Bedeutung, als Ferienort, Verpflegungs-Etappe für Transitreisende oder als Station und Ausgangspunkt für Bergwanderungen und Klettertouren. Zusätzliche Beschäftigung und Verdienst in einige Familien brachte Straßenunterhalt und Aufsicht der nun intensiver beanspruchten Paßroute und nicht zuletzt in neuerer Zeit auch Heimarbeit, die man im schmucken Bergdorf exakt und zuverlässig ausführt und ein willkommener Nebenerwerb darstellt.

176.
Auch Steine am Straßenrand haben zuweilen ihre Geschichte, besonders dann, wenn sie eine Funktion zu erfüllen haben. Diese beiden stummen Zeugen des Simplonverkehrs haben eine rechtes und lebhaftes Stück Verkehrsgeschichte am Paßweg erlebt; vom müden und durstigen Wanderer und fluchendem Fuhrknecht mit seinem beladenen Gefährt über die stolzen Fünfspänner mit der gelben eleganten Postkutsche und den schweren PS-starken Limousinen der dreißiger Jahre bis zur betont sportlichen Eleganz heutiger Mittelklassewagen sowie den Mammut-Reisecars des Massentourismus-Zeitalters. Der Granitstein bei Gstein-Gabi stammt noch aus der «napoleonischen» Zeit und zeigt die Distanz in «Lieues» – also in französischen Wegstunden. «Brigue 9 Lieues, à Domo 5» heißt es da – total 14 Wegstunden von Brig bis Domodossola. Das Wort «Lieue» entstammt dem gallischen «Leuca» und war ein damaliges französisches Wegmaß. Es gab in Frankreich drei verschiedene Wegmaße: die «Lieue commune» – sie gilt auch für den Stein – mit 4,444 km, die «Lieue moyenne» mit 5,009 km und schließlich die «Lieue de poste» mit 3,895 km. Eine schweizerische Wegstunde betrug 4,808 km. Der Kilometerstein mitten in Simplon-Dorf ist hingegen jüngeren Datums. Mit dem definitiven Bundesgesetz von 3. Juli 1875 – ein erstes für die Anwendung des metrischen Systems gab es bereits 1868 – wurde neben Liter und Gramm auch das metrische System als allein bestimmendes Maß eingeführt. Damit war auch der Weg frei für die Kilometrierung des Straßennetzes. Mit großen, sorgfältig eingemeißelten Buchstaben und Zahlen verkündet der Kilometerstein aus den siebziger Jahren des vorigen Jahrhunderts, daß bis Brig 31 km und 415 Meter, bis Domodossola hingegen 31 km und 855 Meter zu durchmessen sind. Bei diesem Stein hatte man also praktisch die Hälfte des Weges zurückgelegt, was man wohl gelassen zur Kenntnis nahm, denn jenem Verkehr war die heutige Hektik fremd.

177.
Was hier so einträchtig in der engen Gondoschlucht zusammensteht, Schutzhaus Nr. 9 «Casermetta» und die gleichnamige Brücke, hat der moderne Straßenbau getrennt. Das praktisch halbwegs zwischen Gstein-Gabi und Gondo in der Schlucht stehende Schutzhaus Nr. 9 wurde ebenfalls 1910 von den Italienern gebaut und es blieb – obwohl mehrere geplant waren – das einzige dieses Typs entlang der von den Italienern gebauten Strecke. Als Schutzhaus Nr. 8 war die sogenannte alte Kaserne oberhalb des Ponte Alto (Hohsteg) vorgesehen, doch wurde der Bau nie vollendet und was schon errichtet war, später durch Steinschlag beschädigt. Erst der moderne Straßenbau brachte dem Gebäude 1956 endlich die Fertigstellung. Zwei weitere gut unterhaltene Bauten nach den gleichen Plänen der Alten Kaserne stehen noch heute auf italienischem Gebiet, eines davon bei Paglino gegenüber der in Ruinen stehenden alten Carabinieri-Unterkunft, das andere bei Balmalonesca unterhalb Iselle, wo einst die «Tunnelarbeiter-Stadt» stand. Diese beiden Bauten wurden als Schutzhäuser Nr. 10 und 11 bezeichnet, doch standen sie offenbar nie in dieser Funktion. Das hier im Bild gezeigte Schutzhaus Nr. 9 wurde während des Ausbaues der Simplonstraße sorgfältig abgetragen, und die Steine – geordnet und numeriert – sind in der Alten Kaserne eingelagert. Es bleibt zu hoffen, daß dieses verkehrshistorisch nicht unbedeutende Gebäude in der Nähe des ehemaligen Standortes wieder einmal aufgebaut werden kann – die Gondoschlucht wäre um eine Attraktion reicher. Die «Casermetta»-Brücke steht jedoch heute noch an ihrem angestammten Platz und ist, inmitten der modernen N 9-Betonbauten, ein straßenbautechnisch interessantes Relikt.

178.
Während 165 Jahren rollte der Simplonverkehr durch die drei dunklen in den harten Fels getriebenen Tunnels der alten Gondo-Galerie, bis im Jahre 1970 der neue Casermetta-Tunnel die Ablösung brachte. Das Bild zeigt das eigentliche Südportal der alten Galerie (vgl. Bild 70) und Fahrbahn und Brüstungsmauern der Alpienbach- oder Frassinonebrücke im Vordergrund, unter deren Steinbogen einst der wilde Bach in kühner Kaskade vom Felsen herab tosend durchrauschte. Heute ist es still geworden in der Galerie, und der schöne Bach, dessen prächtiger Fall in der wilden Felsszenerie einst die Reisenden beeindruckte, ist zum kläglichen Rinnsal geworden. Nur manchmal, im Spätfrühling, mit dem Einsetzen der Schneeschmelze, zeigt der Bach während kurzer Zeit etwas von seinem früheren Gesicht.

179.
Die untere Gondoschlucht zu Beginn der dreißiger Jahre mit dem markanten Felskopf des «Ruden-Tschuggen». Der damals moderne «Car alpin» der Postverwaltung fährt vollbesetzt und mit offenem Verdeck von Gondo gegen den Paß. Ab 1929 hatte sich auch das Aussehen des Postautomobils gewandelt; an die Stelle der wenig komfortablen Karrosserien der Pionierzeit traten neue Tiefrahmenchassis mit aufmontierter Allwetterkarrosserie, die über 17 Plätze in Fauteuilsitzen mit Armlehnen, Mittelgang, versenkbaren Fenstern und Kurbelverdeck verfügten. Neue leistungsfähige 6-Zylinder-

motoren von 100 PS – damals kam auch der Dieselmotor vermehrt zum Einbau – und verbesserte Bremsen (Motor- und Luftdruckbremsen) boten Gewähr für bequemes und sicheres Reisen auf den Alpenstraßen. Die im Bild gezeigte Strecken in der unteren Gondoschlucht unterhalb der Ramserna-Kehren ist heute praktisch ganz mit Schutzgalerien überdeckt (vgl. Bild 207), was Straße und Schlucht neue Akzente verliehen hat. Auch das Postautomobil hat sich entsprechend gewandelt. Der moderne Postcar mit hellen, geräumigen Leichtmetall-Karrosserien (s. Bild 56) besitzt heute schnellaufende Dieselmotoren von 240 PS und verfügt in der Regel über 45 Sitz- und 15 Stehplätze.

180.
Die Simplonstraße im wild-romantischen Val Divedro bei Varzo mit Blick gegen Norden. Obwohl sich bereits ab Gondo und Paglino die Edelkastanie zögernd unter die schönen Eschen-, Erlen-, Akazien- und Birkenbestände mischt, die das felsige Bett der talwärts rauschenden Diveria säumen, so läßt doch der Süden, trotz des blauen Himmels, noch ein Weilchen auf sich warten. Hier ist der Grenzbereich, wo sich die alpine Welt mit jener des insubrischen Klimas vermischt, wobei sich nun das letztere talwärts immer stärker durchzusetzen vermag. In Varzo stehen neben Nuß- und Maulbeerbäumen erstmals Feigenbäume, und sogar einzelne Palmen, und auf kleinen Pergolas ranken erstmals Reben. Aber erst vor Crèvola d'Ossola bildet die Edelkastanie größere zusammenhängende Selven und die Reben in den Pergolas dehnen sich entlang der sonnigen Hänge auf größeren Flächen aus. Die Straße verläuft zwischen Iselle und Crèvola d'Ossola mehrheitlich kurvenreich und besitzt noch ein paar Engpässe, doch ist sie aber an einigen Stellen bereits ausgebaut worden. Um den heutigen Verkehrsfrequenzen gerecht zu werden, wäre allerdings in dieser Hinsicht auf der italienischen Staatsstraße Nr. 33, die immerhin ein wichtiger Abschnitt eines bedeutenden internationalen Transitweges darstellt, von Iselle bis Sesto-Calende noch ein rechtes Stück Arbeit zu leisten. Die optimale Lösung, die Fortsetzung der italienischen Autobahn bis Gravellona oder Domodossola, um die man sich schweizerischerseits seit Jahren bemüht, blieb bisher im Planungsstadium stecken.

181.
Die alte «Via Sempione», die Hauptstraße durch die Altstadt von Domodossola reicht in eine Zeit zurück, als Fuhrwerk und Kutsche das Straßen- und Stadtbild dominierten. Noch heute passiert der gesamte Verkehr vom und zum Simplon die Stadt, was mitunter, besonders in der Hauptreisezeit, an Automobilisten, Fußgänger und Anwohner einige Anforderungen an Geduld und Nerven stellt. Obwohl Domodossola in der breiten Talebene des Toce noch von den bergigen Hügelketten der Ausläufer der Penninischen Alpen umgeben ist, so bietet es doch das Bild einer echten italienischen Stadt mit viel Betrieb, aber auch mit stillen romantischen Winkeln. Trotz des hübschen Namens zählt zwar Domodossola nicht zu den Perlen oberitalienischer Städte und Ferienorten mit klangvolleren Namen, doch besitzt auch Domo die echte «Italianità» – jenes so vielsagende, ins Deutsche gar nicht übersetzbare Wort – und ist eine durch die Simplonroute mit der Schweiz, vor allem mit Brig und dem Oberwallis, freundschaftlich verbundene, liebenswerte Stadt.

182.
Die Simplonstraße am Langensee zwischen Stresa und Belgirate – das Ziel ist erreicht, nun weiß man sich richtig im Süden. Mailand, das Herz der Lombardei, wo sich die Wege nach dem übrigen Italien teilen, ist in greifbare Nähe gerückt. Eben noch umweht vom Paßwind am Simplon, gekühlt von den Eisflanken der Bergriesen, dann empfangen von der flimmernden, lastenden Hitze in der von Berg- und Hügelketten eingefaßten Ebene des Val d'Ossola und nun die laue, von der glitzernden Oberfläche des Sees gekühlte leichte Brise, die gegen die sanften Hänge der von üppiger südländischer Vegetation bedeckten sonnigen Ufer weht, wo sich in Landschaft, Gärten und Parks die Düfte blühenden Pflanzenreichs mit dem herben Geruch des Wassers mischen. Es ist und bleibt der besondere Reiz des Simplonpasses, daß sich bei ihm der Wechsel von den Hochalpen hinunter zum Süden so rasch und so eindrucksvoll vollzieht. Zwischen Pinien und Zypressen in dunklen romantischen Parks, über Blumen, Palmen und Lorbeer an der Seepromenade und über den blühenden Terrassengärten der Isola Bella erhebt sich in der Ferne aus den ansteigenden, von dunklen Wäldern geflankten Bergketten stolz der Monte Leone, das eisbedeckte Haupt des Simplonmassivs.

Die Simplon-Autobahn Nr. 9

183.
In Hanglage oberhalb von Montreux verläuft die Autobahn N 9 auf zwei getrennt geführten Fahrbahnen. Hinter dem Hügel von Glion ist im Bildmittelgrund über Territet und Schloß Chillon der große Autobahn-Lehnenviadukt zu sehen, der sich rund 2 km am bewaldeten Hang entlang zieht. Die Autobahn umfährt hier auf zahlreichen Kunstbauten ein reizvolles Gebiet, das sich mit den weltberühmten Orten Montreux, Clarens, Territet und den ehemaligen Maiensässen Glion und Caux zu einer erstrangigen Fremdenverkehrsregion entwickelt hat, nicht zuletzt dank dem milden Klima (Montreux: 10,3 Grad; als Vergleich: Zürich 8,9 und Luzern 9,8 Grad) im Bereich der Waadtländer Alpen. Wenige Kilometer westlich von diesem Standort, unmittelbar im Bereich des alten und traditionellen Verkehrsknotenpunktes Vevey (vgl. Bildtexte 45 und 91) wird die künftige N 12 in die N 9 einmünden, womit über Bulle–Fribourg–Bern eine Verbindung zur Ost–West-Achse der N 1 besteht. Der touristische Aufschwung in Montreux begann bereits um 1860, als der Ort 4092 Einwohner zählte und noch von schönen Rebbergen umgeben war. Die Zeit der großen Hotelbauten begann indessen 1881, womit sich die Umwandlung zum internationalen Kur- und Fremdenort bereits vollzogen hatte. Nach einer Zeit erfreulicher Entwicklung brachten dann vor allem die Weltwirtschaftskrise und schließlich der Zweite Weltkrieg massive Einbrüche, wobei erst ab 1960 wieder ein Aufschwung zu verzeichnen war. Ende 1976 zählte Montreux, das sich seither gut entwickeln konnte, 19 660 Einwohner und hat seinen Platz in der Rangliste internationaler Fremdenorte gehalten. Montreux und seine Umgebung (Chamby, Chernex, Caux, Glion, Territet und Clarens) verzeichneten im Jahre 1975 in 82 Hotelbetrieben mit 5 193 Gastbetten 550 874 Logiernächte. Von großer Bedeutung sind die alljährlich durchgeführten internationalen Musikveranstaltungen (Jazz-Festival und Festival de Musique) sowie der im Rahmen der internationalen Fernseh-Unterhaltung durchgeführte Wettbewerb der «Goldenen Rose» von Montreux. Das benachbarte Vevey besitzt mit den alle 20–25 Jahre durchgeführten «Fêtes des Vignerons» einen bedeutenden, über die Landesgrenzen hinaus bekannten kulturellen Anlaß.

184.
Bei St. Maurice, im Hintergrund der schneebedeckte Gipfel des markanten 2482 Meter hohen Dent du Salantin, dem alten von der Natur geschaffenen und traditionellen schloßbewehrten Tor zum Wallis, hat die Simplon-Autobahn N 9 auf Waadtländer Kantonsgebiet (im Bild) die Wallisergrenze erreicht. Noch fehlt die Fortsetzung ins Wallis, doch wird in naher Zukunft die schnelle Vierspur von St. Maurice vorerst bis Martigny, dann anschließend bis Sitten und Brig weitergebaut. Im engen Raum von St. Maurice mußte für die Autobahn dem Felsen auf der rechten Rhoneseite Platz abgerungen werden.

185.
Der nach dreijähriger Bauzeit im Herbst 1976 dem Verkehr übergebene imposante Viadukt von Riddes ist mit 1246 Metern das bisher längste Bauwerk dieser Art im Rahmen des schweizerischen Nationalstraßenbaues. Im Bildmittelgrund sind die Auf- und Abfahrten der künftigen N 9 zu sehen, denn der Kunstbau ist der Anschluß einer bedeutenden schweizerischen Agrarregion an unser nationales und auch an das europäische Schnellstraßen-Fernverkehrsnetz. Der große Viadukt ist aber auch zugleich die Umfahrung von Riddes, das täglich von rund 16 000 Fahrzeugen passiert wurde, und ab 1978 in der Fortsetzung auch von St. Pierre-de-Clages. Der moderne Betonbau überbrückt nicht nur wertvolles Kulturland sondern zugleich die Simplon-Bahnlinie, die Rhone und auf dem Gemeindegebiet von Leytron die Losentse sowie die Kantonsstraße nach Leytron und Ovronnaz. Der Viadukt ist außerdem ein eindrucksvoller Repräsentant der heutigen Straßenbautechnik, aber auch ein imposanter Schlußpunkt in der Geschichte des traditionellen alten Brückenortes Riddes. Mit seiner Rhonebrücke besaß Riddes bereits im Mittelalter eine strategisch wichtige Position am Wege vom und zum Simplon. Als 1805 die neue Simplonstraße eröffnet wurde, hatte auch Riddes ein neue gedeckte Holzbrücke in Betrieb nehmen können, der allerdings ein kurzes Dasein bestimmt war, denn sie brannte während der Auseinandersetzungen zwischen der «Alten» und der «Jungen Schweiz» im Jahre 1844 nieder. Notdürftig wiederhergestellt, diente sie noch bis 1857 dem Verkehr, als sie durch eine dreibogige Steinbrücke ersetzt wurde. Dieser Brückenbau wich dann 1903 einer eisernen Fachwerkbrücke, die heute noch dem Verkehr dient und 1964 eine «Schwester» – konstruiert vom Geniebataillon 10 – erhalten hat. In nicht mehr allzuferner Zukunft wird auch die Autobahn N 9 bei Riddes über die Rhone führen, womit die Tradition des alten Brückenortes auch in Zukunft gesichert ist.

186.
Vom kleinen, dem ehemaligen Bischofsschloß Tourbillon östlich vorgelagerten Plateau, bietet sich ein prachtvoller Blick talaufwärts. Es ist das Herz des Wallis, das sich hier dem Betrachter offenbart, das Mittelwallis – altes historisches Walliserland mit reicher Tradition und Kultur, zugleich teilweise aber auch «neues» Land, der Rhone in harter Arbeit und mit großen finanziellen Opfern abgerungen, doch es ist fruchtbares Land geworden, das im trockenen Klima dank aufwendiger Bewässerungsanlagen reiche Ernte bringt. Die Rhone und die ihr dort entlang führenden Verkehrsträger Eisenbahn und Straße werden vom großen Schwemmfächer der aus dem Val d'Hérence kommenden Borgne ganz an die rechte Talflanke gedrängt. Die künftige Autobahn N 9 verläuft dereinst auf dem linken Rhoneufer, wo im Bereich von Uvrier/St. Léonard (im Bildmittelgrund) die projektierte N 6 vom Rawiltunnel den Anschluß erhalten soll. Der rechte sonnige Talhang ist – zugleich gut bewässert – im Terrassenbau mit Reben besetzt. Hinter der bewaldeten Bergkuppe des Le Châtelard schließt sich das ausgedehnte Rebgelände der Region von Sierre, der «Noble Contrée», an. Das Rebgelände im Wallis umfaßte 1975 eine Fläche von 449 226 ha, davon 290 776 Aren «Crus blancs» und 158 450 Aren «Crus rou-

ges», und im gleichen Jahre wurden gesamthaft 378 782 hl Weinmost produziert. An der bewaldeten Talflanke im Hintergrund, unterhalb des vom 3934 Meter hohen Bietschhorn dominierten schneebedeckten Kammes der Berneralpen, liegt im Dunst die Stadt Leuk, das «Tor» zum Oberwallis. Der linke Talhang, wo die berühmten Walliser Seitentäler einmünden, ist hingegen mehrheitlich stark bewaldet, oft von Bachrunsen durchzogen, und besitzt weniger Siedlungen. Dieser Hang besitzt von Chippis bis Nendaz eine Anthrazit-Ader, wo zeitweilig ein bergmännischer Abbau erfolgte. Die beiden bedeutenden Minen waren jene von Chandoline und Grône. In der Bildmitte rechts, gegenüber von Sierre am Eingang zum Val d'Anniviers, erkennt man den Westhang des Gorwetschgrates mit dem «Forêt de Sierre» und dem noch schneebedeckten 2716 Meter hohen Illhorn. Die fruchtbare Talebene – allerdings sind ausgedehnte Bewässerungs- und Frostschutzanlagen erforderlich – ist geprägt von Obstbau- und Gemüsebaukulturen, eine Landschaft die sich von Sierre bis Martigny erstreckt, sie ist schlechthin der Garten der Schweiz. Der Obstbau im Wallis umfaßte 1975 total 226 115 Aren, der sich in folgende Obstsorten aufteilte: Äpfel: 152 191 Aren; Birnen: 73 301 Aren; Kirschen: 31 Aren; Pflaumen 306 Aren; Aprikosen: 169 Aren und Pfirsiche 117 Aren.

187.
Das Bild zeigt eine der vorbildlich ausgebauten Strecken der Kantonsstraße T 9 bei Raron im Oberwallis. Im Hintergrund das Glishorn bei Brig und hinter der schönen Pappel-Allee, von der eine Reihe leider dem Straßenausbau weichen mußte, ist die neue Überführung der Straße nach Raron und Niedergesteln zu sehen, welche Kantonsstraße, künftige N 9, die SBB-Linie der Simplonbahn und den Rotten überbrückt. Mit den turnusmäßig eingebauten bis 4 km langen Überholstrecken auf der verbreiterten Kantonsstraße konnte bisher ein flüssiger Verkehrsablauf gewährleistet werden. Doch zeigten die Verkehrsfrequenzen im Sommer 1977 – vor allem während der Ferienreisezeit – daß die Leistungsfähigkeit auch dieser ausgebauten Straße begrenzt ist. Für die Zukunft wird nur eine vierspurige richtungsgetrennte Vollautobahn, wie sie mit der projektierten N 9 St. Maurice–Brig vorgesehen ist, eine moderne, zweckmäßige und verkehrsgerechte Lösung seien. Sicher bringt eine solche Straße im Wallis, wie andernorts auch – und das wird wohl kaum jemals zu umgehen sein – gewisse Immissionen sowie Eingriffe ins Landschaftsbild, doch ist der volkswirtschaftliche Wert einer solchen Schnellstraße – gerade für ein dem Tourismus und Ferienreiseverkehr so aufgeschlossenen aber auch von ihm abhängigen Kanton wie das Wallis – von hoher, ja fast geradezu lebenswichtiger Bedeutung.

188.
Die elegante Bogenkonstruktion der in einer leichten Kurve verlaufenden 220 Meter langen Bächgrabenbrücke, die in 75 Meter Höhe und mit 120 Metern Spannweite den tiefen Bachtobel überbrückt, ist eines der Kunstbauten-Prunkstücke der neuen Simplonstraße und wurde in den Jahren 1972/75 gebaut. Für das Lehrgerüst des großen Bogens mußten rund 800 Tonnen Rohrgerüstmaterial herangeschafft werden, wobei für die Montage ca. 330 000 Schrauben und Verbindungsstücke benötigt worden sind.

189.
Der bereits während dem Bau der Napoleonsstraße durch den Felsriegel am Eingang der Gondoschlucht bei Gstein-Gabi gesprengte 70 Meter lange Tunnel (vgl. Bild 68) wurde im Rahmen des Ausbaues zur Nationalstraße von 6 auf 8,5 Meter Breite und auf 5,8 Meter Höhe erweitert. Beim Weiler Gstein-Gabi, dessen letzte Häuser am linken Bildrand sichtbar sind, beginnt der letzte, landschaftlich aber auch großartigste Teil der Simplonpaßstraße durch die rund 5 km lange schroffe, von hohen Felswänden eingefaßte Gondoschlucht, die der Schöllenenschlucht am Gotthard oder der ebenso berühmten Via-Mala bei Thusis an Wildheit und Eindrücklichkeit keineswegs nachsteht.

190.
Das Stockalper-Schloß – im Bild zusammen mit der barocken Kollegiumskirche in sommerlicher Festbeleuchtung –, einst glanzvoller Mittelpunkt des Handelsverkehrs über den Simplonpaß, hat seine große Rolle als internationaler Handelshof längst ausgespielt. Doch ist der stolze Barock-Palast (vgl. Bild 27), das Wahrzeichen Brigs, noch immer das Symbol des Simplonverkehrs, der ihn umbrandet, einerseits durch die heute noch befahrene alte gepflästerte Simplonstraße durch die Burgschaft, anderseits durch die in den Jahren 1957/58 neu gebaute gegenwärtige Hauptverkehrsader zum Simplon entlang des Saltinadammes. In naher Zukunft wird es dann auch beim Stockalper-Schloß etwas ruhiger werden, denn mit der sich nun im Bau befindlichen Umfahrung von Brig und Glis im Rahmen des Nationalstraßenbaues und dem Anschluß an die künftige Autobahn bei Gamsen, wird der Simplonverkehr, vor allem der Transit, in neue Bahnen gelenkt, was der Stadt Brig und ihrem historisch wertvollen Ortskern die längst fällige Entlastung von Verkehrslärm und Abgasimmissionen bringen wird. Die alte und traditionsreiche Stadt am Nordfuß des Simplonpasses wird ihre Aufgabe als Gast- und Etappenort wieder vermehrt und besser zum Ausdruck bringen und erfüllen können.

191.
Ausblick vom 110 Meter langen Gesterna-Tunnel der neuen Simplon-N 9 im Riederwald über die Fahrbahn der Bächgrabenbrücke (s. Bild 188) gegen die bewaldete Kuppe der Stukkisegg mit dem Schallbergtunnel sowie gegen die Ostflanke des Glishorns und das 2462 Meter hohe Staldhorn im Hintergrund.

192.
Inmitten der schönen Tannenwaldungen im Riederwald an der Westflanke des Faulhorns verläuft die neue Simplonstraße in topographisch recht schwierigem Gelände und daher auch kunstbautenreich südwärts. Die Straße, welche auf der Bergspur auch über einen großzügig bemessenen Rastplatz verfügt, bietet prachtvolle Ausblicke gegen das Rhonetal und die Berneralpen. Der Blick im Bild geht gegen Bettmeralp, Bettmerhorn (2867 Meter) und Eggishorn (2927 Meter). Dahinter erhebt sich der schneebedeckte Gra-

nitwall des Aarmassivs mit Wannenhorn (3707 Meter) und Gabelhorn (3876 Meter). Der abgebildete 800 Meter lange Lehnenviadukt ruht auf massiven auf Fels fundierten Pfeilern und wurde mit vorfabrizierten Trägern von je 16 Metern Länge und 8 Tonnen Gewicht (total 301 Stück) ohne Lehrgerüst gebaut.

193.
Hauptakzent der Kunstbauten entlang der neuen Nationalstraße am Simplon bilden zweifellos die zahlreichen Schutzgalerien gegen Steinschlag und Lawinen. Die im Bild gezeigten gefälligen Konstruktionen der beiden «Meggeri»-Galerien bei Rothwald von 41 und 425 Metern Länge passen sich gut ins Landschaftsbild ein, ein Faktor, den man beim Straßenbau nach Möglichkeit stets berücksichtigt hat. Die hintere längere Galerie bildet die Verbindung zu den beiden Kapftunnels von 34 und 76 Metern Länge, die wiederum mit einer 47 Meter langen Schutzgalerie zusammen verbunden sind. Dem oberen Kapftunnel ist südlich eine 41 Meter lange Galerie vorgebaut. Zur Stabilisierung des Geländes mußten zwischen Rothwald und Schallbett rund 10000 Kubikmeter zum Teil felsverankerte Stützmauern errichtet werden.

194.
Das Schutzhaus Nr. 5 (Schallbett) im heutigen Zustand. Die Funktion als Schutzhaus (Refuge) hat das Gebäude, das vor allem in den Innenräumen zeitgemäß renoviert wurde, verloren, aber es blieb indessen weiterhin ein gastlicher Ort. Von den ehemals sieben Schutzhäusern, die im Jahre 1810 – nur entlang der französischen Straßen-Baustrecke – alle nach dem gleichen Bauplan errichtet worden sind, stehen heute nur noch Nr. 2 (Schallberg), allerdings seit längerer Zeit nicht mehr bewohnt, und dem aus dem Jahre 1828 stammenden und 1973 renovierten heutigen Gasthause angebaut, dann Nr. 4 (Rothwald), das bereits erwähnte Nr. 5 (Schallbett) und Nr. 7 (Engiloch). Da auf den Häusern das Schankrecht als altes Servitut besteht, so sind die drei letzteren, noch bewohnten und den heutigen Anforderungen angepaßten Schutzhäuser gut geführte und gern besuchte Gaststätten am Paßweg, und gelten in gewissem Sinne als ein in unsere Zeit hinübergerettetes Stück Simplonpaß-Tradition. Die anderen Schutzhäuser wurden Opfer der Naturgewalten oder mußten schließlich dem Straßenausbau weichen. Das ehemalige Schutzhaus Nr. 1 beim Weiler Schlucht am Eingang zum Riederwald wurde schon vor der Jahrhundertwende durch Brandeinwirkung zerstört. Nr. 3 (Berisal) war einst Hotel-Dépendence und bis zum späteren östlichen Anbau zugleich Poststation und mußte in den fünfziger Jahren dem Ausbau der Straße weichen. Schutzhaus Nr. 6, «Refuge de la Barrière» genannt, war wohl das exponierteste von allen, und stand zwischen Josefs-Galerie und Simplon-Kulm auf 1996 Metern an der Straßenaußenseite. Am 3. März 1903 wurde das Gebäude durch eine während der Nacht vom Hübschhorn niedergegangene große Lawine zerstört, wobei eine ältere Frau und zwei Kinder den Tod fanden. Das Haus wurde schließlich auf der Innenseite der Straße neu aufgebaut, doch nahte das Verhängnis am 28. Oktober 1913 in der Form einer Lawine ein zweites Mal – glücklicherweise ohne Opfer – aber «La Barrière» wurde nicht wieder aufgebaut.

195.
Einer der schönsten Ausblicke bietet die Simplonstraße – und sie verfügt diesbezüglich über ein reiches Repertoire – wohl bei der neuen Josefs-Galerie und bei Simplonkulm. Durch den Einschnitt des bewaldeten engen Taferna-Tales, wo früher der Saumpfad zum Paß hinaufführte, geht der Blick nordwärts zu Schallberg und Stuckisegg am Eingang zum Gantertal, wo der Verlauf der Simplonstraße deutlich zu erkennen ist. Im Bildmittelgrund die rechte Talflanke des Rottens mit Riederalp und Bettmeralp und dahinter die markanten weißen Gipfel des Aarmassivs: Fußhörner (3627 Meter), Geißhorn (3740 Meter), Aletschhorn (4195 Meter), Sattelhorn (3741 Meter) und Schinhorn (3797 Meter). Rechts am Bildrand die mit lockerem Lärchenwald besetzte Westflanke des Wasenhorns zwischen Rothwald und Schallbett mit Simplonstraße und oberer Kapf-Galerie.

196.
Im Bereich der «Kalten Wassern», wo zahlreiche kleinere und größere Bachläufe vom Kaltwassergletscher in den Talschluß rauschen, verlaufen die Kuoni-, Kaltwasser- (im Bild), Hohe Brücke- und Alte Galerie zusammenhängend entlang des Abhanges zwischen Mäderhorn und Hübschhorn und bilden zugleich die geschützte Verbindung zum 440 Meter langen Scheitel- oder Kulmtunnel. Diese zusammenhängenden Lawinengalerien – im Bild der südliche Teil der Kaltwasser-Galerie – haben eine Gasamtlänge von rund 700 Metern.

197.
Hochwinter am Simplonpaß mit eisverzierter Kuoni-Galerie und Hübschhorn. Die Projektierung der Lawinengalerien (7,5 Meter Fahrbahnbreite mit zusätzlich zwei Gehsteigen von je einem Meter sowie 4,5 Meter Innenhöhe) basierte auf längeren sorgfältigen Beobachtungen und Erhebungen durch Kantoniere (Straßenmeister) und Bauleitung sowie nach Instruktionen des Eidg. Lawinenforschungs-Institutes Weißfluhjoch-Davos. Trotzdem kam es bei einzelnen Galerien vor, daß sich die Lawine infolge der nun veränderten Topographie auf dem Galeriedach abbremste und sich gleichzeitig seitwärts ausbreitete, was mitunter zu verschütteten Galerie-Eingängen führte. Man hat in der Folge diese Galerien entsprechend verlängert und teilweise oberhalb der Eingänge Ablenkdämme erstellt. Mit den zahlreichen Schutzgalerien entlang der Paßstraße konnte dem jahrzehntelangen Wunsch des wintersicheren Simplonüberganges entsprochen werden. Trotzdem: bei einem Hochalpenpaß ist die «Wintersicherheit» – sofern kein sogenannter Basistunnel besteht – stets relativ. Der Simplon-Winter ist hart und die Schneeverhältnisse unberechenbar. Seit 1970 war der Paß bisher in der Regel jeden Winter zwischen 20 und 30 Tagen geschlossen, jedoch bestand in dieser Zeit mit dem Autoverladedienst durch den Simplontunnel zwischen Brig und Iselle eine stets gesicherte Verbindung. Im Frühjahr 1977 war die Lage besonders prekär, als nach heftigen Schneefällen große Lawinen die Schneemassen von außen nach innen durch die Galerie-Seitenöffnungen drückten, was zu mehreren Verkehrsunterbrüchen führte.

198.
Blick vom Abhang des Mäderhorns gegen Simplon-Kulm und Paß-Plateau mit Fletsch- und Böshorn im Hintergrund. Dunkel, fast wie ein schwarzer Mantel aus Samt, breitet sich der Schatten über den schluchtartigen Abhang in den «Kalten Wassern», wo sich das Werk des Menschen, die aus Stahl und Beton errichteten Schutzgalerien, mit dem herben Antlitz der rauhen Bergwelt verbinden. Das Dunkel wird gemildert durch das helle goldene Gelb der im Sonnenlicht glitzernden Nadeln der herbstlich gefärbten Lärchen; darüber das zarte Blau des klaren Herbsthimmels. Umgeben ist diese eindrucksvolle Paßwelt des Simplons von den markanten eis- und schneeumwallten Häuptern des Monte Leone, des Hübschhorns, des Fletsch- und des Böshorns, gleichsam Marksteine der Jahrtausende, die den imposanten Rahmen dieser großartigen Bergwelt bilden, dort wo Stille und Friede herrscht, und der Mensch so klein wirkt, ja geradezu zur Bedeutungslosigkeit herabsinkt.

199.
Die neue 266 Meter lange Josefs-Galerie ist die dem modernen Verkehr entsprechende Nachfolgerin der von Ingenieur Venetz Mitte des letzten Jahrhunderts erbauten damals nicht weniger imposanten Galerie (vgl. Bild 60). Die Josefs-Galerie wirkt dank der speziellen Konstruktion der Tragpfeiler des Galeriedaches trotz der Statik des Betons elegant, fast zierlich, und paßt sich vorzüglich ins Landschaftsbild der Paßregion ein. Die Anordnung der Pfeiler war ausgesprochen «touristenfreundlich», denn sie erlaubt Öffnungen zwischen den V-Pfeilern im Sichtbereich der Passanten von 8 Metern (entlang der Decke 4 Meter), womit die Aussicht bei der Durchfahrt weniger «zerstückelt» wird. Die neue Josefs-Galerie schließt direkt am Südportal des Kulmtunnels an und führt die Straße geschützt um die Felsflanke am lawinengefährdeten Westhang des Hübschhorns.

200.
Simplon-Dorf wird seit Herbst 1977 mittels einer 5 km langen Umfahrungsstraße vom regen Durchgangsverkehr entlastet. Das die alte Pfarrkirche flankierende hübsche Dorf mit seinen markanten Steinhäusern, die dem Ort bereits südländischen Akzent verleihen, dürfte nun mit seinen traditionellen, alten Gasthöfen wieder vermehrt für Feriengäste und wanderfreudige Touristen an Attraktivität gewinnen. Das Dorf hat in den vergangenen Jahren infolge des zunehmenden Simplonverkehrs besonders stark unter Verkehrsimmissionen gelitten, zumal die Dorfstraße für den Transitverkehr ein Engpaß darstellte.

201.
Prunkstück der neuen Umfahrungsstraße von Simplon-Dorf, zugleich aber auch eines der imposantesten Bauwerke der neuen Simplon-Nationalstraße ist zweifellos die neue Krummbachbrücke mit einer Gesamtlänge von 621 Metern. Die eigentliche Brücke besitzt eine Länge von 387 Metern, davon entfallen 124 Meter auf den weiten, über das Tal des Krummbaches gespannten Bogen. Die beiden Anschlußbauwerke auf der rechten und linken Talseite messen gesamthaft 234 Meter und tragen die Fahrbahn auf doppelstützigen Pfeilern in Höhen zwischen 8 und 33 Metern über ein von Schneerutschen und Schneeverwehungen gefährdetes Gebiet. Die Ausführung des Bogens erfolgte ohne Lehrgerüst im sogenannten Freivorbau in 22 Etappen von 6,25 Meter Länge. Diese neue Bauweise wurde bei der Krummbachbrücke in der Schweiz erstmals angewendet. Das Brückenbauwerk erforderte einen finanziellen Aufwand von über 6,2 Mio. Franken.

202.
Die neue 25 Meter lange Hohstegbrücke – der «Ponte Alto» der N 9 – ist das dritte Bauwerk dieser Art (vgl. Bilder 42 und 69) im Engpaß der Gondoschlucht, und wurde in den Jahren 1958/60 gebaut. Im Hintergrund das Nordportal der Hohsteg-Galerie, die zugleich den Beginn einer ganzen Galeriestrecke macht. Den Auftakt zur galeriereichen Strecke in der Schlucht machen vor der Hohstegbrücke die beiden, nun durch Verlängerungen zusammen verbundenen Seitenbrunnen-Galerien mit einer Gesamtlänge von 299 Metern. Nach der Brücke folgen nacheinander Hohsteg- (120 m), Beichtstuhl- (147 m) und nach kurzem Zwischenraum dann Schreiendlawine- und Casermetta-Galerie von zusammen 230 Meter Länge.

203.
Das Innere der Casermetta-Galerie, mit sichtbaren Unterzügen eine der schweren Galerien gegen große Lawinen von 10–16 Meter Überlagerungshöhe, und gebaut für Quadratmeterbelastungen bis zu 13 Tonnen auf dem Galeriedach. An engen Stellen in der Schlucht sind die talseitigen Lichtöffnungen in den Seitenwänden einzelner Galerien wegen Schneestau und Verwehungen bis fast auf Dachhöhe geschlossen oder im oberen Teil (Schreiendlawine-Galerie) mit Beton-Glaskuben geschlossen. Am Simplon wurden noch zwei weitere Galerietypen gebaut: die leichte Galerie gegen mäßigen Steinschlag, Schneerutsche und kleinere Lawinen und den mittelschweren Typ gegen schweren Steinschlag und größere Lawinen von Überlagerungen zwischen 7 und 10 Metern.

204.
Außerhalb der Galerien – hier im Bild bei der Casermetta-Galerie – kann man die wild-romantische Felslandschaft, durchflossen vom Doveria-Bach, bewundern. Je nach Sonnenstand und Beleuchtung, ja selbst bei Regen, entstehen aus der scheinbar bizarren Umgebung seltsame Formen und Strukturen, ein Bild von tausend Wundern – wer darin zu lesen versteht. Außerhalb der Casermetta-Galerie, die eine Ausfahrt zum Abstellplatz besitzt, ist noch ein relativ gut erhaltenes Stück der alten Simplonstraße zu sehen. Es wäre wünschenswert, wenn diese Zeugen des älteren Simplonverkehrs nicht gänzlich dem Verfall überlassen würden.

205.
Das Bild zeigt die beiden Galerien in der mittleren Gondoschlucht, welche vorwiegend gegen Steinschlag gebaut worden sind. Im Hintergrund, rechts von der Alpjenbachbrücke, beginnt beim Südportal des 285 Meter langen Casermetta-Tunnels die 327 Meter lange Alpjen-Galerie, gefolgt

von der 75 Meter langen Figinen-Galerie. Beide Galerien tragen die Namen von Alpen, die sich hoch über den schroffen Felswänden der engen Schlucht befinden – Alpjen auf der linken Talseite, Figinen auf der rechten.

206.
Die 76 Meter lange Bajikrachenbrücke ist eine elegante Sprengwerk-Schrägstützen-Konstruktion aus vorgespanntem Beton, die in rund 30 Meter Höhe eine Trockenkehle überbrückt. Links im Bild ist zwischen Widerlager und Schrägstütze ein Stück alte Simplonstraße erkennbar, die sich dort mit hoher Trockenmauer dem Gelände anpaßte.

207.
Die beiden mittelschweren Gondo-Steinschlaggalerien – die obere mißt 151, die untere 186 Meter Länge – unterhalb der Ramserna-Kehren stehen am Ausgang der Gondoschlucht, kurz vor dem gleichnamigen Grenzort, und sind die letzten beiden Bauwerke dieser Art auf dem Weg zur Landesgrenze. An dieser Stelle führte auch der mittelalterliche Saumpfad durch, wechselte jedoch dann etwas weiter schluchtaufwärts beim «Fahrenwasser» mit einer Brücke auf die rechte Talseite hinüber.

208.
Trotz Zollstation an einem bedeutenden internationalen Transitweg ist Gondo ein kleiner, bescheidener Grenzort geblieben, und hat, neben wenigen Neubauten – die auf dem engen Raum noch möglich waren – sein Ortsbild einigermaßen beibehalten. Auch zum «Goldgräber-Städtchen» hat es nicht gereicht, denn die im Zwischbergental, das bei Gondo ins Haupttal der Doveria einmündet, entdeckte Goldader war im Ausmaß zu bescheiden. Bereits im Mittelalter hatte man dort in den Quarzgängen des Antigorio-Gneises Gold gefunden und auch ausgebeutet, und im 17. Jahrhundert betrieb auch der große Stockalper seine Minen. Doch sie waren wenig ergiebig und wurden, später weiter betrieben, im Jahre 1820 aufgegeben. Eine französische Gesellschaft arbeitete dann vom März 1894 bis August 1896 auf einem Areal von 3600 ha mit voller Betriebseinrichtung – die Ruinen sind heute noch zu sehen – und genutzter Wasserkraft von 300 PS. In diesem Zeitraum wurden 5791 Tonnen Erz verarbeitet und dabei 33 kg Gold gewonnen. Aus einem Teil des sogenannten Gondo-Goldes wurden in der Eidg. Münzstätte in Bern 72 Goldmünzen zu 20 Fr. geprägt, die aber nicht in offiziellen Umlauf gelangten, sondern ausschließlich an amtliche Sammlungen, Bundesräte und Mitglieder der Bundesversammlung abgegeben worden sind. Gondo zählt heute rund 230 Einwohner.
Die Bevölkerung war früher mehrheitlich auf dem Sektor der Alpwirtschaft tätig, doch brachten Dienstzweige wie Zoll, Post, Polizei, Straßenaufsicht und Unterhalt, Festungswacht und später eine kleine Kraftwerk-Zentrale und eine Bankfiliale auch andere Verdienstmöglichkeiten, wobei sich gleichzeitig ein kleiner Strukturwandel vollzogen hat. Nicht unbedeutend war auch der seit dem Zweiten Weltkrieg angestiegene Motorfahrzeugverkehr, dessen höhere Frequenzen den Gaststätten und den wenigen Ladengeschäften zugute kamen. An einem Sommertag im Jahre 1924 passierten um die Mittagszeit in einer Stunde sechs Automobile die Grenze von Italien nach der Schweiz; am 6. August 1977 zählte der Verfasser von 12.30–13.30 Uhr in der gleichen Fahrtrichtung 187 Personenwagen, 9 Motorräder, ein von Domodossola kommender PTT-Kurswagen und ein Lastwagen. Das Bild zeigt den Ortskern von Gondo mit dem Postgebäude links, der trutzigen 5stöckigen Stockalper-Sust mit Treppengiebel und Turm (vgl. Bild 34) den bereits traditionellen Gaststätten rechts der Straße sowie der Pfarrkirche St. Markus, die 1495 als Folge der andauernden Grenzstreitigkeiten zwischen Wallisern und Tafednern (Bewohner des angrenzenden Val Divedro) in Gondo neu gebaut worden war. Die Ruinen der alten Kirche stehen heute noch bei Paglino auf italienischem Gebiet nahe der Schweizergrenze. Das neue Kirchenschiff entstand an Stelle des alten Pfarrhauses in den Jahren 1967/68; von der alten Kirche blieben nur das Altarhaus und der kleine hübsche «Campanile» erhalten. In Gondo stehen neben Nußbäumen, Eschen und Birken die ersten Edelkastanien, und am Hang gegen Zwischbergen, wo zeitweilig der schöne Wasserfall zu Tale rauscht, als botanische Besonderheit nahe dem Grenzbereich alpiner und insubrischer Vegetation, ein kleiner lockerer, von Birken durchsetzter Buchenwald.

Nachwort

Der Simplonpaß ist in diesem Jahrhundert mehrfach zum Gegenstand eingehender geschichtlicher und wirtschaftlicher Studien auserkoren worden. Immer waren es bisher aber Autoren aus dem Oberwallis, welche selber mit dem Simplongebiet in enger Berührung standen oder noch stehen und die stets aufs neue die Faszination dieses Passes erlebten. Sie bemühten sich, die Leser ihrer Werke mit der wohl einmalig schönen Gegend des Simplonpasses vertraut zu machen. Es verwundert daher nicht, daß sich nun auch ein Landsmann aus der Nordwestschweiz – der Autor ist gebürtiger Solothurner – mit dem Simplon und seinen Schönheiten wie auch mit seiner Eigenart befaßt.
Erfreulich ist, daß der Autor des vorliegenden Werkes die Simplonstraße entsprechend dem damaligen «Département du Simplon» vom Genfersee weg bis nach Italien ins Auge faßte. Sein Buch zeigt somit das von Jahrhunderten geprägte historische Gesicht, die vielfältige Landschaft und Kultur und die Wirtschaft des gesamten Kanton Wallis. Das Werk offenbart den sprunghaften Wandel unserer Heimat, vom Saumpfad über den stählernen Strang der Simplonbahn bis zur Gestaltung moderner und meisterhafter Straßenanlagen, und es veranschaulicht jedermann die Entwicklung vom ehemaligen Agrarland zur erfolgten Industrialisierung, von der einfachen «Suon» (Wasserleitung) zu den zeitgemäßen und rationellen Bewässerungs- und Berieselungsinstallationen, von der Selbstversorgung zur Großproduktion für Gemüse, Obst und auserlesenen Weinen.
Hans-Peter Nething muß das große Verdienst zugebilligt werden, dem Leser und Beschauer das unermüdliche geschichtliche Ringen unserer Heimat bis zur heutigen modernen Ausgestaltung vor Augen zu führen. Er leistet damit einen wertvollen Dienst zum besseren Verständnis und zur umfassenderen Kenntnis unserer Heimat, er lenkt damit die Aufmerksamkeit des Lesers auf die Schönheiten unseres Landes, die sonst dem flüchtigen Auge verloren blieben. Durch dieses Werk also erhalten Heimatliebe und Wertschätzung unseres Landes einen erheblichen und wertvollen Impuls.

Brig, im August 1977

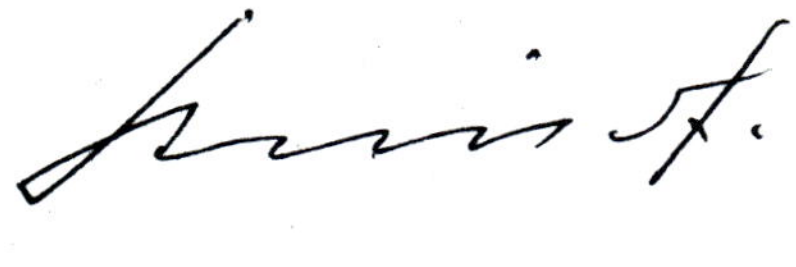

F. Steiner
Staatsrats-Präsident
Vorsteher des Bau- und Forstdepartementes

Literaturverzeichnis

Alpenstraßen; Bern 1939.
Arnold Peter, Der Simplon; Eggerberg 1947.
– Kaspar Jodok Stockalper v. Thurm, 2 Bde.; Mörel 1953.
Barbey Frédéric, La Route du Simplon; Genève 1906.
Bau- und Forstdepartement des Kantons Wallis, Simplon-Nationalstraße N 9, Kleine Baugeschichte; Visp 1975.
Bavier S., Die Straßen der Schweiz; Zürich 1878.
Berner-Alpenbahn-Gesellschaft (BLS), 50 Jahre Lötschbergbahn; Bern 1963.
Bumann Peter, Der Verkehr am Simplon; Visp 1974.
Büttner Heinrich, Die Erschließung des Simplons als Fernstraße, (Schwaben und Schweiz im frühen und hohen Mittelalter, Bd. XV); Sigmaringen 1972.
– Anfänge des Walserrechts im Wallis, (Das Problem der Freiheit in der deutschen und schweizerischen Geschichte, Bd. II); Sigmaringen 1970.
– Vom Bodensee und Genfersee zum Gotthardpaß, (Die Alpen in der europäischen Geschichte des Mittelalters, Bd. X); 2. Auflage; Sigmaringen 1976.
Céard R., Souvenirs des Travaux du Simplon; Genève 1837.
Direction générale des Postes Suisses, La Route du Simplon; Berne 1906.
Donnet André, Walliser Kunstführer; Sitten 1954.
Donnet A./Blondel L., Burgen und Schlösser im Wallis; Olten 1963.
Eidg. Departement des Innern, Die Planung des schweizerischen Nationalstraßen-Netzes, 4. Teil; Straßenverbindungen über die Alpen; Bern 1959.
Eidg. Statistisches Amt, Statistisches Jahrbuch des Schweiz; Jahrgänge 1908, 1911, 1922, 1929, 1932, 1934, 1938, 1939, 1950, 1953, 1956, 1964, 1974 und 1976.
Egger Rudolf, Der Alpenraum im Zeitalter des Überganges von der Antike zum Mittelalter, (Die Alpen in der europäischen Geschichte des Mittelalters; Bd. X). 2. Auflage; Sigmaringen 1976.
Eggs J., Die Geschichte des Wallis im Mittelalter; Einsiedeln 1930.
Ein Jahrhundert Schweizer Bahnen, 5 Bde.; Frauenfeld 1947– 1964.
Früh J., Geographie der Schweiz, 3 Bde. + 1 Reg.-Bd.; St. Gallen 1932.
Gagliardi Ernst, Geschichte der Schweiz; 3 Bde.; Zürich 1939.
Geographisches Lexikon der Schweiz, 6 Bde.; Neuenburg 1902–1910.
Gubler Theo, Die schweizerischen Alpenstraßen; Zürich 1922.
– Der Kampf um die Straße; Bern 1953.
Gutersohn Heinrich, Geographie der Schweiz, 3 Bde.; Bern 1961.
Handbuch der Schweizergeschichte, Bd. I; Zürich 1972.
Hanke Georg, Die großen Alpenpässe; München 1967.
Haußherr Hans, Wirtschaftsgeschichte der Neuzeit; Köln 1970.
Historisch-biographisches Lexikon der Schweiz, 7 Bde. + 1 Suppl.-Bd.; Neuenburg 1921–1934.
Hitzer Hans, Die Straße; München 1971.
Jenny Hans, Kunstführer der Schweiz; Bd. 2, 5. Auflage; Zürich/Wabern 1976.
Imesch D., Die Kämpfe der Walliser gegen die Franzosen; Sitten 1889.
Imhof Fr., Kleiner Auszug aus der Wallisergeschichte; Brig 1935.
Kämpfen Werner, Docteur Goudron; Zürich 1944.
Koch W., Eisenbahn- und Verkehrsatlas Europas; Leipzig 1901.
Koenig M. A., Kleine Geologie der Schweiz; Thun 1972.
Lang Rudolf W., Reisen anno dazumal; München 1971.
Meisner Fr., Kleine Reisen in der Schweiz; Bern 1837.
Mathys Ernst, Hundert Jahre Schweizerbahnen 1841–1941; Bern 1942.
Messerschmidt W., Geschichte der italienischen Dampflokomotiven; Zürich 1968.
– Geschichte der italienischen Elektro- und Diesellokomotiven; Zürich 1969.
Meyer Karl, Die geographischen Voraussetzungen der eidgenössischen Territorialbildung; Schwyz 1927.
Obermeier Siegfried, Lago maggiore; München 1972.
Reinhard Raphael, Pässe und Straßen in den Schweizeralpen; Luzern 1903.
Reiseführer: Baedeker K., Die Schweiz; Leipzig 1873 und 1883. – Berlepsch H. A., Die Schweiz; Zürich 1877. – von Tschudi Iwan, Der Tourist in der Schweiz; St. Gallen 1884.
Scheffel P. H., Verkehrsgeschichte der Alpen, 2 Bde.; Berlin 1908.
Schmid Hans, Wallis; Frauenfeld 1925.
Schulte Aloys, Geschichte des mittelalterlichen Verkehrs zwischen Westdeutschland und Italien, 2 Bde. (Nachdruck der Ausgabe Leipzig 1900); Berlin 1966.
Schweizerische Bundesbahnen, Simplontunnel – Erinnerung an die Eröffnungsfeier; Genf 1906.
– Jubiläumsschrift Simplon 1906–1956; Bern 1956.
Schweizerische Postverwaltung, Die schweizerischen Alpenpässe; Bern 1892.
– Hundert Jahre Schweizer Alpenposten; Bern 1932.
– Alpenposten, Die Simplonstraße; Bern 1950.
Steinhausen Georg, Kaufleute und Handelsherren in alten Zeiten, (Nachdruck der Ausgabe Leipzig 1899); Düsseldorf/Köln 1970.
Sölch Werner, Orient-Expreß – Glanzzeit und Niedergang eines Luxuszuges; Düsseldorf 1974.
Sulzer-Ziegler Ed., Der Bau des Simplontunnels; Winterthur 1904.
Tilgenkamp Erich, Schweizer Luftfahrt; 3 Bde.; Zürich 1941–1943.
Vollmar F. A., Wissenswertes von der Lötschbergbahn; Bern 1949.
Wolf F. O., Brig und der Simplon; Zürich 1884.
Zschokke Heinrich, Die Schweiz; Muri 1834.

Bildquellennachweis

Zur Fertigstellung des Buches waren neben dem Studium der genannten Quellen und diverser nicht einzeln aufgeführter Periodika sowie vielen eigenen Ermittlungen im Paßgebiet und entlang der nördlichen, bzw. westlichen und südlichen Zufahrten auch unzählige Auskünfte von Mitarbeitern verschiedener Ämter, Behörden, Archive, Verbände, Unternehmen, Pressedienste, Verkehrsbüros und ebenfalls von Privatpersonen erforderlich, denen allen an dieser Stelle für ihre bereitwillig erteilten Auskünfte und wertvolle Mitarbeit recht herzlich gedankt sei.

Zofingen, im August 1977 Hans-Peter Nething

Berner-Alpenbahn-Gesellschaft (BLS), Publizitätsdienst, Bern:
Nr. 119 (MFO), 120 (W. Studer), 121

Brown, Boveri & Cie AG (BBC), Baden:
Nr. 83, 86, 87, 135

Escher Ignaz, Simplon-Dorf:
Nr. 175

Märchy Elsbeth, Zofingen:
Nr. 10, 13, 17, 20, 25, 27, 34, 38, 49, 52, 70, 77, 90, 92, 94, 103, 105, 106, 107, 111, 116, 125, 142, 145, 150, 153, 156, 161, 174, 184, 189, 190, 201, 205, 207

Marty Arnold, Dr. pharm., Brig:
Nr. 154

Nething Hans-Peter, Zofingen (Graphik-Sammlung):
Nr. 7, 8, 12, 16, 21, 26, 32, 39, 41, 42, 43, 45, 47, 48, 51, 58, 60, 62, 67, 68, 71, 72, 73, 74, 75, 79, 127, 128, 130, 131, 167, 172,

Nething Hans-Peter, Zofingen (Fotos):
Nr. 2, 4, 6, 11, 14, 15, 18, 19, 22, 23, 24, 28, 30, 33, 35, 40, 46, 50, 55, 56, 59, 63, 64, 69, 76, 78, 80, 81, 88, 89, 91, 93, 95, 96, 97, 98, 99, 100, 101, 102, 104, 108, 109, 110, 112, 113, 114, 115, 117, 118, 122, 123, 124, 126, 136, 139, 140, 141, 143, 144, 146, 147, 148, 149, 151, 152, 158, 159, 160, 163, 164, 168, 169, 171´173, 176, 178, 180, 181, 182, 183, 185, 186, 187, 188, 191, 192, 193, 194, 195, 196, 197, 198, 199, 200, 202, 203, 204, 206, 208

Schweizerische Bundesbahnen (Fotodienst), Bern:
Nr. 137, 170

Schweizerische Landesbibliothek, Bern:
Nr. 9, 31

Schweizerisches PTT-Museum, Bern:
Nr. 29, 36, 37, 44, 53, 54, 57, 61, 65, 66, 155, 157, 162, 165, 166, 177, 179

W. Studer, Fotograf, Bern:
Nr. 138

Swissair-Foto, Zürich:
Nr. 1, 3, 5,

Verkehrshaus der Schweiz, Luzern:
Nr. 82, 84, 85, 129, 132, 133, 134

Inhaltsverzeichnis